William Guy Carr

PEONES EN EL JUEGO

OMNIA VERITAS.

William Guy Carr

(1895-1959)

Comandante de la Marina Real Canadiense

William Guy Carr (1895-1959) fue un oficial naval y escritor canadiense. Escribió extensamente sobre teorías de la conspiración, sobre todo en su libro *Peones en el juego*. Su obra ha sido objeto tanto de influencias como de críticas.

PEONES EN EL JUEGO

Pawns in the Game
Publicado por primera vez en 1956

Traducido y Publicado por
OMNIA VERITAS LTD

ØMNIA VERITAS®
www.omnia-veritas.com

© Omnia Veritas Limited - 2025

Sobre el autor

William Guy Carr

A la temprana edad de doce años, el autor fue adoctrinado a fondo en la ideología bolchevique por dos misioneros revolucionarios que viajaron con él a Oriente en el mismo barco en 1907. A diferencia de muchos otros, no se tragó el anzuelo que le ofrecieron. Decidió mantener la mente abierta e investigar a fondo antes de llegar a ninguna conclusión. Sus investigaciones y estudios de todos los ángulos de la Conspiración Internacional le han llevado a casi todos los países del mundo.

El comandante Carr ha desarrollado una distinguida carrera naval. Durante la Primera Guerra Mundial sirvió como Oficial de Navegación de Submarinos H.M.. En la Segunda Guerra Mundial fue Oficial de Control Naval para el San Lorenzo; luego Oficial de Estado Mayor de Operaciones en Shelbourne, N.S.; luego Oficial Naval Superior en Goose Bay, Labrador.

Como Oficial del Estado Mayor del Comodoro Reginald Brock organizó el 7° Préstamo de la Victoria para las veintidós Divisiones de Entrenamiento de la Marina Real Canadiense. Como autor, ha publicado previamente en los siete libros mencionados anteriormente. Algunos fueron especialmente encuadernados para su inclusión en The Royal Library; The Library of The Imperial War Museum; y la Sir Millington Drake Library (legada al Eton College), y la Braille Library for the Blind. Varios de sus libros se han publicado en lenguas europeas.

El comandante Carr es conocido por muchos canadienses que han asistido a sus conferencias públicas. En 1930-31 realizó una gira por Canadá para los Clubes Canadienses. Advirtió a la gente de la existencia de una Conspiración Internacional. Predijo que, si no se les ponía freno, los conspiradores arrastrarían al mundo a otra guerra mundial. Entre 1931 y 1939 se dirigió a los Clubes Sociales y de

Servicio de todo Ontario. En 1944 y 1945 las autoridades navales le enviaron de gira por Canadá.

Explicó por qué sería necesario ganar la Paz, si no se querían volver a desperdiciar los frutos de la victoria militar.

El Comandante Carr está decidido a informar al mayor número posible de personas sobre las fuerzas del mal que afectan negativamente a nuestras vidas y a las de nuestros hijos. Su libro abrirá los ojos a padres, clérigos, profesores, estudiantes, estadistas, políticos y líderes sindicales.

Prefacio

Peones en el juego

He aquí una VERDADERA historia de intrigas internacionales, romances, corrupción, chanchullos y asesinatos políticos, como nunca se ha escrito antes. Es la historia de cómo diferentes grupos de hombres ateos-materialistas han jugado en un torneo internacional de ajedrez para decidir qué grupo ganaría el control final de la riqueza, los recursos naturales y el poder humano de todo el mundo. Se explica cómo la partida ha llegado a la fase final.

Los comunistas internacionales y los capitalistas internacionales (ambos con ambiciones totalitarias) se han unido temporalmente para derrotar a la democracia cristiana. El diseño de la portada [publicación original] muestra que todos los movimientos realizados por los Conspiradores Internacionales están dirigidos por Satanás y, aunque la situación es decididamente grave, definitivamente no es desesperada. La solución es acabar con el juego que los Conspiradores Internacionales han estado jugando ahora mismo antes de que uno u otro grupo de mentalidad totalitaria imponga sus ideas al resto de la humanidad. La historia es sensacionalista e impactante, pero es educativa porque, es la VERDAD. El autor de ofrece soluciones prácticas a problemas que tanta gente considera insolubles.

-El editor

Introducción

La conspiración internacional

Si lo que revelo sorprende y choca al lector, por favor no desarrolle un complejo de inferioridad porque soy franco al admitir que aunque he trabajado desde 1911, tratando de averiguar por qué la Raza Humana no puede vivir en paz y disfrutar de las bondades y bendiciones que Dios provee para nuestro uso y beneficio en tal abundancia? Fue en 1950 cuando penetré en el secreto de que las guerras y revoluciones que azotan nuestras vidas, y las condiciones caóticas que prevalecen, no son ni más ni menos que los efectos de la continua conspiración luciferina. Comenzó en esa parte del universo que llamamos cielo, cuando Lucifer desafió el derecho de Dios a ejercer la autoridad suprema. Las Sagradas Escrituras nos cuentan cómo la conspiración luciferina se trasladó a este mundo en el Jardín del Edén. Hasta que me di cuenta de que nuestra lucha no es con la carne y la sangre, sino con las fuerzas espirituales de las tinieblas que controlan a todos los que ocupan altos 6 lugares en esta tierra (Ef. 6:12) las piezas de evidencia reunidas en todo este mundo simplemente no encajaban ni tenían sentido. (No me avergüenza admitir que la "Biblia" proporcionó la "Clave" que me permitió obtener una respuesta a la pregunta citada anteriormente).

Muy pocas personas parecen capaces de apreciar que Lucifer es el más brillante e inteligente de la hueste celestial y, debido a que es un espíritu puro, es indestructible. Las escrituras nos dicen que su poder es tal que hizo que un tercio de los más inteligentes de la hueste celestial desertaran de Dios, y se unieran a él, porque afirmaba que el Plan de Dios para el gobierno del universo es débil y poco práctico porque se basa en la premisa de que a los seres inferiores se les puede enseñar a conocer, amar y desear servirle voluntariamente por respeto a sus propias perfecciones infinitas. La ideología luciferina afirma que el poder es el derecho. Afirma que los seres de inteligencia superior demostrada tienen derecho a gobernar a los menos dotados porque las masas no saben lo que es mejor para ellas. La ideología luciferina es lo que hoy llamamos totalitarismo.

El Antiguo Testamento es simplemente la historia de cómo Satanás se convirtió en príncipe del mundo, e hizo que nuestros primeros padres desertaran de Dios. Relata cómo la sinagoga de Satanás se estableció en esta tierra, relata cómo ha trabajado desde entonces para impedir que el Plan de Dios para el gobierno del universo se establezca en esta tierra. Cristo vino a la tierra cuando la conspiración de llegó a tal punto que, para usar sus propias palabras, Satanás controlaba a todos los de las altas esferas.

Desenmascaró la sinagoga de Satanás (Ap. 2:9; 3:9;) denunció a los que pertenecían a ella como hijos del diablo (Lucifer), a quien fustigó como padre de la mentira (Jn. 8:44) y príncipe del engaño (2 Co. 11:14). Fue específico al afirmar que los que componían la sinagoga de Satanás eran los que se llamaban a sí mismos judíos, pero no lo eran y mentían (Apoc. 2:9; 3:9). Identificó a los cambistas (banqueros), los escribas y los fariseos como los Illuminati de su tiempo. Lo que mucha gente parece olvidar, es el hecho de que Cristo vino a la tierra para liberarnos de las ataduras de Satanás con las que estábamos siendo atados más y más fuerte a medida que pasaban los años. Cristo nos dio la solución a nuestro problema cuando nos dijo que debemos ir y enseñar la verdad, con respecto a esta conspiración (Juan 8. 31:59;), a todas las personas de todas las naciones. Prometió que si hacíamos esto, el conocimiento de la verdad nos haría libres (Mt. 28:19;). La Conspiración Luciferina se ha desarrollado hasta estar en su etapa semifinal (Mat. 24: 15:34;), simplemente porque no hemos puesto en práctica el mandato que Cristo nos dio.

En 1784 "Un Acto de Dios" puso al gobierno bávaro en posesión de pruebas que demostraban la existencia de la continua Conspiración Luciferina. Adam Weishaupt, un profesor de derecho canónico formado por los jesuitas, desertó del cristianismo y abrazó la ideología luciferina mientras enseñaba en la Universidad de Ingolstadt. En 1770 los prestamistas de dinero (que recientemente habían organizado la Casa de Rothschild), lo contrataron para revisar y modernizar los antiguos "protocolos" diseñados para dar a la Sinagoga de Satanás la dominación mundial definitiva para que puedan imponer la ideología luciferina sobre lo que queda de la Raza Humana, después del cataclismo social final, mediante el uso del despotismo satánico. Weishaupt completó su tarea el 1 de mayo de 1776.

El plan requería la destrucción de TODOS los gobiernos y religiones existentes. Este objetivo debía alcanzarse dividiendo a las masas, a las que denominó Goyim (que significa ganado humano) en bandos opuestos cada vez más numerosos en cuestiones políticas, raciales, sociales, económicas y de otro tipo.

Los bandos enfrentados debían entonces armarse y prever un "incidente" que les hiciera luchar y debilitarse mientras destruían Gobiernos Nacionales e Instituciones Religiosas.

En 1776, Weishaupt organizó los Illuminati para llevar a cabo el complot. La palabra Illuminati deriva de Lucifer, y significa "poseedores de la luz ". Utilizando la mentira de que su objetivo era instaurar un gobierno mundial único para permitir a hombres con probada capacidad mental gobernar el mundo, reclutó a unos dos mil seguidores. Entre ellos se encontraban los hombres más inteligentes en el campo de las Artes y las Letras: Educación: las ciencias, las finanzas y la industria. Luego estableció Logias del Gran Oriente para que fueran su cuartel general secreto.

El plan revisado de Weishaupt requería que sus Illuminati hicieran las siguientes cosas para ayudarles a lograr su propósito.

(1) Utilizar el soborno monetario y sexual para obtener el control de las personas que ya ocupan posiciones en altos cargos en los diversos niveles de TODOS los gobiernos y otros campos del quehacer humano. Una vez que una persona influyente había caído en las mentiras, engaños y tentaciones de los Illuminati, debían ser mantenidos en cautiverio mediante la aplicación de chantaje político y otras formas de chantaje y amenazas de ruina financiera, exposición pública y daño físico e incluso la muerte para ellos y sus seres queridos.

(2) Los Illuminati en las facultades de colegios y universidades debían recomendar a estudiantes que poseyeran una capacidad mental excepcional y pertenecieran a familias bien educadas con inclinaciones internacionales para una formación especial en internacionalismo.

Esta formación debía proporcionarse concediendo becas a los seleccionados. Debían ser educados (adoctrinados) para que aceptaran la "Idea" de que sólo un Gobierno Mundial Único puede poner fin a las guerras y tribulaciones recurrentes.

Al principio había que persuadirlos y luego convencerlos de que los hombres con capacidades y cerebros especiales tenían DERECHO a gobernar a los menos dotados, porque los Goyim (las masas del pueblo) no saben lo que es mejor para ellos física, mental y espiritualmente. Hoy en día existen tres escuelas especiales de este tipo: Gordonstoun, en Escocia; Salem, en Alemania; y Anavryta, en Grecia. El príncipe Felipe, esposo de la reina Isabel de Inglaterra, fue educado en Gordonstoun a instancias de lord Louis Mountbatten, su tío, que se convirtió en almirante de la flota británica al finalizar la Segunda Guerra Mundial.

(3) Personas influyentes atrapadas bajo el control de los Illuminati, y estudiantes que habían sido especialmente educados y entrenados para ser utilizados como agentes y colocados detrás de las escenas de TODOS los gobiernos como "Expertos" y "Especialistas" para que pudieran asesorar a los altos ejecutivos a adoptar políticas que a largo plazo, servirían a los planes secretos de los Mundialistas y traerían la destrucción final de los gobiernos y religiones que fueron elegidos o nombrados para servir.

(4) Los Illuminati debían obtener el control de la Prensa y de todas las demás agencias que distribuyen información al público. Las noticias y la información debían ser sesgadas para que los Goyim llegaran a creer que un Gobierno Mundial Único es la ÚNICA solución a nuestros muchos y variados problemas.

Como Gran Bretaña y Francia eran las dos grandes potencias a finales del siglo XVIII, Weishaupt ordenó a los Illuminati que fomentaran las Guerras Coloniales para debilitar al Imperio Británico y organizaran la Gran Revolución para debilitar al Imperio Francés. Esta última debía comenzar en 1789.

Un autor alemán llamado Zwack puso la versión revisada de Weishaupt de la antigua conspiración en forma de libro y lo llamó "Einige Original-Scripten". En 1784 se envió una copia de este documento a los Iluministas que Weishaupt había delegado para fomentar la revolución francesa. El mensajero murió fulminado por un rayo cuando atravesaba Ratisbona de camino de Fráncfort a París. La policía encontró los documentos subversivos en su cuerpo y los entregó a las autoridades gubernamentales competentes.

Tras estudiar detenidamente la trama, el gobierno bávaro ordenó a la policía que allanara las logias del Gran Oriente recién organizadas por Weishaupt y las casas de algunos de sus socios más influyentes, incluido el castillo del barón Bassus-in-Sandersdorf.

Las pruebas adicionales así obtenidas convencieron a las autoridades de que los documentos eran una copia auténtica de una conspiración mediante la cual la sinagoga de Satanás, que controlaba a los Illuminati EN LA CÚPULA, planeaba utilizar guerras y revoluciones para lograr el establecimiento de uno u otro tipo de Gobierno Mundial Único, cuyos poderes pretendían usurpar tan pronto como se estableciera.

En 1785, el Gobierno bávaro ilegalizó a los Illuminati y cerró las logias del Gran Oriente. En 1786, publicaron los detalles de la conspiración en. El título en inglés es "The Original Writings of the Order and Sect of The Illuminati".

Se enviaron copias de la conspiración a los jefes de la Iglesia y del Estado. El poder de los Illuminati era tan grande que esta advertencia fue ignorada, al igual que las advertencias que Cristo había dado al mundo.

Los Illuminati pasaron a la clandestinidad. Weishaupt dio instrucciones a sus Iluministas para que se infiltraran en las logias de la masonería azul y formaran una sociedad secreta dentro de las sociedades secretas.

Sólo los masones que demostraron ser internacionalistas, y aquellos cuya conducta demostró que habían desertado de Dios, son iniciados en los Illuminati. Así, los conspiradores utilizaron el manto de la filantropía para ocultar sus actividades revolucionarias y subversivas. Con el fin de infiltrarse en las logias masónicas de Gran Bretaña, los Iluministas invitaron a John Robison a Europa. Era un masón de alto grado en el Rito Escocés: Profesor de filosofía natural en la Universidad de Edimburgo; y Secretario de la Real Sociedad de Edimburgo. John Robison no se tragó la mentira de que el objetivo de los mundialistas era formar una dictadura benévola. Sin embargo, se guardó para sí sus reacciones y se le confió una copia de la Conspiración Revisada de Weishaupt para que la estudiara y la guardara a buen recaudo.

Como se aconsejó a los jefes de la Iglesia y del Estado de Francia que ignoraran las advertencias que se les habían hecho, estalló la revolución en 1789. Para alertar a otros gobiernos de su peligro, John Robison publicó en 1798 un libro titulado "Proof of a Conspiracy to Destroy All Governments and Religions" (Pruebas de una conspiración para destruir todos los gobiernos y religiones). [1] Pero sus advertencias fueron ignoradas, al igual que las demás.

Thomas Jefferson se había convertido en alumno de Weishaupt. Fue uno de sus más firmes defensores cuando fue proscrito por su gobierno. Jefferson infiltró a los Illuminati en las recién organizadas Logias del Rito Escocés en Nueva Inglaterra.

Consciente de que esta información escandalizará a muchos estadounidenses, deseo dejar constancia de los siguientes hechos: En 1789, John Robison advirtió a los líderes masónicos que los Illuminati se habían infiltrado en sus logias.

El 19 de julio de 1798, David Pappen, presidente de la Universidad de Harvard, lanzó la misma advertencia a la promoción de graduados y les dio una conferencia sobre la influencia que el iluminismo estaba teniendo en la política y la religión estadounidenses. John Quincy Adams había organizado las logias masónicas de Nueva Inglaterra. En 1800 decidió oponerse a Jefferson para la presidencia. Escribió tres cartas al coronel Wm. L. Stone exponiendo cómo Jefferson utilizaba las logias masónicas con fines subversivos. Se atribuye a la información contenida en estas cartas el haber hecho ganar a Adams las elecciones. Las cartas se encuentran en la Biblioteca Rittenburg Square, en Filadelfia.

---

[1] Se imprimió en Londres para T. Madell Jr. y W. Davies, Strand; y W. Creeck, Edimburgo. Hay ejemplares en museos y dos pertenecen a amigos del autor en América.

Insignia de la Orden de los Illuminati que el iluminista Jefferson convirtió en el reverso del Sello de los Estados Unidos.

La insignia anterior de la Orden de los Illuminati fue adoptada por Weishaupt en el momento en que fundó la Orden, el 1 de mayo de 1776. Es ese acontecimiento el que conmemora el MDCCLXXVI en la base de la pirámide, y no la fecha de la firma de la Declaración de Independencia, como han supuesto los desinformados.

El significado del diseño es el siguiente: la pirámide representa la conspiración para la destrucción de la Iglesia Católica (Cristiana Universal), y el establecimiento de un "Mundo Único", o dictadura de la ONU, el "secreto" de la Orden; el ojo que irradia en todas direcciones, es el "ojo que todo lo espía" que simboliza la agencia de espionaje terrorista, tipo Gestapo, que Weishaupt estableció bajo el nombre de "Hermanos Insinuantes", para guardar el "secreto" de la Orden y aterrorizar a la población para que acepte su gobierno. Esta "Ogpu" tuvo su primer ejercicio en el Reinado del Terror de la Revolución Francesa, en cuya organización fue instrumental. Es una fuente de asombro que el electorado tolere la continuación del uso de esta insignia como parte del Gran Sello de los EE.UU.

"ANNUIT COEPTIS" significa "nuestra empresa (conspiración) ha sido coronada por el éxito". Más abajo, "NOVUS ORDO SECLORUM" explica la naturaleza de la empresa: y significa "un Nuevo Orden Social", o "Nuevo Trato".

Cabe señalar que esta insignia adquirió significado masónico sólo después de la fusión de esa Orden con la Orden de los Illuminati en el Congreso de Wilhelmsbad, en 1782.

Benjamin Franklin, John Adams (pariente de Roosevelt) y Thomas Jefferson, ardiente iluminista, propusieron lo anterior como reverso del sello, en cuya cara figuraba el símbolo del águila, al Congreso, que lo adoptó el 20 de junio de 1782. Al aprobarse la Constitución, el Congreso decretó, mediante Ley de 15 de septiembre de 1789, su conservación como sello de los Estados Unidos. Sin embargo, el Departamento de Estado afirma, en su última publicación sobre el tema (2860), que "el reverso nunca ha sido cortado y utilizado como sello", y que sólo el observado con el símbolo del águila ha sido utilizado como sello oficial y escudo de armas. Se publicó por primera vez a la izquierda del reverso de los billetes de dólar al comienzo del New Deal, 1933, por orden del presidente F.D. Roosevelt.

¿Cuál es el significado de la publicación al inicio del New Deal de este símbolo de la "Gestapo" que había sido tan cuidadosamente suprimido hasta esa fecha que pocos americanos conocían su existencia, aparte de como símbolo masónico?

Sólo puede significar que con la llegada del New Deal los conspiradores iluministas-socialistas-comunistas, seguidores del profesor Weishaupt, consideraron que sus esfuerzos empezaban a verse coronados por el éxito.

En efecto, este sello proclama a los Mundialistas que todo el poder del Gobierno de los EE.UU. está ahora controlado por el agentur de los Illuminati y es persuadido o forzado a adoptar políticas que promueven los planes secretos de los conspiradores para socavarlo y destruirlo junto con los restantes gobiernos del llamado 'Mundo Libre', TODAS las religiones existentes, etc., etc., para que la Sinagoga de Satanás pueda usurpar los poderes del primer gobierno mundial que se establezca y luego imponer una dictadura totalitaria luciferina sobre lo que quede de la Raza Humana.

En 1826, el capitán Wm. Morgan decidió que era su deber informar a otros masones y al público en general de la VERDAD sobre los Illuminati, sus planes secretos y su propósito. Los Illuminati obtuvieron los servicios de Richard Howard, un Illuminista inglés, para llevar a cabo su sentencia "Que Morgan sea EJECUTADO como traidor. El capitán Morgan fue advertido de su peligro. Intentó escapar a Canadá, pero Howard lo alcanzó cerca de la frontera. Fue asesinado cerca de la garganta del Niágara. La investigación demostró que un tal Avery Allyn hizo una declaración jurada en la ciudad de Nueva York en el sentido de que oyó a Richard Howard informar a una reunión de Caballeros Templarios en St. John's Hall, Nueva York, de cómo había "Ejecutado" a Morgan. Contó que se habían hecho arreglos para enviar a Howard de vuelta a Inglaterra.

Muy poca gente sabe hoy que la desaprobación general y el disgusto por este incidente provocaron la secesión de casi el 40% de los masones pertenecientes a la Jurisdicción Norte de Estados Unidos. Tengo copias de las actas de una reunión celebrada para discutir este asunto en particular. El poder de aquellos que dirigen la conspiración Luciferina contra Dios y el Hombre puede ser comprendido por la habilidad de su agente para prevenir que tales eventos sobresalientes de la historia sean enseñados en nuestras escuelas públicas.

En 1829, los Illuminati celebraron una reunión en Nueva York a la que asistió un Illuminati británico llamado Wright. Los asistentes fueron informados de que los Illuminati pretendían unir a los grupos nihilistas y ateos con todas las demás organizaciones subversivas en una organización internacional que se conocería como comunismo. Esta fuerza destructiva iba a ser utilizada para permitir a los Illuminati fomentar futuras guerras y revoluciones. Clinton Roosevelt (un antepasado directo de F.D.R.) Horace Greeley, y Chas. Dana fueron nombrados un comité para recaudar fondos para esta nueva empresa. El fondo que recaudaron financió a Karl Marx y Engels cuando escribieron "El Capital" y "El Manifiesto Comunista" en el Soho, Inglaterra.

En 1830, Weishaupt murió. Llevó el engaño de que los Illuminati habían muerto hasta su propio lecho de muerte, donde, para convencer a sus consejeros espirituales, fingió arrepentirse y volver a unirse a la Iglesia.

Según la versión revisada de Weishaupt de la conspiración Age- Old los Illuminati debían organizar, financiar, dirigir y controlar TODAS las organizaciones y grupos internacionales trabajando su agentur en posiciones ejecutivas EN LA CIMA. Así fue que mientras Karl Marx estaba escribiendo el Manifiesto Comunista bajo la dirección de un grupo de Iluministas, el Profesor Karl Ritter de la Universidad de Frankfurt estaba escribiendo la antítesis bajo la dirección de otro grupo, para que aquellos que dirigen la conspiración EN LA CIMA pudieran usar las diferencias en estas dos ideologías para empezar a dividir números cada vez mayores de la Raza Humana en campos opuestos para que pudieran ser armados y luego obligados a luchar y destruirse unos a otros, junto con sus instituciones políticas y religiosas. El trabajo que Ritter comenzó 17 fue continuado por el llamado filósofo alemán Friedrich Wilhelm Nietzsche (1844-1900) que fundó el Nietzscheísmo.

El nietzscheísmo se desarrolló en el fascismo y más tarde en el nazismo y se utilizó para que los agentes de los Illuminati fomentaran la Primera y la Segunda Guerras Mundiales.

En 1834, el líder revolucionario italiano Gussepi [Giuseppe] Mazzini fue elegido por los Illuminati director de su programa revolucionario en todo el mundo. Ocupó este cargo hasta su muerte en 1872.

En 1840, el general Albert Pike cayó bajo la influencia de Mazzini porque se convirtió en un oficial descontento cuando el presidente Jefferson Davis disolvió sus tropas auxiliares indias alegando que habían cometido atrocidades bajo el manto de la guerra legítima. Pike aceptó la idea de un gobierno mundial único y finalmente se convirtió en jefe del Sacerdocio Luciferino. Entre 1859 y 1871, elaboró los detalles de un plan militar para tres guerras mundiales y tres grandes revoluciones que, en su opinión, llevarían la conspiración a su fase final durante el siglo XX.

La mayor parte de su trabajo lo realizó en la mansión de 13 habitaciones que construyó en Little Rock, Arkansas, en 1840.

Cuando los Illuminati, y las logias del Gran Oriente, se convirtieron en sospechosos, debido a las actividades revolucionarias de Mazzini en Europa, Pike organizó el Nuevo y Reformado Rito Paladiano. Estableció tres consejos supremos; uno en Charleston, S.C., otro en Roma, Italia y otro en Berlín, Alemania. Hizo que Mazzini estableciera veintitrés concilios subordinados en lugares estratégicos de todo el mundo. Estas han sido las sedes secretas del movimiento revolucionario mundial desde entonces. Mucho antes de que Marconi inventara la radio, los científicos de los Illuminati habían hecho posible que Pike y los jefes de sus consejos se comunicaran en secreto. Fue el descubrimiento de este secreto lo que permitió a los oficiales de inteligencia comprender cómo se producían simultáneamente en todo el mundo "incidentes" aparentemente inconexos que agravaban una situación y desembocaban en una guerra o una revolución.

El plan de Pike era tan simple como eficaz. Exigía que el comunismo, el nazismo, el sionismo político y otros movimientos internacionales se organizaran y utilizaran para fomentar las tres guerras mundiales y las tres grandes revoluciones. La primera guerra mundial debía librarse para permitir a los Illuminati derrocar los poderes de los zares en Rusia y convertir ese país en el baluarte del comunismo ateo. Las diferencias suscitadas por los agentes de los Illuminati entre los imperios británico y alemán debían utilizarse para fomentar esta guerra. Una vez terminada la guerra, el comunismo debía ser construido y utilizado para destruir otros gobiernos y debilitar las religiones.

La Segunda Guerra Mundial iba a ser fomentada utilizando las diferencias entre fascistas y sionistas políticos. Esta guerra iba a ser luchada para que el Nazismo fuera destruido y el poder del Sionismo Politico aumentara para que el estado soberano de Israel pudiera ser establecido en Palestina. Durante la segunda guerra mundial, el comunismo internacional debia construirse hasta igualar en fuerza a la cristiandad unida. En este punto debía ser contenido y mantenido bajo control hasta que fuera necesario para el cataclismo social final. ¿Puede alguna persona informada negar que Roosevelt y Churchill no pusieron en práctica esta política?

La Tercera Guerra Mundial se fomentará utilizando las diferencias que los agentes de los Illuminati suscitan entre los Sionistas Políticos y los líderes del mundo musulmán. La guerra será dirigida de tal manera que el Islam (el Mundo Árabe incluyendo el Mahometanismo) y el Sionismo Político (incluyendo el Estado de Israel) se destruirán a sí mismos mientras que al mismo tiempo las naciones restantes, una vez más divididas unas contra otras en este asunto, serán forzadas a luchar entre ellas hasta un estado de completo agotamiento físico, mental, espiritual y económico. ¿Puede alguna persona imparcial y razonadora negar que la intriga que ahora se desarrolla en el Cercano, Medio y Lejano Oriente no está diseñada para lograr este propósito diabólico?

El 15 de agosto de 1871, Pike dijo a Mazzini que, una vez terminada la Tercera Guerra Mundial, los que aspiran a la indiscutible dominación del mundo provocarán el mayor cataclismo social que el mundo haya conocido jamás. Citamos sus propias palabras escritas (tomadas de la carta catalogada en la Biblioteca del Museo Británico, Londres, Ing.):

> "Desataremos a los nihilistas y ateos, y provocaremos un formidable cataclismo social que en todo su horror mostrará claramente a las naciones el efecto del ateísmo absoluto, origen del salvajismo y de la más sangrienta agitación. Entonces, en todas partes, los ciudadanos, obligados a defenderse contra la minoría mundial de los revolucionarios, exterminarán a esos destructores de la civilización, y la multitud, desilusionada del cristianismo, cuyos espíritus deístas estarán desde ese momento sin brújula (dirección), ansiosos de un ideal, pero sin saber dónde rendir su adoración, recibirá la verdadera luz a través de la manifestación universal de la doctrina pura de Lucifer llevada finalmente a la vista del público, manifestación que resultará del movimiento reaccionario general que seguirá a la destrucción del cristianismo y del ateísmo, ambos conquistados y exterminados al mismo tiempo."

Cuando Mazzini murió en 1872, Pike nombró sucesor a otro líder revolucionario italiano, llamado Adriano Lemmi. A Lemmi le sucedieron más tarde Lenin y Trotsky. Las actividades revolucionarias de todos estos hombres fueron financiadas por banqueros internacionales británicos, franceses, alemanes y estadounidenses. El lector debe recordar que los Banqueros Internacionales de hoy, como los Cambistas de los días de Cristo, son sólo herramientas o agentes de los Illuminati.

Mientras que al público en general se le ha hecho creer que el comunismo es un movimiento de los trabajadores (soviets) para destruir el capitalismo, Peones en el juego y La niebla roja sobre América demuestran que tanto los oficiales de inteligencia británicos como los estadounidenses obtuvieron pruebas documentales auténticas que demostraban que los capitalistas internacionalistas que operaban a través de sus casas bancarias internacionales habían financiado a ambos bandos en todas las guerras y revoluciones libradas desde 1776. Los que hoy componen La Sinagoga de Satanás dirigen a nuestros gobiernos, a los que tienen en usura, para que luchen en las guerras y revoluciones de modo que promuevan los planes de Pike para llevar al mundo a esa etapa de la conspiración cuando el Comunismo-Ateo y toda la

Cristiandad puedan ser forzados a una guerra total dentro de cada nación restante así como a escala internacional.

Existen abundantes pruebas documentales que demuestran que Pike, al igual que Weishaupt, fue jefe del Sacerdocio Luciferino en su época. Además de la carta que escribió a Mazzini en 1871, otra que escribió a los jefes de sus Consejos Palladianos el 14 de julio de 1889 cayó en manos que no eran las previstas. Fue escrita para explicar el dogma luciferino, relativo a la adoración de Satanás y el culto a Lucifer. En ella, decía en parte:

> "Lo que decimos a la multitud es 'adoramos a Dios'. Pero es al Dios que se adora sin superstición. La religión debe ser, por todos nosotros iniciados de los altos grados, mantenida en la pureza de la doctrina luciferina... ¡Sí! Lucifer es Dios. Y desgraciadamente Adonay (el nombre dado por los luciferinos al Dios que adoramos) también es Dios... pues lo absoluto sólo puede existir como dos dioses. Así, la doctrina del satanismo es una herejía: y la verdadera, y pura religión filosófica es la creencia en Lucifer, el igual de Adonay: pero Lucifer, Dios de la Luz, y Dios del Bien, está luchando por la humanidad contra Adonay el Dios de la Oscuridad y del Mal."

La propaganda difundida por los que dirigen la conspiración luciferina ha hecho creer al público en general que todos los que se oponen al cristianismo son ateos. Esta es una mentira deliberada que circula para ocultar los planes secretos de los Sumos Sacerdotes del Credo Luciferino que dirigen la Sinagoga de Satanás para que a la raza humana todavía le resulte imposible establecer en esta tierra el plan de Dios para el gobierno del universo, tal como se lo explicó a nuestros primeros padres en el Jardín del Edén, relatado en el Génesis. Los Sumos Sacerdotes del Credo Luciferino trabajan desde la oscuridad. Permanecen entre bastidores. Mantienen su identidad y su verdadero propósito en secreto, incluso para la gran mayoría de aquellos a los que engañan para que hagan su voluntad y promuevan sus planes y ambiciones secretas. Saben que el éxito final de su conspiración para usurpar los poderes del gobierno mundial depende de su habilidad para mantener en secreto su identidad y VERDADERO propósito hasta que ninguna astucia o poder pueda impedirles coronar a SU líder Rey déspota del mundo entero. Las Sagradas Escrituras predijeron que lo que Weishaupt y Pike planearon se pondría en efecto hasta que las fuerzas Espirituales del mal controlaran esta tierra. Rev. 20 nos dice cómo, después de que estas cosas que relatamos hayan sucedido, Satanás será atado por mil años.

Lo que el término mil años significa en medida de tiempo tal como lo conocemos no pretendo saberlo. En lo que a mí concierne, el estudio de la conspiración luciferina, a la luz del conocimiento contenido en las Sagradas Escrituras, me ha convencido de que la atadura de Satanás y la contención de las fuerzas satánicas sobre esta tierra pueden llevarse a cabo más rápidamente si TODA LA VERDAD concerniente a la existencia de la continua conspiración luciferina se da a conocer tan pronto como sea posible a TODOS los pueblos de TODAS las naciones restantes.

La investigación desenterró cartas de Mazzini que revelaban cómo los Sumos Sacerdotes del Credo Luciferino mantienen en secreto su identidad y su verdadero propósito. En una carta que Mazzini escribió a su socio revolucionario, el Dr. Breidenstine, pocos años antes de morir, decía: "Formamos una asociación de hermanos en todos los puntos del globo. Deseamos romper todo yugo. Sin embargo, hay uno invisible que apenas se siente, pero que pesa sobre nosotros. ¿De dónde viene? ¿Dónde está? Nadie lo sabe... o al menos nadie lo dice. Esta asociación es secreta incluso para nosotros, los veteranos de las sociedades secretas".

En 1925 su Eminencia el Cardenal Caro y Rodríguez, Arzobispo de Santiago de Chile, publicó un libro "El Misterio de la Masonería Develado", para exponer cómo los Illuminati, los Satanistas y los Luciferinos habían impuesto una sociedad secreta sobre una sociedad secreta. Produce una gran cantidad de pruebas documentales para demostrar que ni siquiera los masones de grado 32 y 33 saben lo que sucede en las logias del Gran Oriente y el Rito Paladiano Nuevo y Reformado de Pike y las logias afiliadas de Adopción en las que se inician las mujeres miembros de la conspiración. En la página 108 cita a la autoridad Margiotta para probar que antes de que Pike seleccionara a Lemmi para suceder a Mazzini como Director del Movimiento Revolucionario Mundial, Lemmi era un satanista rabioso y confirmado. Pero después de haber sido seleccionado fue iniciado en la ideología luciferina.

El hecho de que los Sumos Sacerdotes del Credo Luciferino en esta tierra introdujeron la adoración de Satanás en los grados inferiores de ambas Logias del Gran Oriente y los consejos del Rito Palladiano y luego iniciaron a individuos seleccionados al SECRETO COMPLETO de que Lucifer es Dios el igual de Adonay, ha desconcertado a muchos historiadores e investigadores. Las Sagradas Escrituras mencionan a

Lucifer sólo unas pocas veces-Isa. 14; Lc. 10:18; Ap. 9:1-11. Sin embargo, la Doctrina Luciferina afirma definitivamente que Lucifer dirigió la revuelta Celestial; que Satanás es el hijo mayor de Dios (Adonay) y el hermano de San Miguel que derrotó la conspiración luciferina en el Cielo. Las enseñanzas luciferinas también afirman que San Miguel vino a la Tierra en la persona de Jesucristo para intentar repetir lo que había hecho en el Cielo... y fracasó. Debido a que Lucifer, Satanás, el Diablo -llámenlo como quieran- es el padre de la mentira, parecería que esas fuerzas espirituales de la oscuridad engañan a la mayor cantidad posible de los llamados intelectuales para que hagan su voluntad aquí como lo hicieron en el Cielo.

Sin entrar en controversias, debería ser fácil para el cristiano medio darse cuenta de que hay DOS poderes sobrenaturales. A uno nos referimos como Dios a quien las Escrituras dan muchos nombres; y el otro, el Diablo, que también parece tener muchos nombres. Lo importante es recordar que de acuerdo a Revelaciones habrá un juicio final. Satanás romperá o será liberado de los lazos con los que ha estado atado durante mil años. Volverá a crear el caos en esta tierra. Entonces Cristo intervendrá a favor de los elegidos y Dios dividirá las Ovejas de las Cabras. Se nos dice que aquellos que desertan de Dios serán gobernados en completo caos y confusión por Lucifer, Satanás, o el Diablo, por toda la eternidad y odiarán a su gobernante, a sí mismos, y a los demás porque se darán cuenta de que fueron engañados para desertar de Dios y perder su amor y amistad para siempre.

Una vez que una persona lea *Peones En El Juego* y *La Niebla Roja Sobre América* será fácil darse cuenta de que la lucha que está teniendo lugar NO es de naturaleza mundana o temporal. Se originó en esa parte del universo que designamos "El Mundo Celestial"; su propósito es ganar las almas de los hombres lejos de Dios Todopoderoso.

Teólogos eruditos han afirmado que Lucifer, Satanás, o llámese simplemente "El Diablo", el jefe de las Fuerzas del Mal, sabe que obró mal y sabe que se equivocó. Él es un espíritu puro y por lo tanto indestructible. Sabiendo que está equivocado, está determinado a arrastrar tantas almas como sea posible al infierno con él para compartir su miseria. Siendo esto un hecho, nuestro deber es claro: Tenemos que dar a conocer la VERDAD a este respecto al mayor número posible de personas lo antes posible para que puedan evitar las trampas y las caídas en el pozo tendidas por aquellos que sirven a los propósitos del diablo y penetrar en las mentiras y engaños de aquellos que vagan por el mundo buscando la ruina de las almas. Las guerras y las revoluciones dan al diablo sus mayores cosechas de almas humanas, porque "tantos son los llamados y tan pocos los escogidos" Mt. 20; 16; 22: 14. Tan a menudo oímos referirse a lo que está sucediendo en el mundo de hoy como "Una guerra por las mentes de los hombres". Eso es sólo una verdad a medias y es peor que una mentira completa. El complot de Weishaupt requiere:

1. Abolición de TODOS los gobiernos nacionales ordenados.

2. Abolición de la herencia.

3. Abolición de la propiedad privada.

4. Abolición del patriotismo.

5. Abolición del hogar individual y de la vida familiar como célula de la que han partido todas las civilizaciones.

6. Abolición de TODAS las religiones establecidas y existentes para que la ideología luciferina del totalitarismo pueda imponerse a la humanidad.

El cuartel general de la conspiración a finales del siglo XVIII estaba en Frankfurt, Alemania, donde se había establecido la Casa de Rothschild y vinculado a otros financieros internacionales que literalmente habían "vendido sus almas al diablo". Tras la revelación del Gobierno de Baviera en 1786, los Sumos Sacerdotes del Credo Luciferino establecieron su cuartel general en Suiza; desde la Segunda Guerra Mundial el cuartel general se encuentra en el Edificio Harold Pratt de Nueva York. Los Rockefeller han sustituido a los Rothschild en lo que se refiere a la manipulación de las finanzas.

En la fase final de la conspiración, el gobierno consistirá en el rey-despótico, la Sinagoga de Satán y unos pocos millonarios, economistas y científicos que hayan demostrado su devoción a la causa luciferina. Todos los demás serán integrados en un vasto conglomerado de humanidad mestiza, por inseminación artificial practicada a escala internacional. En las páginas 49-51 "El impacto de la Ciencia en la Sociedad" Bertrand Russell dice que, en última instancia, menos del 30 por ciento de la población femenina y el 5 por ciento de la población masculina se utilizarán con fines reproductivos. La reproducción se limitará estrictamente al tipo y al número necesarios para cubrir las necesidades del Estado.

Dado que las sentencias de los tribunales están tan presentes hoy en día en la mente del público, concluiré mi introducción citando una conferencia dada a los miembros de la Gran Logia de Oriente de París, Francia, por un alto ejecutivo del Rito Palladiano de Pike, a principios del presente siglo. Dijo:

> "Bajo nuestra influencia, la ejecución de las leyes de los goyim se ha reducido al mínimo. El prestigio de la ley ha estallado por las interpretaciones liberales introducidas en esta esfera. En los asuntos y cuestiones más importantes y fundamentales los jueces deciden como nosotros les dictamos: ven los asuntos a la luz donde nosotros los envolvemos para la administración de los Goyim, por supuesto a través de personas que son nuestras herramientas aunque no parezca que tengamos nada en común con ellos. Incluso los senadores y la administración superior aceptan nuestro consejo..."

Esto explicaría el incidente de "Little Rock", que tuvo lugar medio siglo después.

¿Puede alguna persona pensante negar que la conspiración revisada por Weishaupt a finales de 1700, y los planes elaborados por Pike a finales de 1800, no han madurado exactamente como se pretendía? Los imperios de Rusia y Alemania han sido destruidos.

Las de Gran Bretaña y Francia reducidas a potencias de tercera clase. Las cabezas coronadas han caído como fruta demasiado madura. La población mundial ha sido dividida dos veces en bandos opuestos como resultado de la propaganda lanzada por los Illuminati. Dos guerras mundiales han visto a cristianos matarse unos a otros eficientemente por decenas de millones sin que ninguna persona comprometida tuviera la más mínima animosidad personal hacia el otro. Dos de las principales revoluciones, las de Rusia y China, son hechos consumados.

El comunismo se ha desarrollado hasta igualar en fuerza a toda la cristiandad. La intriga que se desarrolla ahora en Oriente y Oriente Medio está fomentando la Tercera Guerra Mundial. Después de eso, a menos que se detenga ahora mismo por el peso de la opinión pública informada, vendrá el cataclismo social final; entonces seguirá la esclavitud física, mental y espiritual absoluta.

¿Puede alguna persona informada negar que el comunismo está siendo tolerado en el resto de los llamados países libres? La rama especial de inteligencia británica; la R.C.M.P. canadiense, y el F.B.I. estadounidense podrían arrestar a todos los líderes comunistas en las veinticuatro horas siguientes a la orden dada, pero no se les permite actuar. ¿POR QUÉ? La respuesta es sencilla. El comunismo está siendo "contenido" en los niveles nacionales e internacionales de gobierno por el "CONSEJO" de los agentes de los Illuminati que dan una gran cantidad de excusas totalmente poco convincentes para la política actual de Gran Bretaña, Canadá y los Estados Unidos hacia el comunismo nacional e internacional. Si el F.B.I. o el R.C.M.P. actúan entonces los Jueces de los Tribunales Supremos de ambos países encuentran razones en la ley por las que los arrestados deberían ser puestos en libertad. Tal acción sería totalmente ridícula si el Comunismo no estuviera siendo contenido para ser usado en el cataclismo social final.

¿No es hora de que los cristianos se den cuenta del peligro que corren? ¿No es hora de que los padres se nieguen a permitir que sus hijos sean utilizados como carne de cañón para servir a la causa luciferina? ¿No es hora de que nos convirtamos en "Hacedores" de la PALABRA de Dios en lugar de sólo "Oyentes"?

La Federación de Laicos Cristianos, de la que tengo el honor de ser presidente, ha puesto a disposición todos los conocimientos obtenidos hasta la fecha sobre los diversos aspectos de la conspiración. Hemos publicado Peones en el juego y Niebla roja sobre América en forma de libro, y otros folletos. Mantenemos al día a quienes han leído nuestros libros sobre el progreso de la conspiración mediante la publicación de una carta mensual de noticias, titulada News Behind The News. Nuestras predicciones de los próximos acontecimientos se basan en nuestro conocimiento de la conspiración en curso. Se han hecho realidad hasta tal punto que hemos despertado el interés de la gente pensante de todo el mundo. Les invitamos a unirse a nosotros. Familiarícense plenamente con los diversos aspectos de la conspiración, y luego transmitan ese conocimiento a los demás. Hagan esto y el poder de opinión pública informada se convertirá en el mayor poder de la tierra.

Les insto a que organicen Ligas Cívicas Cristianas o grupos similares. Utilícenlos como grupos de estudio. Utilícenlos para elegir hombres que sean ciudadanos leales. Pero antes de seleccionar a un candidato para un cargo público asegúrense de que está completamente informado sobre todos los aspectos de la Conspiración Internacional en los niveles municipal, estatal y federal del gobierno. Todos los mundialistas no servirán a la Sinagoga de Satanás, a sabiendas.

Es nuestro deber darles a conocer la verdad. Las ligas cívicas cristianas deben ser no partidistas y no confesionales. Su propósito debe ser poner a Dios de nuevo en la política para que podamos establecer un gobierno de acuerdo con Su Plan para el gobierno del universo como se nos explica en las Escrituras y por el Hijo unigénito de Dios, Jesucristo. Sólo entonces se hará su voluntad aquí como en el cielo. En mi humilde opinión, hasta que esto no se haga, Dios no intervendrá en nuestro favor y se cumplirán las palabras del Padre Nuestro.

William Guy Carr
Clearwater Fla.
13 de octubre de 1958.

Capítulo 1

El Movimiento Revolucionario Mundial

Con el fin de comprender las Causas en el pasado, que han producido los Efectos que experimentamos hoy en día, especialmente en lo que respecta al estado insatisfactorio de los asuntos nacionales e internacionales, la historia debe ser estudiada porque la historia se repite. La historia se repite porque ha habido una perfecta continuidad de propósito en la lucha que ha tenido lugar desde el principio de los Tiempos entre las fuerzas del Bien y del Mal para decidir si el Gobierno de Dios Todopoderoso prevalecerá, o si el mundo se irá literalmente al Diablo. La cuestión es así de simple. Es un hecho que tanto las fuerzas del Bien, como las fuerzas del Mal, han sido divididas y divididas en facciones. Estas facciones a menudo se oponen entre sí en un esfuerzo por alcanzar un objetivo común, lo que complica el estudio del tema. Estas diferencias de opinión han sido producidas por la propaganda, que se utiliza más a menudo para difundir mentiras y medias verdades, que como medio para decir la verdad pura y simple sobre cualquier acontecimiento o tema.

Los belicistas se han servido de la propaganda para dividir a los seres humanos en bandos opuestos en cuestiones políticas, sociales, económicas y religiosas, a fin de incitarlos a un estado de emocionalidad tal que luchen y se maten entre sí. Para descubrir las causas que han producido los efectos que experimentamos hoy en día hay que estudiar cuidadosamente todas las pruebas disponibles. Hay que separar las verdades de las falsedades y la ficción de los hechos. Hay que estudiar los acontecimientos pasados para ver cómo han afectado e influido en las condiciones actuales.

En lo que respecta a la religión, la humanidad se divide en dos grandes bandos. Los de un bando creen en la existencia de un Dios. Los del otro bando niegan la existencia de un Ser Supremo de cualquier tipo. Este hecho es de gran importancia, porque se demostrará que todas las guerras y revoluciones han sido el resultado de un grupo u otro que intenta imponer sus ideologías a los pueblos de todo el mundo.

La concepción de DIOS varía según las distintas sectas. El teísmo enseña que Dios es un ser personal y el autor y gobernante del universo. El panteísmo identifica a Dios con el universo, pero no como un Ser personal. Los panteístas creen en la doctrina de la Presencia universal del Espíritu Divino en la naturaleza. Un tipo de panteísmo se ha introducido en muchos sistemas religiosos y filosóficos: el budismo y el hinduismo participan de esta doctrina. La creencia en un Dios personal incluye la creencia en un mundo celestial, la creencia en el alma y la vida en el mundo celestial tras la muerte de nuestros cuerpos mortales. Las personas que creen en un Dios personal tienen que creer necesariamente en la existencia de Satanás, un Diablo personal.

Un estudio de las religiones comparadas demuestra que, hasta donde es posible indagar, incluso los miembros de tribus aisladas han tenido siempre un instinto religioso que les hacía discutir y reflexionar sobre las preguntas: "¿Por qué hemos nacido?". "¿Para qué vivimos?". "¿A qué fines servimos?". "¿Adónde vamos cuando morimos?". Incluso las tribus más atrasadas de África Central y Australia parecen no haber dudado de la existencia de Dios, de un mundo espiritual y de otra existencia para sus propias almas, después de la muerte de sus cuerpos mortales.

Un estudio de las religiones comparadas también indica que la mayoría, si no todas, las religiones (que enseñan la creencia en un Ser Supremo) empezaron en un nivel más o menos uniformemente alto en el que la adoración y el amor a Dios Todopoderoso, el respeto a nuestros mayores y padres, el amor a nuestros vecinos, es decir, benefactores, y el ofrecimiento de oraciones por los parientes y amigos fallecidos constituían el principio básico. Hombres malvados, movidos por motivos de egoísmo y codicia y por el deseo de poder, hicieron que casi todas las religiones se deterioraran hasta los niveles en que las encontramos hoy. Algunas religiones se deterioraron hasta el punto de hacer que los sacerdotes sacrificaran seres humanos como ofrenda a Dios. Incluso el cristianismo, que es una de las religiones más recientes, se deterioró. El cristianismo se ha dividido en muchas facciones (denominaciones) y requeriría mucha imaginación imaginar a la gran mayoría, que profesan ser cristianos hoy, como verdaderos soldados, o seguidores, de Jesucristo.

En general, el cristianismo se ha deteriorado en lo que respecta a la práctica de las buenas obras. Esto es muy importante cuando estudiamos la lucha que se libra hoy entre las fuerzas del Bien y del Mal, porque la práctica de las buenas obras creaba la vecindad y traía la unidad al Redil cristiano. La verdadera definición de la palabra "prójimo" es una persona que ha demostrado ser tu benefactor; una persona en la que puedes confiar; una persona que, estás seguro, no te haría ningún daño bajo ninguna circunstancia; ese hombre o mujer es tu prójimo. Las Escrituras nos dicen que debemos amar a nuestro prójimo como a nosotros mismos por amor a Dios. La única manera de hacer buen prójimo es realizar buenas obras desinteresadamente. La falta de buenas obras individuales significa falta de unidad y de un espíritu comunitario adecuado. Hoy en día hemos adoptado el tipo frío de talonario de cheques para hacer buenas obras.

Dejamos la actuación a los asistentes sociales profesionales. Esto ha justificado el uso del término "Tan frío como la caridad profesional". Conviene recordar que ni siquiera la legislación gubernamental en materia de Seguridad Social exime a los individuos de sus deberes de vecindad. La oración sin buenas obras no vale nada. En la debilidad y desunión cristianas reside la fuerza atea.

Por una razón u otra, muchas denominaciones cristianas están perdiendo rápidamente su influencia sobre la juventud de las llamadas Naciones Libres. Cada persona que pierde la fe cristiana suele volcarse en el secularismo y a menudo acaba como "compañero de viaje" en una u otra de las ideologías ateas del comunismo o el nazismo. [2]

La gran mayoría de los que profesan ser cristianos no son verdaderos "soldados de Jesucristo", mientras que todo miembro del partido comunista o nazi que posea un carnet debe jurar obediencia ilimitada a los líderes, dedicar cada hora de vigilia a la causa y contribuir con una

---

[2] Los terminos Nazi y Nazismo se utilizan para indicar e identificar a los miembros extremistas de los partidos de "Derecha" que dieron lealtad y fidelidad a los Señores de la Guerra Arios de mentalidad totalitaria que conspiraron para utilizar el Fascismo para promover sus planes y ambiciones secretas exactamente de la misma manera que el "Grupo Internacional" formado por banqueros, monopolistas y ciertos politicos han utilizado el Comunismo y todos los demas grupos de "Izquierda" del centro para promover su plan secreto y ambiciones Totalitarias.

décima parte de sus ingresos a la financiación de las actividades del partido.

Mientras que los cristianos están irremediablemente divididos en aproximadamente 400 denominaciones, los comunistas y los nazis están todos sólidamente unidos como anticristianos. La continuación de este estado de cosas no puede sino permitir a los líderes de uno u otro grupo ateo ganar la dominación mundial. Cuando lo hagan esclavizarán en cuerpo, alma y mente a todos los que se nieguen a aceptar su ideología pagana. Los Illuminati impondrán entonces el despotismo de Satanás.

Existe una gran similitud en las creencias de aquellos que adoran a un Ser Supremo, con respecto al origen del Hombre. La mayoría cree que "El Gran Padre" pobló este mundo con el propósito de dar a los menos culpables de los que siguieron a Lucifer durante la revolución celestial otra oportunidad de decidir, por su propia voluntad, si aceptarán la autoridad de Dios, y le darán obediencia ilimitada o, literalmente, se irán al Diablo.

Son tales creencias las que sostienen a sectas tan despreciadas como los Doukhobors en su resistencia pasiva a las leyes hechas por el hombre que ellos consideran contrarias a las Leyes Divinas de Dios. Es bueno recordar que el nombre Lucifer significa Poseedor de la Luz -un ser muy brillante, el "Más Brillante" de los Ángeles. A pesar de estos dones y privilegios especiales, se rebeló contra la supremacía de Dios Todopoderoso.

La mayoría de la gente, salvo los ateos y los darwinistas, acepta la historia de la Creación. Sin embargo, hay muchas opiniones diferentes sobre la historia de Adán y Eva y el Jardín del Edén. Muchos estudiantes de Religión Comparada sostienen que es probable que Dios creara muchos mundos, y muchos Adanes y Evas, y los colocara en lugares donde pudieran reproducir su especie y poblar los planetas en los que vivían.

El hecho de que los seres humanos sean colocados en esta tierra mediante un método y un proceso de nacimiento, que les impide tener conocimiento de una existencia anterior, encaja con esta teoría. Todo lo que sabemos, con respecto al período anterior a la Creación, es lo que se nos ha revelado tal como se cuenta en las Escrituras. realmente no importa mucho si hubo uno o muchos Adanes y Vísperas. Lo importante es recordar el hecho de que a todos los seres humanos se les ha dado Libre Albedrío y deben decidir por sí mismos si creen en un Dios y un Diablo, o si creen en la ideología ateo-materialista. Todos y cada uno de los seres humanos deben decidirse por una u otra opción. Si una persona cree que hay un Dios y un Diablo, entonces esa persona debe decidir a cuál va a servir. Un ateo, si se une a cualquiera de las ideologías totalitarias, sirve al Partido y al Estado. Debe rendir obediencia ilimitada al jefe del Partido y del Estado. La pena por desviarse es el sufrimiento, el encarcelamiento y posiblemente la muerte.

La creencia en la existencia de Dios incluye automáticamente la creencia en Espíritus sobrenaturales buenos y malos que pueden influir en las mentes de los hombres para fines buenos o malos. Es la lucha en curso por la posesión de las almas de los hombres que causa las condiciones que prevalecen sobre esta tierra hoy. El poder del Diablo fue dramáticamente enfatizado cuando tentó a Cristo mismo, mientras estaba en el desierto preparándose para su ministerio.

Los ateos, por su parte, no creen en la existencia de Seres Sobrenaturales. Argumentan que nunca se ha demostrado que Dios exista. Hay muchos grupos de Ateos. Verdaderos Comunistas, Masones del Gran Oriente, Libres Pensadores, Miembros de la Liga de los Sin Dios, Iluminatistas, Nihilistas, Anarquistas, Verdaderos Nazis,[3] y la Mafia. Muchas personas sin Dios se suscriben a varias formas de Secularismo, incluso si luchan tímidamente para volverse activos en los grupos de Comunistas Ateos y Nazis. [4]

---

[3] Los términos "Verdadero Comunista" y "Verdadero Nazi" se utilizan para identificar a los líderes y agentes de las dos ideologías totalitarias que han sido iniciados en el ritual satánico del Iluminismo en la Masonería del Gran Oriente o en los Ritos Arios Paganos utilizados por las Logias Militares Nazis Alemanas del Gran Oriente.

[4] El lector debe darse cuenta de la diferencia entre nazismo y fascismo porque, contrariamente a lo que la propaganda antifascista ha hecho creer a tanta gente, el Movimiento Fascista, tal y como empezó en Italia en 1919, pretendía ser una Cruzada Cristiana para combatir la ideología atea de Karl Marx y apoyar el "Nacionalismo" frente al "Internacionalismo", tal y como planeaban los líderes de los Señores de la Guerra nazis alemanes y los Banqueros, Industriales y políticos internacionales.

La mayoría de los ateos basan sus creencias en el principio de que sólo existe una realidad -la MATERIA- y que las fuerzas ciegas de la MATERIA (a veces denominadas ENERGÍA) evolucionan hasta convertirse en vegetales, animales y hombres. Niegan la existencia de un alma, y la posibilidad de vida, en otro mundo, después de la muerte de nuestros cuerpos mortales.

Se presentarán pruebas para demostrar que el Comunismo Moderno fue organizado en el año 1773 por un grupo de Barones Internacionales del Dinero que lo han utilizado desde entonces, como su manual de acción, para llevar adelante sus planes secretos de instaurar un Estado Totalitario sin Dios. Lenin lo dejó claro en su libro Comunismo de Izquierda. En la página 53, dijo: "Nuestra teoría (el comunismo) no es un dogma (doctrina establecida); es un manual de acción ". Muchos líderes modernos han dicho y hecho las mismas cosas que Lucifer hizo durante la revolución celestial. No hay diferencia apreciable entre el Ateísmo Rojo y el Negro. La única diferencia está en los planes utilizados por los líderes opuestos para ganar en última instancia el control indiscutible de los recursos del mundo, y hacer realidad sus ideas de una Dictadura Totalitaria, sin Dios.

Karl Marx (1818-1883) fue un alemán de ascendencia judía. Fue expulsado de Alemania, y más tarde de Francia, por sus actividades revolucionarias. Recibió asilo en Inglaterra. En 1848 publicó el Manifiesto Comunista. Marx admitió que su plan a largo plazo, convertir el mundo en una Internacional de Repúblicas Socialistas Soviéticas, podría tardar siglos en cumplirse.

Karl Ritter (1779-1859) fue un catedrático alemán de Historia y Geopolítica. Escribió la antítesis del Manifiesto Comunista de Karl Marx. También elaboró un plan por el que sostenía que la Raza Aria podría dominar primero Europa y luego el mundo entero. Ciertos líderes ateos del Grupo Ario adoptaron el plan de Karl Ritter. Organizaron el Nazismo para promover sus ambiciones secretas de obtener el control final del Mundo y convertirlo en un Estado sin Dios, bajo su concepción de una dictadura totalitaria. Este pequeño grupo de hombres sabían que debían unirse o destruir el poder y la influencia de los Banqueros Internacionales. Es dudoso que más de un puñado de los líderes de alto nivel de los movimientos comunistas y fascistas sepan que sus organizaciones están siendo utilizadas para promover las ambiciones secretas de los Illuminati, que son los Sumos Sacerdotes del Satanismo.

Según los líderes de ambos grupos ateos el Estado debe ser Supremo. Siendo así, el Jefe del Estado es Dios en la Tierra. Esta creencia lleva a la práctica real la deificación del hombre.

Se sabe mucho más sobre Karl Marx y el comunismo que sobre Karl Ritter y el nazismo. Ritter fue durante muchos años profesor de Historia en la Universidad de Frankfort, Alemania. Después enseñó Geografía en la Universidad de Berlín. En los círculos educativos se le consideraba una de las mayores autoridades en Historia, Geografía y Ciencias Geopolíticas. Debido a que las "Metas y Objetivos" de los Líderes del Partido Ario siempre se han mantenido en secreto, la conexión de Karl Ritter con los Líderes y el Nazismo es muy poco conocida. Oficiales de Inteligencia conectados con el Gobierno Británico descubrieron su conexión con los Señores de la Guerra Aria cuando estudiaba Economía Política; Ciencias Geopolíticas; y Religiones Comparadas, en universidades alemanas.[5] Esta información se transmitió a las autoridades competentes, pero, como ocurre a menudo, los dirigentes políticos y los diplomáticos no se dieron cuenta de la importancia de lo que se les decía o quisieron ignorarlo. [6]

El estudio de la Historia de Karl Ritter le convenció de que un grupo muy pequeño de ricos e influyentes banqueros internacionales de, que no rendían lealtad a ningún país pero se inmiscuían en los asuntos de todos, habían organizado en 1773 la Masonería del Gran Oriente con el propósito de utilizar el Movimiento Revolucionario Mundial para promover sus ambiciones secretas. Su plan a largo plazo era que su grupo obtuviera el control final de la riqueza, los recursos naturales y el poder humano de todo el mundo. Su objetivo final era formar una Dictadura Totalitaria basada en sus teorías del materialismo histórico y dialéctico ateo. Ritter afirmó que la mayoría de los Banqueros

---

[5] Los Señores de la Guerra nazis arios no deben confundirse con los Junkers más moderados que eran jóvenes alemanes que recibieron entrenamiento militar para proteger lo que consideraban los derechos políticos y económicos "nacionales" de Alemania amenazados por grupos de mentalidad internacional.

[6] Uno de los más grandes oficiales de inteligencia británicos es el padrino de mi hija Eileen. Le conozco íntimamente desde octubre de 1914. Serví con él, en ocasiones, en ambas Guerras Mundiales. Tanto él como yo investigamos este ángulo del nazismo de forma independiente, pero cuando comprobamos nuestras pruebas nos dimos cuenta de que estábamos muy cerca de estar completamente de acuerdo.

Internacionales, si no todos, eran de ascendencia judía, independientemente de si practicaban o no la fe judía.

En su antítesis al Manifiesto Comunista de Karl Marx trató de los peligros a los que habría que enfrentarse si se permitía a este grupo de hombres seguir controlando y dirigiendo las políticas del Comunismo Internacional. Ofreció a los Señores de la Guerra arios alemanes sugerencias muy concretas y prácticas para derrotar la conspiración de los Barones del Dinero Internacionales.[7]

El Profesor Ritter dio a los Señores de la Guerra Arios un Plan de Largo Alcance alternativo mediante el cual podrían obtener el control definitivo de los recursos del mundo para las razas arias.

Para contrarrestar los planes de los Barones Internacionales del Dinero, Karl Ritter aconsejó a los Líderes de los Grupos Arios que organizaran el Nazismo y utilizaran el Fascismo, es decir, el Nacional Socialismo, como su manual de acción para promover sus ambiciones secretas, para la conquista del mundo. El Profesor Ritter también señaló que como los Banqueros Internacionales pretendían utilizar todas las fases del Semitismo para promover sus planes, los Líderes Arios deberían utilizar todas las fases del antisemitismo para promover su Causa.

El Plan a Largo Plazo de Karl Ritter para la conquista definitiva del mundo incluía las siguientes sugerencias:

1. La subyugación de todos los países europeos por Alemania. Para lograr este fin sugirió que se alentara y ayudara a los Junkers militares alemanes a obtener el control del Gobierno para que pudieran emprender una serie de Aventuras Militares, intercaladas con guerras económicas. El objetivo era debilitar la economía y la mano de obra de las naciones europeas a subyugar.[8] Karl Ritter declaró que NO era

---

[7] El término "Barones Internacionales del Dinero" se utiliza para definir al Grupo Internacional de hombres que controlan la Banca Internacional, las Industrias y el Comercio. Son los hombres que han utilizado el Comunismo para destruir la autoridad constituida, y las instituciones políticas y religiosas existentes, con el fin de que en última instancia puedan usurpar el control indiscutible de los recursos del Mundo para sí mismos.

[8] Esta es una ilustración de cómo los extremistas anticomunistas también utilizan el "principio de la sociedad anónima" y utilizan a otros para servir a sus propósitos,

absolutamente esencial, para el éxito de su Plan de Largo Alcance, que cada Aventura Militar terminara en una clara victoria, siempre y cuando las otras naciones involucradas quedaran en una condición tan debilitada que su recuperación económica, y en fuerza humana, tomara más tiempo que la de Alemania. Karl Ritter subrayó la importancia de convencer al pueblo alemán de que era física y mentalmente superior a las razas semitas. A partir de este pensamiento, los propagandistas arios desarrollaron la idea de la raza superior alemana. Hicieron esto para contrarrestar la Propaganda de los Banqueros Internacionales que afirmaban que la Raza Semita es el Pueblo Elegido de Dios y Divinamente elegido para heredar la tierra. Los líderes arios promulgaron la doctrina de que "Su Raza" era La Raza Maestra en esta Tierra. Así, millones de personas se dividieron en bandos opuestos.

2. Karl Ritter recomendó una política financiera que impidiera que los banqueros internacionales obtuvieran el control de la economía de Alemania y de sus Estados satélites, como lo habían obtenido en Inglaterra, Francia y Estados Unidos.

3. Recomendó la organización de una Quinta Columna nazi para contrarrestar a la organización clandestina comunista. Su objetivo era persuadir a las clases altas y medias de los países que planeaban subyugar para que aceptaran el fascismo como único antídoto contra el comunismo. Los quintacolumnistas alemanes debían condicionar a la población de otros países para que acogieran a los ejércitos alemanes como sus protectores militares contra la amenaza de agresión comunista. Karl Ritter advirtió a los líderes del Grupo Ario que NUNCA se debía emprender una invasión militar de otro país hasta que la 5ª Columna y las máquinas de propaganda hubieran allanado completamente el camino y convencido a la mayoría de la población de que aceptaran su intervención armada como un acto de salvadores o cruzados, y no como agresores. [9]

---

mientras que los directores e instigadores reales permanecen ocultos y desconocidos para el público en general.

[9] Cuando Hitler actuó en contra de los principios fundamentales establecidos por Karl Ritter, los generales alemanes que pertenecían al núcleo duro de los dirigentes nazis intentaron que fuera asesinado, sin tener en cuenta el hecho de que en un principio lo habían erigido en el Instrumento de su Voluntad.

4. Karl Ritter recomendó a sangre fría la destrucción total del Comunismo y el exterminio de la Raza Judía como esenciales para obtener el control final de los Asuntos Internacionales por parte de los Líderes Arios. Justificó esta drástica estipulación en basándose en los hechos históricos que, según él, demostraban que el comunismo estaba siendo utilizado por los banqueros judíos internacionales para promover sus propias ambiciones egoístas y materialistas.

Había muchos más elementos que componían el *Plan de Largo Alcance*, pero en este capítulo es suficiente producir suficiente evidencia para abrir la puerta, detrás de la cual se escondían los planes Secretos de dos pequeños grupos de hombres de mentalidad totalitaria, ateos-materialistas. El estudio de Religiones Comparadas, Ciencias Geopolíticas y Economía Política, y años de investigación intensiva, revelaron la verdad de que muchos millones de seres humanos han sido utilizados como Peones en el Juego por los líderes de los dos grupos ateos de mentalidad totalitaria que continuarán jugando su horrible juego de Ajedrez Internacional hasta que uno o el otro sea eliminado. Se presentarán pruebas para mostrar cómo se ha llevado a cabo este juego en el pasado, y qué movimientos es probable que se hagan en un futuro próximo, para permitir que un grupo gane la partida.

Los seguidores de todas las religiones que enseñan la existencia de Dios y la vida en el más allá creen en el amor y el culto a Dios y en la caridad hacia todos los hombres de buena voluntad. Los creyentes sinceros sufrirán cualquier dificultad, y harán cualquier sacrificio, para asegurar su salvación eterna. A los seguidores del ateísmo se les enseña a ODIAR a todos los que se niegan a aceptar su credo materialista. La determinación de los líderes de ambos grupos Ateos, de lograr la dominación mundial, les permite concebir las conspiraciones más diabólicas, y perpetrar todo tipo de crímenes, desde asesinatos individuales hasta genocidios. Fomentan guerras para debilitar a las naciones que aún tienen que subyugar.

El estudio de las religiones comparadas muestra también que el comunismo y el nazismo son totalmente incompatibles con todas las religiones que creen en la existencia de un Dios Todopoderoso. La experiencia y la historia demuestran que los que creen en Dios y los que niegan su existencia están en tal contradicción que ninguno puede sobrevivir al triunfo del otro. Los líderes ateos de los países subyugados pueden, durante un tiempo, tolerar las religiones que enseñan la creencia en Dios, pero sólo permiten que los sacerdotes funcionen en la periferia social. Se cuidan mucho de que los sacerdotes no tengan la oportunidad de influir en el comportamiento social y político de sus congregaciones. Las pruebas demuestran que el objetivo ULTIMO de las dos principales ideologías ateas es borrar de las mentes de la humanidad, mediante la persecución y un programa de lavado de cerebro continuo aplicado sistemáticamente en, todo conocimiento de un Ser Supremo, la existencia de un alma y la esperanza de vida en el más allá. Siendo estos hechos, cualquier discurso sobre la coexistencia es o bien un sinsentido o bien propaganda.

El problema de hoy es la continuación de la Revolución Celestial. Si Dios ha puesto a los seres humanos en esta tierra para que puedan conocerle; amarle; y servirle en esta vida con el fin de ser felices con Él para siempre en el otro mundo, entonces es lógico razonar que la única manera en que Lucifer podría esperar recuperar las almas en disputa sería inoculándoles la doctrina del Ateísmo-Materialismo.

Indudablemente mucha gente preguntará "¿Pero cómo podría el Diablo inocular las mentes de los hombres con ideas ateas y otras ideas malignas?". Esa pregunta puede responderse de la siguiente manera, Si los Seres HUMANOS llaman a establecer estaciones de radio, y televisión, desde las cuales un individuo puede influenciar a millones de otros transmitiendo sus opiniones sobre cualquier tema dado a través de las ondas invisibles entonces ¿por qué no sería posible para los Seres CELESTIALES transmitirnos sus mensajes? Ningún especialista del cerebro se ha atrevido a negar que en el cerebro de cada individuo existe una especie de misterioso aparato receptor.

Cada hora del día, los seres humanos dicen: "Me he sentido inspirado a hacer esto" o "Me he sentido tentado a hacer aquello". Los pensamientos, ya sean buenos o malos, deben originarse en algún lugar, de alguna "causa", y transmitirse al cerebro humano. El cuerpo es sólo el instrumento que pone en práctica el pensamiento dominante para el "Bien" o para el "Mal".

Un hecho fundamental que todas las personas, que creen en la existencia de Dios, nunca deben olvidar es este:- Si estamos en esta tierra por un período de prueba; Si se nos ha dado nuestro Libre Albedrío, es para permitirnos decidir si queremos ir a Dios o queremos ir al Diablo. Por lo tanto, si el Diablo no tuviera la oportunidad de influir en las mentes de los hombres no habría prueba.

Si Dios Todopoderoso envió a sus profetas y a su hijo Jesucristo, para mostrarnos claramente lo que es el Bien y lo que es el Mal, entonces ¿por qué el Diablo no enviaría a sus falsos Cristos y a sus falsos profetas para intentar demostrarnos que el Mal es el Bien y que el Bien es el Mal?

La forma más sencilla de entender lo que está pasando en el mundo de hoy es estudiar los acontecimientos de la Historia como los movimientos que se hacen en una partida continua de Ajedrez Internacional... Los líderes de los Illuminati han dividido a la gente del mundo en dos campos principales. Utilizaron Reyes y Reinas; Obispos y Caballeros; y las masas de la población mundial, como piezas en sus juegos. La despiadada política de los líderes es considerar a todos los demás seres humanos como EXPENSABLES, siempre que el sacrificio de una pieza Mayor, o de un millón de Peones, les sitúe un paso más cerca de su objetivo totalitario final. El despotismo de Satán.

Se dice que el Profesor Ritter dijo que la fase actual de este juego comenzó en la Casa de Contabilidad de Amschel Mayer Bauer alias Rothschild, ubicada en Frankfort-on-the-Main en Alemania, cuando trece Orfebres [10] decidieron que debían eliminar a todos los Jefes Coronados de Europa; destruir todos los gobiernos existentes; y eliminar todas las religiones organizadas, antes de que pudieran asegurar el control absoluto de la riqueza, los recursos naturales, y el poder del hombre del mundo entero, y establecer un Despotismo Satánico. El materialismo dialéctico e histórico debía ser utilizado para promover estos planes.

Por extraño que pueda parecer, la historia demostrará que los líderes de los grupos semitas y antisemitas han unido sus fuerzas en ocasiones para luchar contra un enemigo común como el Imperio Británico o la religión cristiana. Y mientras las masas luchaban, los Illuminati, que constituyen el Poder Secreto detrás de los Movimientos Revolucionarios Mundiales, se disputaban la mejor posición de la que obtendrían el mayor beneficio futuro.

---

[10] TODOS los orfebres no eran judíos. Sólo ALGUNOS se dedicaron a la práctica de la usura. Uno de los orfebres más ricos es el de la London City Company, que data de 1130.

Los líderes tanto del Comunismo como del Nazismo se han cruzado, y traicionado entre ellos, pero es dudoso que muchos de los líderes se dieran cuenta, antes de que fuera demasiado tarde, de que incluso ellos eran sólo herramientas controladas por el Agentur de los Illuminati que utilizan todo lo que es malo para promover sus fines. Cuando los Poderes Secretos que dirigen cualquiera de los grupos, incluso sospechan que una de sus "herramientas" sabe demasiado, ordenan su liquidación. Se presentarán pruebas para demostrar que los líderes de estos dos grupos de hombres de mentalidad totalitaria han instigado muchos asesinatos individuales, y causado muchas revoluciones y guerras, en las que decenas de millones de Seres Humanos han sido asesinados, mientras que millones han sido heridos y han quedado sin hogar. Es difícil descubrir a un líder militar que pueda justificar la decisión de lanzar bombas atómicas sobre Hiroshima o Nagasaki, donde, en un abrir y cerrar de ojos, murieron aproximadamente 100.000 personas, y el doble resultaron gravemente heridas. Las fuerzas militares japonesas ya habían sido derrotadas. La rendición era sólo una cuestión de horas o días cuando se perpetró este acto diabólico. La única conclusión lógica es que los poderes secretos, que, como se demostrará, influyen y controlan las políticas de la mayoría de los gobiernos nacionales, decidieron que había que hacer una demostración de la más moderna de todas las armas letales para recordar a Stalin lo que ocurriría si se volvía demasiado odioso. Esta es la única excusa de que ofrece siquiera una apariencia de justificación para semejante ultraje contra la humanidad.

Pero la bomba atómica y la bomba de hidrógeno ya no son las armas más letales del mundo. El gas nervioso, que ahora almacenan tanto las naciones comunistas como las no comunistas, es capaz de acabar con todos los seres vivos de un país, una ciudad o un pueblo. El grado de destrucción de toda vida humana en una nación puede ajustarse a los requisitos militares y económicos de quienes decidan utilizar el Gas Nervioso para alcanzar su objetivo. Se dice que el gas nervioso es flúor altamente concentrado en su forma gaseosa. Es el gas más penetrante y mortífero jamás descubierto por el hombre. Es incoloro, inodoro, insípido y económico de producir. Una sola gota, incluso muy diluida en agua o aceite, si entra en contacto con un ser vivo, provoca la parálisis del aparato respiratorio y la muerte. En pocos minutos penetrará incluso a través de la ropa de goma que llevan los bomberos cuando están de servicio. El gas nervioso no daña gravemente los objetos inanimados.

Pocos días después de la aplicación del gas nervioso, la fuerza invasora podría volver a entrar en las zonas contaminadas. Serían zonas de Muertos, pero todos los edificios y maquinaria estarían intactos. El único antídoto conocido para el Gas Nervioso es la droga Atropina. Para que sea eficaz, debe inyectarse en las venas de las víctimas inmediatamente, y repetidamente, después de que hayan sido contaminadas. Este medio de defensa no es práctico en zonas densamente pobladas. Tanto los gobiernos comunistas como los anticomunistas disponen de gas nervioso. El conocimiento de que ambos bandos tienen este Gas en cantidad puede hacer que ambos bandos duden en usarlo. Pero es un hecho bien conocido que los hombres desesperados y despiadados recurrirán a cualquier extremo para conseguir sus objetivos. Y, como se demostrará, nunca han dudado en sacrificar a millones y millones de seres humanos -hombres, mujeres y niños- con tal de acercarse un paso más a su objetivo final.

Podemos preguntarnos: "¿Cómo va a terminar la lucha que se libra ahora en esta tierra?". Es dudoso que haya un solo ser vivo que no se haya hecho esta pregunta. Es una pregunta que los matrimonios jóvenes se hacen ansiosamente cuando debaten si deben permitir que su dicha conyugal traiga más hijos a este mundo infestado de odio. La respuesta más completa se encuentra en el Evangelio de San Mateo, capítulo XXIV, versículos 15 a 34-En aquel tiempo dijo Jesús a sus discípulos:

> "Cuando veáis la abominación desoladora de que habló el profeta Daniel, de pie en el Lugar Santo (el que lee, que entienda), entonces los que estén en Judea, que huyan a los montes; y el que esté en lo alto de una casa, que no baje a sacar nada de su casa; y el que esté en el campo, que no vuelva atrás a buscar su abrigo. Y ¡ay de las que estén encintas y den a luz en aquellos días! Orad, pues, que vuestra huida no sea en invierno ni en día de reposo; porque habrá gran tribulación, cual no la ha habido desde el principio del mundo hasta ahora, ni la habrá; y si aquellos días no fueren acortados, NINGUNA PERSONA SE SALVARÁ; pero por causa de los escogidos, aquellos días serán acortados."

A continuación, Cristo abordó el problema de los falsos líderes y los anticristos, de quienes predijo que utilizarían la propaganda para confundir el pensamiento de los hombres. Dijo:

> "Entonces, si alguno os dijere: Aquí está el Cristo o Allí no le creáis; porque se levantarán falsos Cristos y falsos profetas que harán grandes señales y prodigios para engañar (si es posible) aun a los

escogidos. He aquí os lo he dicho de antemano. Por tanto, si os dijeren: He aquí, está en el desierto, no salgáis. He aquí, está en el armario no lo creáis. Porque como el relámpago que sale del Oriente y se muestra hasta el Occidente, así será también la venida del Hijo del Hombre. Dondequiera que esté el cuerpo, allí se reunirán las águilas. E inmediatamente después de las tribulaciones de aquellos días, el sol se oscurecerá, y la luna no dará su resplandor, y las estrellas se moverán; y las potencias de los cielos serán conmovidas.[11] Y entonces aparecerá la señal del Hijo del hombre en el cielo, y entonces lamentarán las tribus de la tierra; y verán al Hijo del hombre que vendrá en las nubes del cielo, con mucho poder y majestad; y él enviará a sus ángeles con trompeta y gran voz, y juntarán a sus escogidos de los cuatro vientos, desde el extremo de los cielos hasta los confines de ellos. Y de la higuera aprended esta parábola: cuando su rama está ya tierna, y salen las hojas, sabéis que el verano está cerca. Así también vosotros, cuando veáis todas estas cosas, sabed que está cerca aun a las puertas. De cierto os digo a que no pasará esta generación hasta que todas estas cosas sean hechas."

La rama está ahora ciertamente tierna, muchas hojas han brotado, sólo necesitamos una guerra más en la que ambos bandos utilicen bombas atómicas y de hidrógeno, y gas nervioso, y nos habremos infligido las abominaciones de la desolación que reducirán a la raza humana a condiciones tan caóticas que la intervención divina será nuestra única salvación.

Hoy en día es práctica común que la gente, especialmente aquellos que actúan voluntaria o involuntariamente, como agentes de los Poderes del Mal, culpen a Dios del lamentable lío en el que nos encontramos. La persona inteligente admitirá que no se puede culpar a Dios. Él nos dio nuestro Libre Albedrío, Él nos dio los Mandamientos como nuestra guía. Nos dio a Cristo como maestro y ejemplo viviente. Si nos negamos obstinadamente a aceptar las enseñanzas y el ejemplo de Cristo; si también nos negamos a obedecer los Mandamientos de Dios, ¿cómo podemos culpar razonablemente a otra agencia que no seamos nosotros mismos por permitir que las Fuerzas del Mal ganen supremacía en este Mundo Nuestro? Edmund Burke escribió una vez:

---

[11] La palabra griega para cielos es "Ouranos", de la que procede el nombre del planeta Urano y del metal uranio. Esto predice las bombas "A" y "H".

"Todo lo que es necesario para el triunfo del Mal, es que los hombres buenos no hagan nada". Escribió una gran verdad.

El estudio de las religiones comparadas, en relación con las condiciones que estamos experimentando en el mundo de hoy, lleva al estudiante imparcial a la conclusión de que aquellos seres humanos que adoran a Dios, y creen en otra vida después de la muerte de nuestros cuerpos mortales, disfrutan de una religión de Amor y Esperanza. El ateísmo es una religión de Odio y de la más negra Desesperación. Y sin embargo, nunca antes en la historia del mundo, se ha hecho un esfuerzo tan decidido por introducir el secularismo en nuestras vidas como desde 1846, cuando C.J. Holyoake, C. Bradlaugh y otros afirmaron su opinión "DE QUE EL INTERÉS HUMANO DEBE LIMITARSE A LAS PREOCUPACIONES DE LA VIDA PRESENTE".

Estos defensores del secularismo fueron los predecesores del rebaño más reciente de falsos Cristos y falsos Profetas-Karl Marx, Karl Ritter, Lenin, Stalin, Hitler y Mussolini. Estos hombres engañaron a millones y millones de personas haciendo grandes señales y maravillas. Engañaron a muchos cristianos profesantes que deberían haber sabido mejor.

Capítulo 2

La Revolución Inglesa 1640 - 1660

Las Fuerzas del Mal se dan cuenta de que para ganar el control indiscutible de los bienes materiales del mundo, y establecer una Dictadura Totalitaria Materialista Atea, es necesario destruir todas las formas de 50 gobierno constitucional y la religión organizada. Para hacer esto las Fuerzas del Mal decidieron que debían dividir a los pueblos del mundo unos contra otros en varios temas. Desde la antigüedad, las razas aria y semita fueron enemistadas entre sí para servir a las ambiciones secretas de sus líderes ateos-materialistas. Si los pueblos de las razas aria y semita hubieran permanecido firmes en su creencia en Dios, y fieles a Sus mandamientos, las Fuerzas del Mal nunca habrían podido lograr su malvado propósito.

El término ario designa en realidad a los grupos lingüísticos también conocidos como indoeuropeos o indogermánicos. Comprende dos grupos. El occidental o europeo, y el oriental o armenio. Las lenguas arias muestran un origen común por su vocabulario, sistema e inflexiones.

En realidad, la palabra ario significa "Un honorable Señor de la Tierra". Así es como la mayoría de los líderes del grupo ario en Europa eran Barones de la Tierra que mantenían fuertes fuerzas armadas para proteger sus propiedades. De entre estos Barones surgieron los Señores de la Guerra Arios. Ellos a su vez organizaron el Nazismo, y utilizaron el Fascismo, y todos los grupos antisemitas a la derecha del centro para servir a su propósito, y promover sus planes secretos para la dominación mundial.

Las principales divisiones de los grupos arios son las razas teutónica, románica y eslava, que se asentaron en Europa occidental. Los turcos, los magiares, los vascos y los finlandeses son razas no arias. Los antepasados comunes de los grupos arios habitaron en el Pamir en un periodo de remota antigüedad.

Por otra parte, los grupos semíticos se dividen en dos secciones. Una incluye los grupos asirio, arameo, hebreo y fenicio. La otra sección incluye los grupos árabe y etíope. El árabe es el grupo más abundante y el arameo el más pobre. Los hebreos ocupan una posición intermedia[12]

Hoy en día, el término judío se utiliza de forma muy laxa para definir a las personas que en un momento u otro han abrazado la fe judía. Muchos de ellos no son en realidad de origen racial semítico. Un gran numero de personas que aceptaron la Fe Judia son descendientes de los Herodianos que eran Idumeos de sangre Turco-Mongola. En realidad son edomitas.[13]

El hecho importante que hay que recordar es que entre los dirigentes judíos, exactamente igual que entre los dirigentes arios, siempre ha habido un pequeño núcleo duro de hombres que han sido, y siguen siendo, Iluministas o Ateos. Puede que hayan defendido de boquilla las religiones judía o cristiana para satisfacer sus propios fines, pero nunca han creído en la existencia de Dios. Ahora son internacionalistas. Ellos no le dan lealtad a ninguna nación en particular, aunque han utilizado, en ocasiones, el nacionalismo para promover sus causas. Su única preocupación es obtener un mayor poder económico y político. El objetivo último de los líderes de ambos grupos es idéntico. Están decididos a hacerse con el control indiscutible de la riqueza, los recursos naturales y la fuerza humana de todo el mundo. Pretenden convertir el mundo en SU concepción de una Dictadura Totalitaria-Sin-Dios.

Las razas no semitas y turco-finlandesas se infiltraron en Europa desde Asia hacia el siglo I después del advenimiento de Cristo. Tomaron la ruta terrestre al norte del mar Caspio. Estos pueblos se conocen en la historia como Khazars. Eran un pueblo pagano. Se asentaron en Europa del Este y establecieron el poderoso Reino Khazar. Expandieron sus dominios mediante conquistas militares hasta que, a finales del siglo

---

[12] Véase *la enciclopedia Pears*, páginas 514 y 647.

[13] Véase *la Enciclopedia Judía* Vol. 5, p. 41: 1925. Afirma que "Edom está en la judería moderna". También el profesor Lothrop Stoddard el etnólogo eminente declara: "Los propios registros de los Judíos admiten que el 82 por ciento de los que se adhieren al movimiento Sionista Político son Ashkenazim, llamados Judíos, pero no Semíticos. Hay muchas opiniones diferentes sobre estas cuestiones raciales.

VIII, ocuparon la mayor parte de Europa oriental al oeste de los montes Urales y al norte del Mar Negro. Los jázaros acabaron aceptando el judaísmo como religión, por encima del cristianismo o el mahometismo. En todo su reino se construyeron sinagogas y escuelas para la enseñanza del judaísmo. En el apogeo de su poder, los jázaros recaudaban tributos de veinticinco pueblos conquistados.

El gran reino jázaro floreció durante casi quinientos años. A finales del siglo X, los jázaros fueron derrotados en batalla por los varangios (rusos), que se abalanzaron sobre ellos desde el norte. La conquista de los jázaros se completó a finales del siglo XIII. El movimiento revolucionario inspirado por los jázaros-judíos continuó en el Imperio Ruso desde el siglo XIII hasta la Revolución Roja de Octubre de 1917. La conquista de los jázaros en el siglo XIII explica la permanencia en el Imperio Ruso de tantas personas, hoy comúnmente denominadas judíos.

Hay otro hecho importante que arroja luz sobre el tema del arianismo y el semitismo. Los finlandeses, y otros grupos generalmente clasificados como varangios (rusos), eran de origen no ario y el pueblo alemán en general los ha tratado como enemigos.

Un acto de Cristo tiene mucha importancia en el estudio del Movimiento Revolucionario Mundial. Cristo fue considerado por muchos, un radical que basó su movimiento reformista en el culto a Dios Todopoderoso, la obediencia a la autoridad constituida y el amor al prójimo. La historia de la vida de Cristo muestra que amaba a TODA la gente excepto a un grupo en particular. Odiaba a los prestamistas con una intensidad que parece extraña en un hombre de carácter tan suave. Jesús amonestó repetidamente a los prestamistas por su práctica de la usura. Los denunció públicamente como adoradores de Mammón. Dijo que eran de la Sinagoga de Satanás. (Apoc. 2: - 9). Expresó enfáticamente Su odio extremo hacia los prestamistas cuando tomó un látigo y los expulsó del Templo. Los amonestó con estas palabras: "Este Templo fue construido como casa de Dios... Pero vosotros lo habéis convertido en una cueva de ladrones". Al realizar este acto de venganza contra los prestamistas, Cristo firmó su propia sentencia de muerte.

Fueron los Illuminati, y los falsos sacerdotes y ancianos a su sueldo, quienes urdieron el complot por el que Cristo sería ejecutado por los soldados romanos.

Fueron ellos quienes suministraron las treinta monedas de plata utilizadas para sobornar a Judas. Fueron ellos los que utilizaron a sus propagandistas para desinformar y engañar a la Mafia. Fueron los agentes de los Illuminati quienes dirigieron a la Turba cuando aceptaron a Barrabás y gritaron que Cristo fuera crucificado. FUERON LOS ILLUMINATI QUIENES ARREGLARON LOS ASUNTOS PARA QUE LOS SOLDADOS ROMANOS ACTUARAN COMO SUS VERDUGOS. Entonces, después de que el acto sucio había sido hecho, y habían tenido su venganza, los conspiradores pasaron a un segundo plano y dejaron que su culpa recayera sobre las masas de los judíos y sus hijos. La historia demuestra que tenían una razón diabólica para culpar de la muerte de Cristo al pueblo judío. La historia demuestra que pretendía utilizar el odio engendrado entre el pueblo judío como resultado de la persecución, para servir a sus viles propósitos, y promover sus secretas ambiciones totalitarias. Cristo sabía todo esto.

Dio a conocer su conocimiento de la manera más dramática posible. Mientras agonizaba en la Cruz, oró a su Padre Celestial y dijo: "Padre, perdónalos porque no saben lo que hacen". Seguramente estaba rezando por la mafia. Estaba pidiendo perdón por los hombres que habían sido UTILIZADOS por los Illuminati para ser el INSTRUMENTO de su venganza. La historia demuestra que los prestamistas internacionales han estado utilizando a la mafia para promover sus ambiciones secretas desde entonces. En el Instituto Lenin de Moscú, los profesores que dan clases a los aspirantes a líderes revolucionarios de todo el mundo se refieren invariablemente a las masas como "la mafia". Los Illuminati dirigen todas las fuerzas del mal.

El estudio del Movimiento Revolucionario Mundial (M.R.M.), desde los tiempos de Cristo hasta nuestros días, prueba que es injusto culpar a toda la Raza Judía por los crímenes cometidos contra la humanidad por un pequeño grupo de falsos sacerdotes y prestamistas. Estos hombres siempre han sido, y todavía son, El Poder Secreto detrás del Internacionalismo. Ellos usan el Comunismo hoy como su manual de acción para promover sus planes secretos para la dominación mundial final.

El estudio de la historia demostrará que es igualmente injusto culpar a todo el pueblo alemán e italiano de los crímenes contra la humanidad cometidos por el pequeño grupo de Señores de la Guerra arios que organizaron el nazismo, con la esperanza de poder derrotar al Comunismo Internacional y al Sionismo Político y darles la dominación mundial mediante la conquista militar. La historia prueba claramente que los líderes de los dos grupos opuestos han dividido a las masas del pueblo sin importar raza, color o credo, en dos campos opuestos y luego los han usado a todos como peones en el juego de Ajedrez Internacional. Juegan para decidir qué grupo derrotará finalmente al otro y establecerá, de una vez por todas, un control indiscutible sobre el mundo, su riqueza, sus recursos naturales, su fuerza humana y su religión. Hay que recordar que como el propósito del Diablo es ganar las almas de los hombres lejos de Dios, Satanás utiliza tanto el Comunismo "Rojo" como el Nazismo "Negro" para influir en las mentes de los hombres para que abracen una u otra ideología Atea. Aquellos que aceptan una u otra ideología atea venden sus almas al Diablo.

Los acontecimientos históricos prueban la continuidad del propósito maligno de los Illuminati. Muchos teólogos están de acuerdo en que esta perfecta continuidad de sus Planes de Largo Alcance es una prueba positiva de que son, como Cristo los llamó, "De la Sinagoga de Satanás". Los teólogos basan su opinión en la teoría de que nada humano podría tener un registro tan continuo de maldad a través de las edades del tiempo. La continuidad del mal es exactamente lo contrario de la sucesión Apostólica de la Iglesia Católica Romana. En esto, como en muchas otras cosas, se nos recuerda a la fuerza el poder real de las fuerzas sobrenaturales para influir en nuestras vidas individuales, en la política nacional y en los asuntos internacionales. Los argumentos de este tipo relativos a los judíos malvados son igualmente aplicables a los arios malvados y a los hombres malvados de todas las razas, colores y credos.

La historia demuestra que Séneca (4 a.C. a 65 d.C.) murió porque, al igual que Cristo, intentó denunciar las prácticas corruptas y la mala influencia de los prestamistas que se habían infiltrado en el Imperio Romano. Séneca fue un famoso filósofo romano. Fue elegido tutor de Nerón, que se convirtió en emperador de Roma. Durante mucho tiempo, Séneca fue el mejor amigo de Nerón y su consejero de mayor confianza. Nerón se casó con Popea, quien le sometió a la influencia maligna de los prestamistas. Nerón se convirtió en uno de los gobernantes más infames que el mundo haya conocido. Su conducta licenciosa y sus hábitos depravados desarrollaron en él un carácter tan bajo que sólo vivía para perseguir y destruir todo lo que era bueno. Sus actos de venganza adoptaron la forma de atrocidades cometidas habitualmente en público sobre las víctimas de su ira. Séneca perdió su influencia sobre Nerón, pero nunca dejó de denunciar públicamente a los prestamistas por su mala influencia y sus prácticas corruptas. Finalmente, los prestamistas exigieron a Nerón que tomara medidas contra Séneca, que era muy popular entre el pueblo. Para no despertar la ira del pueblo contra sí mismo y contra los prestamistas. Nerón ordenó a Séneca que acabara con su propia vida.

Este es el primer caso registrado en el que los prestamistas hicieron que una persona se suicidara porque se había convertido en una molestia para ellos, pero no fue en absoluto el último. La historia registra docenas de suicidios similares y asesinatos que se hicieron pasar por accidentes o suicidios.

Uno de los más notorios de los últimos años fue el de James V. Forrestal. En 1945 Forrestal estaba convencido de que los Banqueros Americanos estaban estrechamente afiliados con los Banqueros Internacionales que controlaban los Bancos de Inglaterra, Francia y otros países. También estaba convencido, según sus diarios, de que los Barones Internacionales del Dinero eran los Illuminati y responsables directos del estallido de la Primera y la Segunda Guerras Mundiales. Intentó convencer de la verdad al Presidente Roosevelt y a otros altos cargos del Gobierno. O fracasó, y se suicidó en un ataque de depresión, o fue asesinado para cerrarle la boca para siempre. El asesinato, hecho para que parezca suicidio, ha sido una política aceptada en los niveles superiores de la intriga internacional durante muchos siglos.[14]

Justiniano I (Flavius Anicius Justianiamus 483-565 d.C.) escribió su famoso libro de leyes "Corpus Juris Civilis". Intentó poner fin a los métodos ilegales de tráfico y comercio que practicaban ciertos mercaderes judíos. Mediante el comercio ilegal y el contrabando al por mayor, los mercaderes judíos, que no eran más que agentes de los Illuminati, obtenían ventajas desleales sobre sus competidores gentiles.

Los pusieron fuera del negocio. El libro de la ley, escrito por Justiniano, se aceptó como libro de texto de derecho hasta el siglo X. Incluso hoy en día se considera el documento de jurisprudencia más importante. Incluso hoy se considera el más importante de todos los documentos de jurisprudencia. Pero los prestamistas pudieron contrarrestar el bien que

---

[14] *The Forrestal Diaries* Viking press, Nueva York, 1951.

Justiniano intentó hacer.[15] La Enciclopedia Judía de Funk & Wagnall dice lo siguiente sobre los judíos de aquella época en: "Gozaban de plena libertad religiosa.... Tenían acceso a cargos menores. El comercio de esclavos constituía la principal fuente de sustento de los judíos romanos, y en 335, 336, 339, 384 d.C. se promulgaron decretos contra este tráfico, etc.".

Esta es la historia en blanco y negro. Pero la historia revela que los mercaderes y prestamistas judíos no limitaron sus actividades ilegales a el comercio de esclavos. Está documentado que se dedicaban a todo tipo de tráfico ilegal, incluido el tráfico de drogas, la prostitución, el contrabando al por mayor de licores, perfumes, joyas y otros bienes gravables. Para proteger su comercio y tráfico ilegales sobornaban y corrompían a los funcionarios; mediante el consumo de drogas y licores, y de mujeres, destruían la moral del pueblo. La historia cuenta que Justiniano, a pesar de ser emperador del Imperio Romano, no tuvo la fuerza suficiente para poner fin a sus actividades.[16]

Edward Gibbon (1737-1794) se ocupa de la influencia corruptora de los mercaderes y prestamistas judíos. Les atribuye haber contribuido en gran medida a "La decadencia y caída del Imperio Romano". Escribió el libro con ese título. Gibbon dedica un espacio considerable al papel que desempeñó Popea, la esposa de Nerón, en la creación de las condiciones que hicieron que el pueblo de Roma se tambalease borracho hacia su propia destrucción. Con la caída del Imperio Romano, se estableció el predominio judío. Las naciones de Europa entraron en lo que los historiadores llaman "La Edad Oscura".

La Enciclopedia Británica dice lo siguiente sobre el tema. "Había una tendencia inevitable para ellos (los comerciantes judíos y los prestamistas) a especializarse en el comercio para el cual su perspicacia, y ubicuidad, les dio calificaciones especiales. En la Edad Oscura el

---

[15] Algunos lectores afirman que Justianiamus no tenía tal propósito. Yo afirmo que el conocimiento del mal impulsa a los hombres a crear leyes y legislación correctivas.

[16] Las mismas malas influencias son responsables de las mismas malas condiciones que existen hoy en todas las grandes ciudades.

comercio de Europa Occidental estaba en gran parte en sus manos, en particular, el comercio de esclavos."

El control judío del comercio, tanto legal como ilegal, se hizo cada vez más estricto. Se extendió por todas partes, hasta que la economía de todos los países europeos estuvo más o menos en sus manos. La evidencia en forma de monedas polacas y húngaras con inscripciones judías da alguna indicación del poder que ejercían en asuntos financieros durante aquellos días. El hecho de que los judíos hicieran un esfuerzo especial, para emitir y controlar la moneda, apoya la opinión de que los prestamistas de dinero habían adoptado el lema "Emitamos y controlemos el dinero de una nación y no nos importa quién haga sus leyes", mucho antes de que Amschel Mayer Bauer[17] (1743-1812) utilizara el lema para explicar a sus co-conspiradores la razón por la que los prestamistas de dinero judíos habían obtenido el control del Banco de Inglaterra en 1694.

Los barones, que eran los líderes del arianismo, determinaron que romperían el control judío del comercio, los intercambios y el dinero en Europa. Fue con este propósito que en 1095 obtuvieron el apoyo de ciertos gobernantes cristianos para iniciar Las Cruzadas o Guerras Santas. [18] Entre 1095 y 1271 se organizaron ocho Cruzadas. Oficialmente, las Cruzadas eran expediciones militares emprendidas para garantizar la seguridad de los peregrinos que deseaban visitar el Santo Sepulcro e instaurar el dominio cristiano en Palestina. En realidad fueron guerras fomentadas con el propósito de dividir a la población de Europa en dos bandos. Un campo pro-judío y el otro anti-judío. En años más recientes, los Poderes Secretos dividieron a la raza blanca en grupos semitas y antisemitas. Algunas de las Cruzadas tuvieron éxito, otras no. El resultado neto fue que, en 1271, Palestina todavía permanecía en manos de los infieles, aunque los países de la Cristiandad habían gastado MILLONES EN DINERO y tesoro para financiar las Cruzadas y sacrificado MILLONES DE VIDAS HUMANAS luchando

---

[17] Bauer es el orfebre judío que fundó la "Casa de Rothschild" en Frankfort del Meno. Él y sus (cofrades) tramaron la Revolución Francesa de 1789.

[18] Dado que el odio y la venganza son el caldo de cultivo de las fuerzas del mal, utilizarán cualquier pretexto para fomentar guerras y revoluciones, incluso para utilizar el nombre de Dios, a quien odian.

en esas Guerras Santas. Por extraño que parezca, los prestamistas judíos se hicieron más ricos y más fuertes que nunca.

Hay una fase de las Cruzadas que no debe pasarse por alto cuando se estudian las "Causas" en relación con los "Efectos" que produjeron en años posteriores. En 1215, la jerarquía católica romana celebró el IV Concilio de Letrán. El tema principal que se trató fue la agresión judía en todos los países de Europa. Durante este período de la historia los Gobernantes de la Iglesia, y los Gobernantes del Estado, trabajaron en unidad. Los gobernantes de la Iglesia, tras la debida deliberación, se manifestaron a favor de continuar las Cruzadas.

También redactaron y aprobaron Decretos destinados a poner fin a la usura y a la práctica de los prestamistas judíos de utilizar métodos poco éticos en el tráfico y el comercio para obtener ventajas desleales sobre los competidores gentiles, y a frenar las prácticas corruptas e inmorales. Para lograr este propósito, los dignatarios que asistieron al Cuarto Concilio de Letrán decretaron que en el futuro los judíos estuvieran restringidos a vivir en sus propios aposentos. Los judíos tenían absolutamente prohibido contratar a cristianos como empleados. Este decreto fue aprobado porque los prestamistas y comerciantes judíos operaban según el principio de la Sociedad Anónima. Empleaban a cristianos para que actuaran como testaferros mientras ellos se ocultaban en segundo plano dirigiendo las operaciones. Esto era conveniente porque, cuando algo salía mal, los testaferros cristianos recibían la culpa y el castigo, mientras que ellos quedaban impunes. Además, los Decretos prohibían terminantemente a los judíos emplear a mujeres cristianas en sus hogares y establecimientos. Este decreto se aprobó porque se presentaron pruebas que demostraban que las jóvenes eran sistemáticamente seducidas y luego convertidas en prostitutas; sus amos las utilizaban para obtener el control sobre funcionarios influyentes. Otros decretos ilegalizaban muchas actividades comerciales de los judíos. Pero ni siquiera el poder de la Iglesia, apoyada por la mayoría de los funcionarios cristianos del Estado, pudo hacer que los Barones del Dinero se sometieran a la ley. Lo único que consiguieron los decretos fue intensificar el odio que los Illuminati sentían por la Iglesia de Cristo, e iniciaron una campaña continua para separar a la Iglesia del Estado. Para lograr este propósito introdujeron la idea del secularismo entre los laicos.

En 1253, el gobierno francés ordenó la expulsión de los judíos porque se negaban a obedecer la ley. La mayoría de los judíos expulsados se fueron a Inglaterra. En 1255 los prestamistas judíos habían obtenido el control absoluto de muchos dignatarios de la Iglesia y de la mayor parte de la Nobleza. [19] Que los prestamistas, los rabinos y los ancianos pertenecían a los Illuminati quedó demostrado por las pruebas aportadas durante la investigación ordenada por el rey Enrique III sobre el asesinato ritual de San Hugo de Lincoln en 1255. Se demostró que dieciocho judíos habían sido los culpables. Fueron juzgados, declarados culpables y ejecutados. En 1272 murió el rey Enrique. Eduardo I se convirtió en rey de Inglaterra. Decidió que los líderes judíos debían abandonar la práctica de la usura. En 1275 hizo que el Parlamento aprobara los Estatutos de la Judería. Su objetivo era frenar el poder que los usureros judíos ejercían sobre sus deudores, tanto cristianos como judíos. Los Estatutos de la Judería fueron probablemente la primera legislación en la que los Comunes del Parlamento participaron activamente. No pueden calificarse de antisemitas, ya que en realidad protegían los intereses de los judíos honrados y respetuosos de la ley. [20]

Pero, como había sucedido tantas veces antes, los prestamistas judíos pensaron que el poder que podían ejercer tanto sobre la Iglesia como sobre el Estado, les permitiría desafiar el decreto del rey de la misma manera que habían anulado los aprobados por el Concilio de Letrán. Cometieron un grave error. En 1290 el rey Eduardo promulgó otro decreto. TODOS los judíos fueron expulsados de Inglaterra. Este fue el comienzo de lo que los historiadores llaman El Gran Desalojo.

Después de que Eduardo I diera el pistoletazo de salida, todos los jefes coronados de Europa siguieron su ejemplo.

---

[19] El libro "Aaron of Lincoln". Shapiro-Valentine & Co. ofrece información interesante sobre este periodo de la historia. La Enciclopedia Judía de Valentine dice lo siguiente. "Su número y prosperidad aumentaron. Aaron de Lincoln (cuya casa sigue en pie hoy en día) se convirtió en el hombre más rico de Inglaterra. Sus transacciones financieras abarcaban todo el país y afectaban a muchos de los principales nobles y eclesiásticos... A su muerte, sus propiedades pasaron a los Grown, y hubo que crear una rama especial del Exchequer para ocuparse de los bienes.

[20] Los Estatutos de la Judería fueron impresos en detalle como apéndice en *La Guerra sin Nombre* del Capitán A.H.M. Ramsay. Publicado por Omnia Veritas Ltd, www.omnia-veritas.com.

En 1306, Francia expulsó a los judíos. En 1348, Sajonia hizo lo mismo. En 1360 Hungría; en 1370 Bélgica; en 1380 Eslovaquia; en 1420 Austria; en 1444 los Países Bajos; en 1492 España.

La expulsión de los judíos de España tiene un significado especial. Arroja luz sobre la Inquisición española. La mayoría de la gente tiene la idea de que la Inquisición fue instituida por los católicos romanos para perseguir a los protestantes que se habían separado de la Iglesia. De hecho, la Inquisición, introducida por el Papa Inocencio III, era un medio para desenmascarar a los herejes e infieles que se hacían pasar por cristianos con el propósito de destruir la religión cristiana desde dentro.[21]

A los inquisidores les daba igual que el acusado fuera judío o gentil, blanco o negro. La terrible ceremonia de el "Auto-da-Fé" o "Acto de Fe", fue especialmente diseñada para ser usada en conexión con la ejecución de todos los herejes convictos, e infieles, cuando Torquemada (1420-1498) era Gran Inquisidor.[22]

Son estos incidentes ocultos los que revelan tanta verdad. Fue en España, durante el siglo XIV, donde los prestamistas judíos consiguieron por primera vez que los préstamos que hacían al Estado estuvieran garantizados por el derecho a recaudar los impuestos impuestos al pueblo. Utilizaron tal crueldad, al exigir su Libra de Carne, que sólo fue necesaria la incendiaria oratoria del sacerdote Fernando Martenez para producir una acción masiva que terminó en una de las masacres más sangrientas registradas en la historia. He aquí de nuevo un ejemplo perfecto de cómo miles de judíos inocentes fueron

---

[21] Debido a que los judíos estaban siendo expulsados de todos los países europeos, Chemor, rabino de Arles en Provenza, pidió consejo al Sanedrín, que entonces se encontraba en Constantinopla. Su petición fue fechada el 13 de enero de 1489. La respuesta le llegó en noviembre de 1459. Estaba firmada V.S.S. - V.F.F. Príncipe de los Judíos. Aconsejaba a los rabinos que utilizaran la táctica del "Caballo de Troya" cristiano y convirtieran a sus hijos en sacerdotes, laicos, abogados, médicos, etc. para poder destruir la estructura cristiana desde dentro.

[22] La Enciclopedia Británica en la página 67, Vol. 13, 1947 dice lo siguiente: "El siglo XIV fue la Edad de Oro de los judíos en España. En 1391, la predicación de un sacerdote de Sevilla, Fernando Martenez, condujo a la primera masacre general de los judíos que eran envidiados por su prosperidad y odiados porque eran los recaudadores de impuestos del rey.

victimizados, por los pecados y crímenes cometidos contra la humanidad por sólo unos pocos.[23] En 1495 Lituania expulsó a los judíos. En 1498 Portugal; en 1540 Italia; en 1551 Baviera. Es importante recordar que, durante las expulsiones generales, algunos judíos ricos e influyentes consiguieron refugio en Burdeos, Aviñón, algunos Estados Pontificios, Marsella, el norte de Alsacia y parte del norte de Italia. Pero, como se afirma en la Enciclopedia Británica,

"De este modo, las masas del pueblo judío volvieron a encontrarse en Oriente y en los Imperios polaco y turco. Las pocas comunidades que pudieron permanecer en Europa Occidental fueron sometidas por fin a todas las restricciones que las épocas anteriores habían permitido que permanecieran como un ideal; de modo que, en cierto sentido, puede decirse que la Edad Media judía comenzó con el Renacimiento". Esta admisión indicaría que existe cierta justificación para la afirmación hecha por ciertos historiadores de que el renacimiento de la civilización occidental no se produjo hasta que las naciones europeas occidentales arrebataron el control económico a los prestamistas judíos.

Tras el Gran Desalojo, los judíos volvieron a vivir en Ghettos o Kahals. Así, aislados de las masas de la población, los judíos estaban bajo la dirección y el control de los rabinos y ancianos, muchos de los cuales estaban influidos por los Illuminati y los ricos prestamistas judíos que permanecían en sus diversos santuarios. En los guetos, los agentes de los Illuminati inspiraron un espíritu de odio y venganza en los corazones del pueblo judío contra aquellos que los habían desalojado. Los rabinos les recordaban que, como pueblo elegido de Dios, llegaría el día en que se vengarían y heredarían la tierra.

Cabe mencionar que la mayoría de los judíos que se asentaron en Europa del Este, estaban restringidos a vivir dentro del "Pale of Settlement" situado en las fronteras occidentales de Rusia y que se extendía desde las orillas del Mar Báltico en el norte, hasta las orillas del Mar Negro en el sur. La mayoría de ellos eran judíos jázaros.[24] Los judíos jázaros destacaban por su cultura yiddish, sus prácticas rapaces

---

[23] Esta cuestión se aborda con más detalle en los capítulos dedicados a España.

[24] H.G. Wells define las diferencias muy claramente en su *Bosquejo de la Historia*, páginas 493-494.

en asuntos financieros y su falta de ética en las transacciones comerciales. No hay que confundirlos con los hebreos bíblicos, de modales suaves y, en general, pastores.

Dentro de los Ghettos, en una atmósfera de odio, el deseo de venganza fue desarrollado por los agentes de los Illuminati. *Ellos organizaron estas condiciones negativas, en el Movimiento Revolucionario Mundial, basado en el Terrorismo.*

Desde sus inicios, los Barones del Dinero con mentalidad internacional, y SUS Sumos Sacerdotes, diseñaron, financiaron y controlaron el Movimiento Revolucionario Mundial. Lo utilizaron como el instrumento por el cual obtendrían su venganza sobre las iglesias cristianas, y las Cabezas Coronadas, de Europa.

La historia demuestra, CÓMO los Barones del Dinero desarrollaron el movimiento revolucionario en Comunismo Internacional como lo conocemos hoy. Organizaron actos individuales de terrorismo en un movimiento revolucionario disciplinado. Luego planearon la infiltracion sistematica de los judios de vuelta a los paises de los que habian sido expulsados.

Debido a que su reentrada era ilegal, el único método por el que se podía llevar a cabo la infiltración era establecer Subterráneos Judíos. Como los judios que se infiltraban en los Undergrounds de las ciudades europeas no podian obtener un empleo legal se les proporcionaban fondos con los que desarrollar el sistema del Mercado Negro. Se entregaron a todo tipo de tráfico y comercio ilegal. Trabajando según el principio de la Sociedad Anónima, la identidad de los Barones del Dinero, que poseían y controlaban este vasto sistema subterráneo, siempre permaneció en secreto.[25]

El Conde de Poncins; la Sra. Nesta Webster; Sir Walter Scott; y muchos otros autores e historiadores han sospechado que los Illuminati y un grupo de Internacionalistas eran El Poder Secreto detrás del

---

[25] Lo hace incluso hoy. La entrada ilegal en los Estados Unidos y en Palestina ha alcanzado cifras sin precedentes desde el final de la Segunda Guerra Mundial. Se presentarán pruebas para demostrar que la clandestinidad está invariablemente asociada con los personajes antisociales que constituyen el hampa.

Movimiento Revolucionario Mundial, pero no fue sino hasta recientemente que se reunieron suficientes pruebas para demostrar que lo que sospechaban era un hecho real. A medida que los acontecimientos de la historia se desenrollan en su secuencia cronológica se verá cómo los Illuminati utilizaron los grupos semitas y los grupos arios, para servir a su propósito, e involucraron a millones y millones de personas en revoluciones y guerras para promover sus propias ambiciones secretas y egoístas. William Foss y Cecil Gerahty que escribieron La Arena Española dijeron: "La cuestión de quiénes son las figuras principales detrás del intento de dominación del mundo por parte de las SOCIEDADES DE ACCIONES CONJUNTAS, y cómo obtienen sus fines, está más allá del alcance de este libro. Pero es uno de los Libres a faire más importantes que quedan por escribir. TENDRÁ QUE SER ESCRITO POR UN HOMBRE DEL MÁS ALTO CORAJE QUE CONSIDERARÁ SU VIDA COMO NADA COMPARADA CON ILUMINAR AL MUNDO EN CUANTO A LO QUE EL AUTOPROCLAMADO SACERDOCIO SATÁNICO ORDENARÍA".

El éxito del plan de infiltrarse de nuevo en los países de los que habían sido expulsados puede juzgarse mejor por los siguientes registros. Los judíos volvieron a Inglaterra en 1600; volvieron a Hungría en 1500. Fueron expulsados de nuevo en 1582; volvieron a Eslovaquia en 1562 pero fueron expulsados de nuevo en 1744; volvieron a Lituania en 1700. Pero, independientemente de cuántas veces fueron expulsados, siempre permaneció la clandestinidad judía desde la que se dirigían las actividades revolucionarias de los Poderes Secretos.

Dado que el rey Eduardo I de Inglaterra había sido el primero en expulsar a los judíos, los barones judíos del dinero de Francia, Holanda y Alemania decidieron que sería justicia poética si probaban primero en Inglaterra la técnica revolucionaria que habían planeado. Utilizaron a sus agentes clandestinos, o Cells, para causar problemas entre el rey y su gobierno; los empresarios y los trabajadores; la clase dirigente y los obreros; la Iglesia y el Estado. Los conspiradores introdujeron temas controvertidos en la política y la religión, para dividir al pueblo en dos bandos opuestos. [26] Primero dividieron a la población inglesa en

---

[26] La obra de Sombart "Los judíos y el capitalismo moderno" y la "Enciclopedia judía" corroboran esta afirmación.

católicos y protestantes, y luego a los protestantes en conformistas y no conformistas.

Cuando el Rey Carlos I estaba en desacuerdo con su Parlamento un Barón del Dinero Judío en Holanda, llamado Manasseh Ben Israel, hizo que sus agentes contactaran a Oliver Cromwell. Le ofrecieron grandes sumas de dinero si llevaria a cabo su plan para derrocar el Trono Britanico. Manasseh Ben Israel y otros prestamistas alemanes y franceses financiaron a Cromwell. Fernandez Carvajal de Portugal, a menudo referido en la historia como El Gran Judio, se convirtio en el Contratista Militar en Jefe de Cromwell.

Reorganizó a los Cabezas Redondas en un ejército modelo. Les proporcionó las mejores armas y equipos que el dinero podía comprar. Una vez que la conspiración estuvo en marcha, cientos de revolucionarios entrenados fueron introducidos de contrabando en Inglaterra y fueron absorbidos por la resistencia judía. Lo mismo ocurre hoy en América.

El jefe de la resistencia judía en Inglaterra en aquella época era un judío llamado De Souze. El Gran Judío, Fernández Carvajal, había utilizado su influencia para que De Souze fuera nombrado embajador de Portugal. Fue en su casa, protegida por la inmunidad diplomática, donde los líderes de la resistencia revolucionaria judía permanecieron ocultos y elaboraron sus complots e intrigas.[27]

Una vez decidida la revolución, los conspiradores judíos introdujeron el calvinismo en Inglaterra para escindir Iglesia y Estado, y dividir al pueblo. Contrariamente a la creencia general, el calvinismo es de origen judío. Fue concebido deliberadamente para dividir a los seguidores de las religiones cristianas, y dividir al pueblo. El verdadero nombre de Calvino era Cohen. Cuando fue de Ginebra a Francia para empezar a predicar su doctrina, pasó a ser conocido como Cauin. Luego en Inglaterra se convirtió en Calvino.

---

[27] Esta política ha sido práctica común desde entonces. Las embajadas soviéticas en todos los países se han convertido en cuarteles generales de la intriga y el espionaje, como demostrarán otras pruebas.

La historia demuestra que apenas hay un complot revolucionario que no haya sido urdido en Suiza; apenas hay un líder revolucionario judío que no haya cambiado de nombre.

En las celebraciones de la B'nai B'rith celebradas en París (Francia) en 1936, Cohen, Cauvin o Calvin, cualquiera que fuera su nombre, fue aclamado con entusiasmo por ser de ascendencia judía.[28]

Además de la controversia religiosa, los líderes revolucionarios organizaron turbas armadas para agravar cualquier situación inyectada en la política y el trabajo por sus amos. Isaac Disraeli, 1766-1848, judío y padre de Benjamin Disraeli, que más tarde se convirtió en lord Beaconsfield, trata con detalle este ángulo de la Revolución británica en su relato en dos volúmenes *The Life of Charles II* (La vida de Carlos II). señala que obtuvo considerable información de los registros de Melchior de Salem, judío, que era enviado francés ante el Gobierno británico en aquella época. Disraeli llama la atención sobre la gran similitud, o patrón, de las actividades revolucionarias que precedieron tanto a la revolución británica como a la francesa. En otras palabras, la obra de los directores secretos y reales del Movimiento Revolucionario Mundial (M.R.M.) podía verse claramente en ambas, un hecho que procederemos a demostrar.

La evidencia que ABSOLUTAMENTE condena a Oliver Cromwell de participar en el complot revolucionario judio fue obtenida por Lord Alfred Douglas, quien editaba una revista semanal Plain English publicada por la North British Publishing Co. En un articulo que aparecio en la edicion del 3 de Septiembre de 1921 el explico como su amigo, el Sr. L.D. Van Valckert de Amsterdam, Holanda, habia entrado en posesion de un volumen perdido de registros de la Sinagoga de Muljeim. Este volumen se había perdido durante las guerras napoleónicas. El volumen contiene registros de cartas escritas y respondidas por los directores de la sinagoga.

Están escritas en alemán. Una entrada, fechada el 16 de junio de 1647 dice: De O.C. (es decir, Olivier Cromwell) a Ebenezer Pratt.

---

[28] Este hecho fue comentado en la *Gaceta* Católica en febrero de ese año.

"A cambio de apoyo financiero abogará por la admisión de judíos en Inglaterra. Sin embargo, esto es imposible mientras viva Carlos. Carlos no puede ser ejecutado sin juicio, para el cual no existen actualmente motivos adecuados. Por lo tanto, aconseja que Carlos sea asesinado, pero no tendrá nada que ver con los arreglos para conseguir un asesino, aunque dispuesto a ayudar en su fuga."

En respuesta a este envío, los registros muestran que E. Pratt escribió una carta fechada el 12 de julio de 1647 dirigida a Oliver Cromwell.

"Concederé ayuda financiera en cuanto Carlos sea destituido y los judíos admitidos. El asesinato es demasiado peligroso. Charles debe tener la oportunidad de escapar.[29] Su recaptura hará posible el juicio y la ejecución. La ayuda será liberal, pero es inútil discutir los términos hasta que comience el juicio."

El 12 de noviembre de ese mismo año, Carlos tuvo la oportunidad de escapar. Por supuesto, fue recapturado. Hollis y Ludlow, autoridades en este capítulo de la historia, consideran que la huida fue una estratagema de Cromwell. Tras la recaptura de Carlos, los acontecimientos se precipitaron. Cromwell hizo purgar el Parlamento británico de la mayoría de los miembros que sabía que eran leales al rey. A pesar de esta drástica acción, cuando la Cámara sesionó toda la noche del 5 de diciembre de 1648, la mayoría acordó "Que las concesiones ofrecidas por el rey eran satisfactorias para un acuerdo".

Cualquier acuerdo de este tipo habría descalificado a Cromwell para recibir el Dinero Sangriento que le prometieron los Barones Internacionales del Dinero a través de su agente E. Pratt, así que Cromwell atacó de nuevo. Ordenó al Coronel Pryde que purgara al Parlamento de aquellos miembros que habían votado a favor de un acuerdo con el Rey. Lo que ocurrió entonces se conoce en los libros de historia escolares como *la Purga de Pryde*.[30] Cuando la purga terminó, quedaban cincuenta miembros. Se les conoce como *el Parlamento*

---

[29] Charles estaba detenido en ese momento.

[30] Es importante señalar que los libros de historia escolares no mencionan a los dos grupos opuestos de hombres que han sido el "Poder Secreto" detrás de los Asuntos Internacionales que han hecho historia. Esta política parece haber sido por acuerdo tácito. -Autor.

Rump. Usurparon el poder absoluto. El 9 de enero de 1649, se proclamó "UN ALTO TRIBUNAL DE JUSTICIA" con el propósito de juzgar al rey de Inglaterra. Dos tercios de los miembros del Tribunal eran "Levellers" del ejército de Cromwell. Los conspiradores no pudieron encontrar un abogado inglés que redactara una acusación criminal contra el rey Carlos. Carvajal, encargó a un judío extranjero, Isaac Dorislaus, agente de Manasseh Ben Israel en Inglaterra, que redactara la acusación con la que se juzgó al rey Carlos. Carlos fue encontrado culpable de los cargos presentados contra él por los prestamistas judíos internacionales, no por el pueblo de Inglaterra. El 30 de enero de 1649, fue decapitado públicamente delante de la Banqueting House en Whitehall Londres. Los prestamistas judíos, dirigidos por los Sumos Sacerdotes de la Sinagoga de Satanás, habían tenido su venganza porque Eduardo I había expulsado a los judíos de Inglaterra. Oliver Cromwell recibió su Dinero de Sangre tal como Judas lo había hecho.

La historia prueba que los prestamistas judíos internacionales tenían un propósito aparte de la venganza para deshacerse de Carlos. Lo quitaron para obtener el control de la economía y el gobierno de Inglaterra. Planeaban involucrar a muchos países europeos en una guerra con Inglaterra. Se necesitan grandes sumas de dinero para pelear guerras. Al prestar a los Jefes de las Coronas de Europa el dinero necesario para luchar en las guerras que ellos fomentaban, los Internacionalistas pudieron aumentar rápidamente las Deudas Nacionales de todas las Naciones Europeas.

La secuencia cronológica de los acontecimientos, desde la ejecución del rey Carlos en 1649 hasta la institución del Banco de Inglaterra en 1694, muestra cómo se incrementó la Deuda Nacional. Los Banqueros Internacionales utilizaron la intriga y la astucia para lanzarse al cuello de los cristianos.

1649 Cromwell, financiado por judíos, hace la guerra en Irlanda. Captura Drogheda y Wexford. Se culpa a los protestantes británicos de la persecución de los católicos irlandeses.

1650 Montrose en rebelión contra Cromwell. Capturado y ejecutado.

1651 Carlos II invade Inglaterra. Es derrotado y huye a Francia.

1652 Inglaterra entra en guerra con Holanda.

1653 Cromwell se proclama Lord Protector de Inglaterra.

1654 Inglaterra envuelta en más guerras.

1656 Comienzan los problemas en las colonias americanas.

1657 Muerte de Cromwell-Hijo Richard nombrado Protector.

1659 Ricardo, disgustado por las intrigas, dimite.

1660 El general Monk ocupa Londres Carlos II proclamado rey.

1661 La verdad revelada sobre la intriga de Cromwell y sus secuaces Ireton y Bradshaw provoca una grave reacción pública. Los cuerpos son exhumados y colgados de horcas en Tyburn Hill, Londres.

1662 Se generan luchas religiosas para dividir a los miembros de las confesiones protestantes. Se persigue a los no conformistas con la Iglesia de Inglaterra.

1664 Inglaterra entra de nuevo en guerra con Holanda.

1665 Una gran depresión se instala en Inglaterra. El desempleo y la escasez de alimentos minan la salud de la población y estalla la Gran Peste.[31]

1666 Inglaterra entra en guerra con Francia y Holanda.

1667 Agentes de la cábala inician nuevas luchas religiosas y políticas.[32]

---

[31] El estallido del Gran Incendio de Londres, conocido como "El Gran Limpiador", puso fin a la peste.

[32] La palabra cábala está estrechamente relacionada con la cábala, una misteriosa teosofía hebrea que se remonta a la Antigüedad, pero que se volvió muy activa durante los siglos X y siguientes. La Cábala se anunciaba como "una revelación especial" que permitía a los rabinos explicar al pueblo judío los significados ocultos de los escritos sagrados. Pear's Cyclopedia 57ª edición, página 529 dice "El cabalismo fue llevado más tarde a grandes excesos". Los líderes de la lista Cabal pretendían leer signos, y evidencias, en letras y formas, y números, contenidos en las Escrituras. Los franceses llamaron Cabale a este rito misterioso. Los franceses utilizaban el término Cabale para designar a cualquier grupo de intrigantes políticos o privados. Los ingleses acuñaron el nombre Cabal porque los principales personajes relacionados con las intrigas

1674 Inglaterra y Holanda hacen la paz. Los hombres que dirigen la intriga internacional cambian de personaje. Se convierten en casamenteros. Ellos elevan al simple Sr. William Stradholder al rango de Capitán General de las Fuerzas Holandesas. Se convirtió en Guillermo Príncipe de Orange. Se acordó que conociera a María, la hija mayor del duque de York. Al Duque sólo le faltaba un puesto para convertirse en Rey de Inglaterra.

1677 La princesa María de Inglaterra se casa con Guillermo Príncipe de Orange. Para colocar a Guillermo de Orange en el trono de Inglaterra fue necesario deshacerse tanto de Carlos II como del duque de York, que estaba destinado a convertirse en Jacobo II.

1683 Se urde el complot de Rye House. La intención era asesinar tanto al rey Carlos II como al duque de York. Fracasa.

1685 Muere el rey Carlos II. El duque de York se convirtió en el rey Jacobo II de Inglaterra. Inmediatamente se inició una campaña de *L'Infamie* contra Jacobo II. El duque de Monmouth fue persuadido, o sobornado, para que liderara una insurrección para derrocar al rey. El 30 de junio se libró la batalla de Sedgemoor. Monmouth fue derrotado y capturado. Fue ejecutado el 15 de julio. En agosto, el juez Jeffreys abrió lo que los historiadores han denominado "The Bloody Assizes". Más de trescientas personas implicadas en la rebelión de Monmouth fueron condenadas a muerte en circunstancias de crueldad atroz. Otros casi mil fueron condenados a ser vendidos como esclavos. Este fue un ejemplo típico de cómo los Poderes Secretos, trabajando entre bastidores, crean condiciones de las que se culpa a otras personas. Otros son incitados a oponerse activamente a aquellos a los que culpan. Ellos a su vez son liquidados. Aún había que deshacerse del rey Jacobo antes de que Guillermo de Orange pudiera ser colocado en el trono para llevar a cabo su mandato. Todas las personas de Inglaterra estaban hechizadas y desconcertadas. No se les permitía conocer la verdad. Culparon

---

cabalísticas en Inglaterra eran Clifford Ashley, Buckingham, Arlington y Lauderdale, en ese orden. La primera letra de sus nombres significa Cabal. Los cabalistas fueron los instigadores de varias formas de disturbios políticos y religiosos durante el infeliz reinado de Carlos II.

a todos, y a todo, excepto a los "Poderes Secretos" que movían los hilos. Entonces los conspiradores hicieron su siguiente movimiento.

1688 Ordenan a Guillermo Príncipe de Orange desembarcar en Inglaterra en Torbay. Lo hizo el 5 de noviembre. El rey Jacobo abdicó. Huyó a Francia. Se había vuelto impopular a causa de la campaña de *L'Infamie*, las intrigas y su propia insensatez y culpabilidad.

1689 Guillermo de Orange y María, son proclamados Rey y Reina de Inglaterra. El rey Jacobo no tenía intención de renunciar al trono sin luchar. Era católico, así que los Poderes Secretos erigieron a Guillermo de Orange en paladín de la fe protestante. El 15 de febrero de 1689, el rey Jaime desembarcó en Irlanda. La batalla del Boyne fue librada por hombres de convicciones religiosas definidas y opuestas. Desde entonces, los orangistas celebran la batalla el 12 de julio.

Probablemente no haya un orangista entre diez mil que sepa que todas las guerras y rebeliones libradas desde 1640 hasta 1689 fueron fomentadas por los prestamistas internacionales con el propósito de colocarse en posición de controlar la política y la economía británicas. Su primer objetivo era obtener permiso para instituir un Banco de Inglaterra y consolidar y asegurar las deudas que Gran Bretaña les debía por los préstamos que le hicieron para luchar en las guerras que ellos instigaron. La historia muestra cómo completaron sus planes.

En última instancia, ninguno de los países y pueblos implicados en las guerras y revoluciones obtuvo beneficios duraderos. No se alcanzó ninguna solución permanente o satisfactoria en relación con las cuestiones políticas, económicas y religiosas implicadas.

LOS ÚNICOS QUE SE BENEFICIARON FUERON EL PEQUEÑO GRUPO DE PRESTAMISTAS QUE FINANCIARON LAS GUERRAS Y LAS REVOLUCIONES, Y SUS AMIGOS Y AGENTES, QUE SUMINISTRARON LOS EJÉRCITOS, LOS BARCOS Y LAS MUNICIONES.

Es importante recordar que tan pronto como el General Holandés se sentó en el trono de Inglaterra, persuadió al Tesoro Británico a pedir prestado £1,250,000 a los banqueros judíos que lo habían puesto allí. La historia del libro escolar informa a nuestros ninos que las negociaciones fueron conducidas por Sir John Houblen y Sr. William Patterson en nombre del gobierno británico con prestamistas CUYA IDENTIDAD PERMANECIO SECRETA.

La búsqueda de documentos históricos revela que, para mantener el secreto absoluto, las negociaciones sobre las condiciones del préstamo se llevaban a cabo en una iglesia. En tiempos de Cristo, los prestamistas utilizaban el templo. En tiempos de Guillermo de Orange profanaron una iglesia.

Los prestamistas internacionales acordaron conceder al Tesoro británico 1.250.000 libras esterlinas siempre que pudieran dictar sus propios términos y condiciones. Así se acordó.

Los términos eran en parte:

1 Que los nombres de los que hicieron el préstamo permanezcan en secreto; y que se les conceda una Carta para establecer un Banco de Inglaterra.[33]

2 Que se conceda a los directores del Banco de Inglaterra el derecho legal de establecer el Patrón Oro para la moneda por el cual-

3 Podían conceder préstamos por valor de 10 libras esterlinas por cada libra esterlina de oro que tuvieran depositada en sus cámaras acorazadas.

4 Que se les permita consolidar la deuda nacional y garantizar el pago de las cantidades adeudadas en concepto de principal e intereses mediante impuestos directos del pueblo.

Así, por la suma de 1.250.000 libras esterlinas, el rey Guillermo de Orange vendió al pueblo de Inglaterra a la esclavitud económica. Los prestamistas judíos consiguieron sus ambiciones. Habían usurpado el

---

[33] La identidad de los hombres que controlan el Banco de Inglaterra sigue siendo un secreto. El Comité Macmillan nombrado en 1929 para arrojar luz sobre el tema fracasó por completo. El Sr. Montague Norman, el jefe oficial del Banco de Inglaterra fue muy evasivo y no se comprometió en ninguna respuesta que dio al comité. Para mas detalles leer: Hechos sobre el Banco de Inglaterra por A.N. Field, p. 4.

poder de emitir y controlar la moneda de la nación. Y, habiéndose asegurado ese poder, no les importaba quien hiciera las leyes.

Los directores del Banco de Inglaterra podían prestar 1.000 libras por cada 100 libras en oro que tuvieran depositadas como garantía. Cobraban intereses por la totalidad del préstamo de 1.000 libras. Al 5 por ciento, esto ascendía a 50 libras al año. Por lo tanto, al final del primer año, los banqueros recuperaban el 50% de la cantidad que habían depositado originalmente para garantizar el préstamo. Si un particular deseaba obtener un préstamo, los banqueros le obligaban a depositar una garantía, en forma de propiedades, acciones o bonos, muy superior al valor del préstamo que solicitaba. Si no cumplía con los pagos de capital e intereses, se iniciaba un procedimiento de ejecución hipotecaria contra su propiedad, y los prestamistas obtenían varias veces el valor del préstamo.

Los banqueros internacionales nunca pretendieron que Inglaterra pudiera pagar el endeudamiento nacional. El plan era crear unas condiciones internacionales que hundieran cada vez más a TODAS las naciones afectadas en su deuda.[34]

Por lo que respecta a Inglaterra, en sólo cuatro años, de 1694 a 1698, la deuda nacional pasó de uno a dieciséis millones de libras esterlinas. Esta deuda se acumuló a causa de las guerras. Es interesante señalar que John Churchill, 1650-1722, se convirtió en la principal figura militar durante este periodo de la historia inglesa. Debido a su genio militar y a los servicios prestados a Gran Bretaña, fue creado primer duque de Marlborough.[35]

El Poder Secreto detrás del Movimiento Revolucionario Mundial movió los hilos necesarios y trajo *sobre* Las Guerras de Sucesión

---

[34] Si esta política se lleva a su conclusión lógica, es sólo cuestión de tiempo antes de que los prestamistas internacionales controlen la riqueza, los recursos naturales y el poder humano de todo el mundo. La historia muestra lo rápido que han progresado hacia su objetivo desde 1694.

[35] El duque es el antepasado directo de Sir Winston Churchill, el Primer Ministro de Inglaterra en la actualidad... es decir, 1954-Churchill se reconoce a sí mismo como el sionista más destacado de esta época. Es el hombre más responsable de influir en las Naciones Unidas para crear el Estado de Israel.

Española. En 1701 el Duque de Marlborough fue nombrado Comandante en Jefe de las fuerzas armadas de Holanda. No menos autoridad que la Enciclopedia Judía registra el hecho que POR SUS MUCHOS SERVICIOS EL DUQUE DE MARLBOROUGH RECIBIÓ NO MENOS DE £6,000 AL AÑO DEL BANQUERO JUDÍO HOLANDÉS, SOLOMON MEDINA.

Los acontecimientos que condujeron a la Revolución Francesa muestran cómo entre 1698 y 1815 la Deuda Nacional de Gran Bretaña aumentó hasta 885.000.000 de libras. En 1945, la Deuda Nacional británica había alcanzado la astronómica cifra de 22.503.532.372 libras esterlinas, y sólo para los años 1945-46 las cargas ascendieron a 445.446.241 libras esterlinas. Como señaló un economista irlandés

"Sólo una organización controlada por judíos insistiría en la libra impar".

Capítulo 3

Los hombres que provocaron la Revolución Francesa 1789

En el capítulo anterior se presentaron pruebas para demostrar cómo un pequeño grupo de prestamistas extranjeros, que operaban a través de sus agentes ingleses, permanecieron en el anonimato mientras se aseguraban el control de la economía de esa nación por la modesta suma de 1.250.000 libras esterlinas. Ahora se presentarán pruebas para identificar a algunos de estos prestamistas judíos internacionales y demostrar que ellos, o sus sucesores, tramaron y planificaron, y ayudaron a financiar, la Gran Revolución Francesa de 1789, exactamente de la misma manera que habían tramado y planificado y financiado la Revolución Inglesa de 1640-1649. En capítulos sucesivos se presentarán pruebas para demostrar que los descendientes de estos mismos Financistas Judíos Internacionales han sido El Poder Secreto detrás de cada guerra y revolución desde 1789 en adelante.

La Enciclopedia Judía dice que Edom está en la judería moderna. Se trata de una admisión muy importante, porque la palabra Edom significa Rojo. La historia revela que un orfebre judío, Amschel Moses Bauer, cansado de su vagabundeo por Europa del Este, decidió en 1750 establecerse en Frankfort-on-the-Main en Alemania. Abrió una tienda, o Casa de Contabilidad, en el barrio de Jundenstrasse. Sobre la puerta de su tienda colocó como signo de su negocio UN ESCUDO ROJO. Es de suma importancia recordar que los judíos de Europa del Este, que pertenecían al movimiento revolucionario basado en el terrorismo, también habían adoptado La Bandera Roja como emblema porque representaba la Sangre.

Amschel Moses Bauer tuvo un hijo nacido en 1743 al que llamó Amschel Mayer Bauer. El padre murió en 1754, cuando su hijo sólo tenía once años. El niño había demostrado una gran habilidad y una inteligencia extraordinaria, y su padre le había enseñado todo lo posible sobre los principios rudimentarios del negocio de préstamo de dinero. La intención del padre de era que su hijo se formara como rabino, pero la muerte se interpuso.

Pocos años después de la muerte de su padre, Amschel Mayer Bauer fue contratado por el Banco Oppenheimer como empleado. Pronto demostró su habilidad natural para el negocio bancario y fue recompensado con una sociedad menor. Más tarde regresó a Frankfort, donde se hizo con el control y la propiedad del negocio que había fundado su padre en 1750. El Escudo Rojo seguía luciendo con orgullo sobre la puerta. Conocedor del significado secreto del Escudo Rojo, Amschel Mayer Bauer decidió adoptarlo como nuevo apellido. Escudo Rojo en alemán es Roth Schild y así nació la Casa de Rothschild.

Amschel Mayer Bauer vivió hasta 1812. Tuvo cinco hijos. Todos ellos recibieron una formación especial para convertirse en capitanes de altas finanzas. Nathan, uno de los hijos, mostró una habilidad excepcional y, a la edad de veintiún años, fue a Inglaterra con el propósito definido de asegurarse el control del Banco de Inglaterra.

El propósito era utilizar este control para trabajar conjuntamente con su padre y otros hermanos en la creación y consolidación de un Monopolio Bancario Internacional en Europa. La riqueza combinada del Fondo Bancario Internacional podría entonces utilizarse para promover las ambiciones secretas que su padre había dado a conocer a todos sus hijos. Para demostrar su capacidad, Nathan Rothschild convirtió en tres años las 20.000 libras que le habían confiado en 60.000 libras.

Al estudiar el Movimiento Revolucionario Mundial es importante recordar que La Bandera Roja fue el símbolo de la Revolución Francesa y de todas las revoluciones desde entonces. Más significativo aún es el hecho de que cuando Lenin, financiado por los Banqueros Internacionales, derrocó al Gobierno Ruso y estableció la primera Dictadura Totalitaria en 1917, el diseño de la bandera era una Bandera Roja, con una Hoz y un Martillo, y LA ESTRELLA DE JUDEA impuesta.

En 1773, cuando Mayer Rothschild tenía sólo treinta años, invitó a otros doce hombres ricos e influyentes a reunirse con él en Frankfort. Su propósito era convencerles de que, si se ponían de acuerdo para aunar sus recursos, podrían financiar y controlar el Movimiento Revolucionario Mundial y utilizarlo como Manual de Acción para hacerse con el control definitivo de la riqueza, los recursos naturales y la mano de obra de todo el mundo.

Rothschild reveló cómo se había organizado la Revolución Inglesa. Señaló los errores que se habían cometido. El periodo revolucionario había sido demasiado largo. La eliminación de los reaccionarios no se había llevado a cabo con suficiente rapidez y crueldad. No se había llevado a la práctica el planificado reino del terror, mediante el cual debía lograrse rápidamente el sometimiento de las masas. A pesar de todos estos errores, el objetivo inicial de la revolución se había alcanzado. Los banqueros instigadores de la revolución habían establecido el control de la economía nacional y consolidado la deuda nacional. Mediante intrigas llevadas a cabo a escala internacional habían incrementado la deuda nacional de forma constante prestando el dinero para luchar en las guerras y rebeliones que habían fomentado desde 1694.

Basando sus argumentos en la lógica y en un razonamiento sólido, Mayer Rothschild señaló que los resultados financieros obtenidos como consecuencia de la Revolución Inglesa no serían nada en comparación con las recompensas financieras que se obtendrían con una Revolución Francesa, siempre y cuando los presentes estuvieran de acuerdo en la unidad de propósito y pusieran en práctica su plan revolucionario, cuidadosamente pensado y revisado. El proyecto estaría respaldado por todo el poder que pudiera adquirirse con sus recursos mancomunados. Alcanzado este acuerdo, Mayer Rothschild desplegó su plan revolucionario. Mediante una hábil manipulación de su riqueza combinada sería posible crear unas condiciones económicas tan adversas que las masas se verían reducidas a un estado rayano en la inanición por el desempleo. Mediante el uso de una propaganda hábilmente concebida sería fácil culpar de las condiciones económicas adversas al Rey, a su Corte, a los Nobles, a la Iglesia, a los Industriales y a los empleadores de mano de obra. Sus propagandistas a sueldo despertarían sentimientos de odio y venganza contra las clases dominantes exponiendo todos los casos reales y supuestos de extravagancia, conducta licenciosa, injusticia, opresión y persecución.

También inventarían infamias para desacreditar a otros que, si se les dejara solos, podrían interferir con sus planes generales.[36]

Después de la introducción general para crear una acogida entusiasta del complot que estaba a punto de desplegar, Rothschild se volvió hacia un manuscrito y procedió a leer un plan de acción cuidadosamente preparado. Lo que sigue es lo que me han asegurado que es una versión condensada del complot mediante el cual los conspiradores esperaban obtener el control definitivo e indiscutible de la riqueza, los recursos naturales y la mano de obra de todo el mundo.

1. El orador comenzó a desplegar el argumento diciendo que, dado que la mayoría de los hombres se inclinaban más por el mal que por el bien, los mejores resultados para gobernarlos podían obtenerse utilizando la violencia y el terrorismo y no mediante discusiones académicas. El orador razonó que en un principio la sociedad humana había estado sometida a una fuerza brutal y ciega que después se transformó en LEY. Argumentó que la LEY era FUERZA sólo disfrazada. Razonó que era lógico concluir que "según las leyes de la naturaleza, el derecho reside en la fuerza".

2. A continuación afirmó que la libertad política es una idea y no un hecho. Afirmó que para usurpar el poder político bastaba con predicar el "liberalismo" para que el electorado, en aras de una idea, cediera parte de su poder y de sus prerrogativas, que los conspiradores podrían recoger en sus propias manos.

3. El orador afirmó que el Poder del Oro había usurpado el poder de los gobernantes liberales ya entonces, es decir, en 1773. Recordó a su auditorio que había habido un tiempo en el que había gobernado la FE, pero afirmó que, una vez que la LIBERTAD había sustituido a la FE, el pueblo no había sabido utilizarla con moderación. Argumentó que debido a este hecho era lógico suponer que podrían utilizar la idea de LIBERTAD para provocar "GUERRAS DE CLASES". Señaló que era irrelevante para el éxito de SU plan si los gobiernos establecidos eran destruidos por enemigos internos o externos porque el vencedor tenía

---

[36] Estas fueron las teorías originales sobre las que se organizó finalmente la Guerra de Clases.

necesariamente que buscar la ayuda del 'Capital' que "Está enteramente en nuestras manos.[37]

4. Sostuvo que el uso de todos y cada uno de los medios para alcanzar su objetivo final estaba justificado por el hecho de que el gobernante que se regía por el código moral no era un político hábil porque se dejaba a sí mismo vulnerable y en una posición inestable en su trono. Decía: "Los que quieren gobernar deben recurrir a la astucia y al engaño, porque las grandes cualidades nacionales, como la franqueza y la honradez, son vicios en política[38]

5. Afirmó: "Nuestro derecho reside en la fuerza. La palabra DERECHO es un pensamiento abstracto y no prueba nada. Yo encuentro un nuevo DERECHO... atacar por el DERECHO de los fuertes, y dispersar a los vientos todas las fuerzas existentes de orden y regulación, reconstruir todas las instituciones existentes, y convertirnos en el Señor soberano de todos aquellos que nos dejaron los DERECHOS a sus poderes al establecerlos voluntariamente en su 'Liberalismo'."

6. A continuación, amonestó a sus oyentes con estas palabras: "El poder de nuestros recursos debe permanecer invisible hasta el preciso momento en que haya adquirido tal fuerza que ninguna astucia o fuerza pueda socavarlo". Les advirtió que cualquier desviación de la Línea del plan estratégico que les estaba dando a conocer correría el riesgo de echar por tierra "LOS TRABAJOS DE SIGLOS".

7. A continuación abogó por el uso de la "Psicología de la Mafia" para obtener el control de las masas. Razonaba que la fuerza de la multitud es ciega, insensata e irracional y siempre está a merced

---

[37] Esta declaración en los documentos originales debería convencer a todos menos a los tendenciosos de que el orador no era un rabino o anciano de los judíos ni se dirigía a ancianos y rabinos porque eran los orfebres, los prestamistas y sus afiliados en el comercio y la industria quienes en 1773 tenían la riqueza del mundo en sus manos como la tienen todavía en sus manos en el siglo XX.

[38] *La Niebla Roja* explica cómo se ha puesto en práctica esta teoría en Estados Unidos desde 1900.

de cualquier sugerencia. Afirmó "Sólo un gobernante despótico puede gobernar a la Mafia eficientemente porque sin despotismo absoluto no puede existir la civilización que no fue llevada a cabo por las masas, sino por su guía, sea quien sea esa persona". Advirtió "En el momento en que la Mafia toma la LIBERTAD en sus manos se convierte rápidamente en anarquía."

8. A continuación abogó por que el uso de licores alcohólicos, drogas, corrupción moral y todas las formas de vicio, fueran utilizadas sistemáticamente por sus "Agenturs"[39] para corromper la moral de la juventud de las naciones. Él recomendó que los "agenturs" especiales fueran entrenados como tutores, lacayos, institutrices, oficinistas y por nuestras mujeres en los lugares de disipación frecuentados por los Goyim.[40] Y añadió: "En el número de estos últimos cuento también a las llamadas damas de sociedad que se convierten en seguidoras voluntarias de los otros en la corrupción y el lujo. No debemos detenernos en el soborno, el engaño y la traición cuando deban servir para la consecución de nuestro fin."

9. Pasando a la política, afirmó que tenían DERECHO a apoderarse de la propiedad por cualquier medio, y sin vacilar, si con ello aseguraban la sumisión y la soberanía. Pronunció "Nuestro ESTADO marchando por el camino de la conquista pacífica tiene el DERECHO de reemplazar los horrores de las guerras por sentencias de muerte menos notorias y más satisfactorias, necesarias para mantener el 'terror' que tiende a producir sumisión ciega."

10. En relación con el uso de eslóganes, dijo: "En la antigüedad fuimos los primeros en poner en boca de las masas las palabras 'Libertad', 'Igualdad' y 'Fraternidad'... palabras repetidas hasta el día de hoy por estúpidos loros de las encuestas; palabras de las que los aspirantes a sabios de los goyim no podían sacar nada en

---

[39] La palabra "agentur" significa todo el cuerpo organizado de agentes... espías, contraespías, chantajistas, saboteadores, personajes de los bajos fondos, y todo y cualquier cuerpo fuera de la LEY que permite a los conspiradores internacionales llevar adelante sus planes y ambiciones secretas.

[40] La palabra "Goyim" significa todos los demás que no sean de su propio grupo. La gente sin importancia.

claro en su abstracción, y no advertían la contradicción de su significado e interrelación". Afirmó que las palabras pusieron bajo su dirección y control a "legiones" "que portaban nuestros estandartes con entusiasmo". Razonó que no hay lugar en la naturaleza para la "Igualdad", la "Libertad" o la "Fraternidad". Dijo "Sobre las ruinas de la aristocracia natural y genealógica de los Goyim hemos establecido la aristocracia del DINERO". La cualificación para esta aristocracia es la RIQUEZA que depende de nosotros".

11. A continuación expuso sus teorías sobre la guerra. En 1773 estableció un principio que los gobiernos de Gran Bretaña y Estados Unidos anunciaron públicamente como su política conjunta en 1939. Dijo que la política de los presentes debía ser fomentar las guerras pero dirigir las conferencias de paz de modo que ninguno de los combatientes obtuviera ganancias territoriales. Dijo que las guerras debían dirigirse de manera que las naciones comprometidas en ambos bandos quedaran aún más en deuda con ellos, y en poder de "Nuestros" Agentes.

12. A continuación se ocupó de la administración. Dijo a los presentes que debían utilizar su riqueza para hacer elegir a candidatos a cargos públicos que fueran "serviles y obedientes a nuestras órdenes, para que puedan ser fácilmente utilizados como Peones en nuestro juego por los hombres cultos y geniales que nombraremos para operar entre bastidores del gobierno como asesores oficiales." Añadió "Los hombres que designemos como "Asesores" habrán sido criados, educados y entrenados desde la infancia de acuerdo con nuestras ideas para gobernar los asuntos del mundo entero."

13. Trató de la propaganda y explicó cómo su riqueza combinada podía controlar todos los medios de información pública mientras ellos permanecían en la sombra y libres de culpa sin importarles las repercusiones que pudiera tener la publicación de calumnias, injurias o falsedades. El orador dijo: "Gracias a la prensa tenemos oro en nuestras manos a pesar de que hemos tenido que recogerlo de los océanos de sangre y lágrimas.... Pero nos ha pagado aunque hayamos sacrificado a muchos de los nuestros. Cada víctima de nuestro lado vale más que mil Goyim".

14. A continuación explicó la necesidad de que su "Agentur" saliera siempre a la luz y apareciera en escena cuando las condiciones hubieran alcanzado su punto más bajo y las masas hubieran sido subyugadas por medio de la miseria y el terror. Señaló que cuando llegaba el momento de restablecer el orden debían hacerlo de tal manera que las víctimas creyeran que habían sido presa de criminales e irresponsables. Dijo "Ejecutando a los criminales y lunáticos después de que hayan llevado a cabo nuestro preconcebido 'reino del terror', podemos hacernos aparecer como los salvadores de los oprimidos, y los campeones de los trabajadores." El orador añadió a continuación: "Nos interesa justo lo contrario... la disminución, la eliminación de los gentiles".

15. A continuación explicó cómo las depresiones industriales y los pánicos financieros podían ser provocados y utilizados para servir a sus propósitos diciendo "El desempleo forzoso y el hambre, impuestos a las masas debido al poder que tenemos para crear escasez de alimentos, crearán el derecho del Capital a gobernar con más seguridad de la que se le dio a la aristocracia real, y por la autoridad legal de los Reyes". Él afirmó que haciendo que su agentur controlara a la "Mafia", la "Mafia" podría entonces ser utilizada para acabar con todos los que se atrevieran a interponerse en su camino.

16. A continuación se habló ampliamente de la infiltración en la masonería continental. El orador declaró que su propósito sería aprovechar las facilidades y el secreto que ofrecía la masonería. Señaló que podrían organizar sus propias Logias del Gran Oriente dentro de la Francmasonería Azul para llevar a cabo sus actividades subversivas y ocultar la verdadera naturaleza de su trabajo bajo el manto de la filantropía. Afirmó que todos los miembros iniciados en sus Logias de Gran Oriente debían ser utilizados con fines proselitistas y para difundir su ideología ateo-materialista entre los Goyim. Terminó esta fase de la discusión con las palabras. "Cuando llegue la hora de que nuestro soberano Señor de todo el Mundo sea coronado, estas mismas manos barrerán todo lo que pueda interponerse en su camino".

17. A continuación, expuso el valor de los engaños sistemáticos, señalando que sus agentes debían ser entrenados en el uso de frases altisonantes y de eslóganes populares. Deben hacer a las masas las promesas más espléndidas. Observó: "Lo contrario de lo que se ha prometido siempre puede hacerse después... eso no tiene importancia". Razonaba que utilizando palabras como "libertad" y "libertad", se podía incitar a los goyim a tal fervor patriótico que se les podía hacer luchar incluso contra las leyes de Dios y de la Naturaleza. Y añadió: "Y por esta razón, después de que obtengamos el control, el mismo NOMBRE DE DIOS será borrado del 'Léxico de la vida'.[41]

18. A continuación, detalló los planes para la guerra revolucionaria; el arte de la lucha callejera; y esbozó el modelo para el "Reinado del Terror" que, insistió, debe acompañar a todo esfuerzo revolucionario "Porque es la forma más económica de someter rápidamente a la población."

19. A continuación se habló de diplomacia. Después de todas las guerras hay que insistir en la diplomacia secreta "para que nuestros agentur, enmascarados en como asesores 'políticos', 'Financieros' y 'Económicos', puedan llevar a cabo nuestros mandatos sin miedo a exponer quiénes son 'El Poder Secreto' detrás de los asuntos nacionales e internacionales". El orador dijo entonces a los presentes que mediante la diplomacia secreta deben obtener tal control "que las naciones no puedan llegar ni siquiera a un acuerdo privado insignificante sin que nuestros agentes secretos tengan algo que ver en ello."

20. El objetivo es el Gobierno Mundial Definitivo. Para alcanzar esta meta el orador les dijo "Será necesario establecer enormes monopolios, depósitos de riquezas tan colosales, que incluso las mayores fortunas de los Goyim dependerán de nosotros hasta tal punto que se irán al fondo junto con el crédito de sus gobiernos EL DÍA DESPUÉS DEL GRAN SMASH POLÍTICO." El orador añadió entonces: "Ustedes, caballeros aquí presentes, que son economistas, hagan una estimación del significado de esta combinación."

---

[41] El "Léxico de la Vida" al que se refería, era el plan de creación de Dios Todopoderoso.

21. Guerra económica. Se discutieron planes para despojar a los goyim de sus propiedades e industrias. Se propuso una combinación de impuestos elevados y competencia desleal para llevar a los goyim a la ruina económica en lo que respecta a sus inversiones e intereses financieros nacionales. En el ámbito internacional, creía que se les podía animar a que se autoexcluyeran de los mercados. Esto podría lograrse mediante el control cuidadoso de las materias primas, la agitación organizada entre los trabajadores para reducir las horas de trabajo y aumentar los salarios, y subvencionando a los competidores. El orador advirtió a sus co-conspiradores que debían arreglar las cosas, y controlar las condiciones, de modo que "el aumento de salarios obtenido por los trabajadores no les beneficiara en modo alguno."

22. Armamento. Se sugirió que la construcción de armamentos con el propósito de hacer que los goyim se destruyan unos a otros debería lanzarse a una escala tan colosal que en el análisis final "sólo quedarán las masas del proletariado en el mundo, con unos pocos millonarios dedicados a nuestra causa... y policía, y soldados suficientes para proteger nuestros intereses."

23. El Nuevo Orden. Los miembros del Gobierno Mundial Único serían designados por el Dictador. Escogería a los hombres entre los científicos, los economistas, los financieros, los industriales, y entre los millonarios porque "en sustancia todo se resolverá por la cuestión de las cifras."

24. Importancia de la juventud. La importancia de captar el interés de la juventud se enfatizó con la admonición de que "Nuestros agentes deben infiltrarse en todas las clases y niveles de la sociedad y del gobierno, con el propósito de engañar, confundir y corromper a los miembros más jóvenes de la sociedad enseñándoles teorías y principios que sabemos que son falsos."

25. Las Leyes Nacionales e Internacionales no deben ser cambiadas sino que deben ser usadas tal como son, para destruir la civilización de los Goyim "simplemente retorciéndolas en una contradicción de la interpretación que primero enmascara la ley y después la oculta por completo. Nuestro objetivo final es sustituir la LEY por el ARBITRAJE".

El orador dijo entonces a sus oyentes: "Puede que penséis que los goyim se alzarán contra nosotros con las armas, pero en el WEST tenemos contra esta posibilidad una organización de un terror tan espantoso que los corazones más robustos se estremecen... la 'Underground'... Los Metropolitanos... Los corredores subterráneos... estos se establecerán en las capitales y ciudades de todos los países antes de que amenace ese peligro."

El uso de la palabra "OESTE" tiene un gran significado. Deja claro que Rothschild se dirigía a hombres que se habían unido al Movimiento Revolucionario Mundial que se inició en el Pale of Settlement en el "ESTE". Hay que recordar que antes de que Amschel Moses Bauer se estableciera en Frankfort, Alemania, había seguido su oficio de orfebre, viajando extensamente por el "Este" de Europa, donde sin duda había conocido a los hombres a los que se dirigió su hijo Amschel Mayer después de que éste pasara de prestamista a banquero y estableciera LA CASA DE ROTHSCHILD en la Jundenstrasse, donde se dice que tuvo lugar la reunión mencionada en 1773.

Por lo que se puede comprobar, el plan original de la conspiración terminaba en el punto en que terminaba más arriba. Estoy convencido de que los documentos que cayeron en manos del profesor S. Nilus en 1901, y que publicó bajo el título "El peligro judío" en 1905 en Rusia, eran una ampliación del complot original. No parece haber cambios en la primera sección, pero varias adiciones revelan cómo los conspiradores habían utilizado el darwinismo, el marxismo e incluso el nietzscheísmo. Más importante aún, los documentos descubiertos en 1901 revelan cómo se iba a utilizar el sionismo. Hay que recordar que el sionismo no se organizó hasta 1897.

Se hace referencia a este asunto más adelante, cuando se explica la intriga que condujo a la abdicación del rey Eduardo VIII. La traducción que el Sr. Victor Marsden hizo de *El Peligro Judío*, fue publicada por The Britons Publishing Society, Londres, Inglaterra, bajo el título Los Protocolos de Los Sabios de Sión en 1921. Este libro también es discutido. Parece lógico decir que el descubrimiento del documento posterior confirma la existencia del anterior. Poco o nada ha cambiado, pero se ha añadido material considerable, probablemente debido al rápido desarrollo de la conspiración internacional. El único punto en el que parece haber desacuerdo es en los títulos elegidos por el profesor Nilus y el Sr. Marsden para sus libros.

El Sr. Marsden afirma definitivamente que el contenido de su libro son los Protocolos de las reuniones de los Sabios Ancianos de Sion mientras que parece ser que fue un complot presentado a los prestamistas, Orfebres, Industriales, Economistas, y otros, por Amschel Mayer Rothschild que se había graduado de prestamista a banquero.

Una vez que el espíritu de rebelión contra la autoridad constituida se había despertado en los corazones y las mentes de las masas, el esfuerzo revolucionario real se llevaría a cabo bajo el impulso de un preconcebido Reinado del Terror. El Reinado del Terror sería concebido por los líderes de los Illuminati judíos. Éstos, a su vez, harían que sus agentes se infiltraran en la recién organizada masonería francesa y establecieran en ella logias de la masonería del Gran Oriente para utilizarlas como la clandestinidad revolucionaria y como su instrumento de proselitismo de la doctrina del materialismo dialéctico e histórico ateo. Rothschild terminó su discurso señalando que si se tomaban las debidas precauciones previas, su conexión con el movimiento revolucionario nunca tendría que conocerse.

Cabe preguntarse: "¿Cómo puede probarse que se celebraron esas reuniones secretas?" y "Si se celebraron, ¿cómo es posible probar qué asuntos se trataron en esas reuniones?". La respuesta es sencilla. El diabólico complot fue dado a conocer por "Un Acto de Dios".

En 1785 un mensajero galopaba enloquecido a caballo de Frankfort a París llevando información detallada sobre el Movimiento Revolucionario Mundial en general, e instrucciones para la planeada Revolución Francesa en particular. Las instrucciones procedían de los Illuminati judíos en Alemania y estaban dirigidas al Gran Maestro de los Masones del Gran Oriente en Francia. Las Logias del Gran Oriente habían sido establecidas como la clandestinidad revolucionaria por el Duque D'Orléans después de que él, como Gran Maestro de la Masonería Francesa, había sido iniciado en los Illuminati judíos en Frankfort por Mirabeau. El correo fue alcanzado por un rayo a su paso por Ratisbona y murió. Los documentos que transportaba cayeron en manos de la policía, que los entregó al gobierno bávaro. Un registro de acontecimientos históricos contados en orden cronológico conecta la Casa de Rothschild con los Illuminati judíos en Frankfort y los Illuminati dentro de la masonería libre francesa conocida como las Logias del Gran Oriente como se mostrará.

Se ha registrado cómo los rabinos judíos reclamaban el poder de interpretar los significados secretos y ocultos de los escritos de la Sagrada Escritura por revelación especial obtenida a través de la Cábala. Afirmar tener tales poderes era de poca utilidad a menos que tuvieran una organización, o instrumento, en sus manos para poner en efecto la inspiración que decían haber recibido. Los prestamistas, ciertos Sumos Sacerdotes, Directores y Ancianos decidieron organizar una sociedad muy secreta para servir a sus malvados propósitos: la llamaron "Los Illuminati". La palabra Illuminati se deriva de la palabra Lucifer, que significa Portador de la Luz, o Ser de extraordinario brillo. Por lo tanto los Illuminati fueron Organizados para llevar a cabo las inspiraciones dadas a los Sumos Sacerdotes por Lucifer durante la realización de sus Ritos Cabalísticos. Así se prueba que Cristo estaba justificado cuando los nombró de la Sinagoga de Satanás. El Consejo Supremo de los Illuminati judíos contaba con trece miembros. Eran, y siguen siendo, el cuerpo ejecutivo del Consejo de los Treinta y Tres. Los jefes de los Illuminati judíos afirman poseer conocimientos superlativos en todo lo referente a doctrina religiosa, ritos religiosos y ceremonias religiosas. Ellos fueron los hombres que concibieron la ideología Ateo-materialista que en 1848 fue publicada como "El Manifiesto Comunista" por Karl Marx. Marx era sobrino de un rabino judío, pero se desvinculó oficialmente del sumo sacerdocio judío cuando fue designado para desempeñar sus importantes funciones, poniendo en práctica una vez más el principio de funcionamiento de la Sociedad Anónima.

La razón por la que el Consejo Supremo tenía trece miembros era para recordarles que su único deber era destruir la religión fundada por Cristo y sus doce Apóstoles.[42] Para asegurar el secreto y evitar la posibilidad de una traición como la de Judas, todo hombre iniciado en los Illuminati debía prestar juramento de Obediencia Ilimitada al jefe del Consejo de los Treinta y Tres y no reconocer a ningún mortal por encima de él. En una organización, como los Illuminati, esto significaba que cada miembro reconocía a la cabeza del Consejo de los Treinta y Tres como su Dios en esta tierra. Este hecho explica cómo los comunistas de alto nivel, incluso hoy en día, juran que no dan lealtad a

---

[42] También había trece tribus de Israel, lo que podría tener alguna relación con la cuestión de los números.

Rusia. No lo hacen. Dan lealtad sólo al jefe de los directores del Movimiento Revolucionario Mundial.

El Consejo Supremo decidió que utilizarían la Logia Ingolstadt para organizar una campaña mediante la cual los agentes o Células de los Illuminati se infiltrarían en la Masonería Continental y, bajo el manto del disfrute social y la filantropía pública, organizarían su clandestinidad revolucionaria. Aquellos que se infiltraron en la Francmasonería Continental recibieron la orden de establecer Logias del Gran Oriente y utilizarlas para el proselitismo, de modo que pudieran contactar rápidamente con no judíos de riqueza, posición e influencia relacionados tanto con la Iglesia como con el Estado. Entonces, utilizando los antiguos métodos de soborno, corrupción y chanchullo, podrían hacer que se convirtieran en discípulos voluntarios o involuntarios del Iluminismo. Podrían hacerles predicar la inversión de los Diez Mandamientos de Dios. Podrían hacerles defender el materialismo ateo.

Una vez decidida esta política, los agentes del Consejo Supremo se pusieron en contacto con el marqués de Mirabeau como la persona en Francia con más posibilidades de servir a sus fines. Pertenecía a la nobleza. Tenía gran influencia en los círculos de la corte, era amigo íntimo del duque de Orleans, a quien habían decidido utilizar como testaferro para dirigir la Revolución Francesa. Pero lo más importante es que el marqués de Mirabeau carecía de moral y sus excesos licenciosos le habían llevado a un gran endeudamiento.

A los prestamistas les resultó fácil hacer que sus agentes se pusieran en contacto con Mirabeau, el famoso orador francés. Bajo la apariencia de amigos y admiradores, se ofrecieron a ayudarle a salir de sus dificultades financieras. En realidad, lo que hicieron fue llevarlo por el "Sendero de la Prosperidad" hasta las profundidades del vicio y el libertinaje, hasta que se vio tan endeudado que se vio obligado a cumplir sus órdenes. En una reunión para consolidar sus deudas, Mirabeau fue presentado a Moses Mendelssohn, uno de los grandes financieros judíos que le tomó en sus manos. Mendelssohn, a su debido tiempo, presentó a Mirabeau a una mujer, famosa por su belleza personal y su encanto, pero sin escrúpulos morales.

Esta impresionante judía estaba casada con un hombre llamado Herz, pero, para un hombre como Mirabeau, el hecho de que estuviera casada sólo la hacía más deseable. No tardó en pasar más tiempo con Mirabeau que con su marido. Muy endeudado con Mendelssohn, estrechamente atrapado por la señora Herz, Mirabeau estaba completamente indefenso... Se había tragado su cebo con anzuelo, sedal y plomada. Pero, como buenos pescadores, jugaron a con él suavemente durante un tiempo. Si ejercían demasiada presión, el anzuelo podría romperse y el pez escaparía. Su siguiente paso fue iniciarle en el Iluminismo. Juró guardar secreto y obediencia ilimitada bajo pena de muerte. El siguiente paso fue llevarlo a situaciones comprometedoras que misteriosamente se hicieron publicas. Este método de destruir el carácter de un hombre se conoció como la práctica de *L'Infamie*. Debido a los escándalos y a la detracción organizada, Mirabeau fue condenado al ostracismo por muchos de sus iguales sociales. Su resentimiento produjo un deseo de venganza y así abrazó la Causa revolucionaria.

La tarea de Mirabeau consistía en inducir al duque de Orleans a liderar el Movimiento Revolucionario en Francia. Se daba a entender que, una vez que el rey hubiera sido obligado a abdicar, se convertiría en el Gobernante Democrático de Francia. Los verdaderos conspiradores de la Revolución Francesa se cuidaron de que ni Mirabeau ni el duque de Orleans supieran que pretendían asesinar a los reyes y a miles de nobles. Hicieron creer a Mirabeau y al duque de Orleans que el objetivo de la revolución era liberar la política y la religión de la superstición y el despotismo. Otro factor que hizo que los hombres que estaban El Poder Secreto detrás del movimiento revolucionario decidieran que el Duque D'Orléans debía ser su Testaferro fue el hecho de que era Gran Maestre de la Francmasonería Francesa.

Adam Weishaupt recibió el encargo de adaptar el ritual y los ritos del Iluminismo para su uso en la iniciación en la masonería del Gran Oriente. También vivió en Frankfort, Alemania. Mirabeau presentó al duque de Orleans y a su amigo Talleyrand a Weishaupt, quien los inició en los secretos de la masonería del Gran Oriente. A finales de 1773 Phillipe, Duc D'Orléans había introducido el Ritual del Gran Oriente en la masonería francesa. En 1788 había en Francia más de dos mil logias afiliadas a la masonería del Gran Oriente y el número de adeptos individuales superaba los cien mil. Así, los Illuminati judíos bajo Moses Mendelssohn fueron introducidos en la Francmasonería Continental por Weishaupt bajo el disfraz de Logias del Gran Oriente. A continuación, los Illuminati judíos organizaron comités revolucionarios secretos dentro de las logias. Así se establecieron los directores revolucionarios clandestinos en toda Francia.

Una vez que Mirabeau consiguió que el Duque de Orleans fusionara la masonería Azul o Nacional en Francia con los ritos del Gran Oriente, condujo a su amigo por el mismo "camino de rosas" que le había llevado a su propio ostracismo social. En exactamente cuatro años, el Duque de Orleans estaba tan endeudado que se vio OBLIGADO a dedicarse a todo tipo de tráfico y comercio ilegal para recuperar sus pérdidas. Pero, de alguna manera misteriosa, sus empresas siempre parecían salir mal y cada vez perdía más dinero.

En 1780 debía 800.000 libras. Una vez más, los prestamistas se presentaron y le ofrecieron consejo para sus negocios y ayuda financiera. Muy amablemente le convencieron para que les cediera, como garantía de sus préstamos, su palacio, sus propiedades, su casa y el Palais Royal. El duque de Orleans firmó un acuerdo en virtud del cual se autorizaba a sus financieros judíos a administrar sus propiedades y fincas con el fin de garantizarle ingresos suficientes para hacer frente a sus obligaciones financieras y dejarle una renta estable y adecuada.

El Duque de Orleans nunca había sido demasiado brillante en asuntos financieros. El acuerdo que firmó con sus banqueros judíos le pareció un buen negocio. Se habían ofrecido a gestionar sus asuntos comerciales y convertirlos de un fracaso estrepitoso en un gran éxito financiero. ¿Qué más podía pedir? Es dudoso que el Duque de Orleans sospechara siquiera que había un negro escondido en el fondo de la pila de leña. Es dudoso que sospechara siquiera que se había vendido en cuerpo y alma a los agentes del diablo... Pero lo había hecho. Estaba completamente en sus manos.[43]

Los poderes secretos que dirigían la Revolución Francesa nombraron a Choderlos de Laclos administrador del Palais Royal y de las propiedades del duque de Orleans. Se cree que De Laclos era judío de origen español. Cuando fue nombrado administrador del Palais Royal era aclamado como autor de Les Liaisons Dangereuses y otras obras pornográficas. Defendió públicamente su extrema inmoralidad

---

[43] Los mismos Genios del Mal utilizaron a sus agentes para endeudar a William Pitt y obligarle a dimitir como Primer Ministro de Inglaterra porque durante la primera parte de su ministerio se negó obstinadamente a permitir que Inglaterra se involucrara en guerras que ellos planeaban para promover sus propios planes y ambiciones secretas. Pitt había aprendido mucho sobre el papel que desempeñaban los barones del dinero en los asuntos internacionales cuando era Ministro de Hacienda en 1785.

aduciendo que estudiaba la política del amor en todos sus variados aspectos por su amor a la política.

Poco importa quién fue Choderlos de Laclos, lo importante es lo que hizo. Convirtió el Palais Royal en la mayor y más notoria casa de mala fama que el mundo haya conocido jamás. En el Palais Royal organizó todo tipo de diversiones lascivas, conductas licenciosas, espectáculos desvergonzados, galerías de imágenes obscenas, bibliotecas pornográficas y exhibiciones públicas de las formas más bestiales de depravación sexual. Se ofrecían oportunidades especiales a los hombres y mujeres que deseaban entregarse a cualquier forma de libertinaje. El Palais Royal se convirtió en el centro en el que se concibieron y llevaron a cabo los detalles de la campaña para la destrucción sistemática de la fe religiosa y la moral pública francesas. Para ello se siguió la teoría cabalística de que el mejor revolucionario es una juventud desprovista de moral.

Asociado a de Laclos estaba un judío de Palermo llamado Cagliostro, alias Joseph Balsamo. Balsamo convirtió una de las propiedades del duque en una imprenta desde la que publicaba panfletos revolucionarios. Balsamo organizó un equipo de propagandistas revolucionarios. Además de literatura, organizaban conciertos, obras de teatro y debates calculados para apelar a los instintos más bajos de la naturaleza humana y promover la causa revolucionaria. Balsamo organizó también los Anillos de Espionaje, que permitieron a los hombres que estaban detrás del poder secreto del movimiento revolucionario poner en marcha su plan de *L'Infamie*, utilizado para la difamación sistemática.

Hombres y mujeres, atraídos por la telaraña tejida por de Laclos y Balsamo, podían ser chantajeados para que cumplieran sus órdenes. Así fue como las propiedades del duque de Orleans se convirtieron en el centro de la política revolucionaria, mientras que, bajo la apariencia de salas de conferencias, teatros, galerías de arte y clubes deportivos, las salas de juego, los burdeles y las tiendas de vino y drogas hacían un negocio ruidoso.

En este submundo revolucionario, los líderes potenciales cayeron primero en la trampa. Sus conciencias fueron primero adormecidas por malas asociaciones y luego asesinadas por la indulgencia en malas prácticas. Las fincas del Duque de Orleans se convirtieron en fábricas en las que el Poder Secreto detrás del Movimiento Revolucionario

Mundial fabricaba las Piezas que pretendían utilizar en su juego de Ajedrez Internacional. Scudder, que escribió "El Príncipe de la Sangre", dice del Palais Royal: "Daba a la policía más que hacer que todas las demás partes de la ciudad". Pero en lo que respecta al público, este infame lugar era propiedad del duque D'Orléans, primo del rey. Sólo un puñado de hombres y mujeres sabía que los prestamistas lo controlaban y lo utilizaban para crear una organización revolucionaria que iba a ser el instrumento de su venganza y su manual de acción para llevar adelante sus objetivos y ambiciones secretas.

Después de que la policía leyera los documentos secretos encontrados en el cadáver del Correo, éstos se transmitieron al Gobierno bávaro. El Gobierno bávaro ordenó a la policía que allanara la sede de los Illuminati. Se obtuvieron más pruebas que pusieron al descubierto las amplias ramificaciones del Movimiento Revolucionario Mundial. Los gobiernos de Francia, Inglaterra, Polonia, Alemania, Austria y Rusia fueron informados de la naturaleza internacional del complot revolucionario, pero como ha sucedido repetidamente desde entonces, los gobiernos en cuestión no tomaron ninguna medida seria para detener la diabólica conspiración. ¿Por qué? La única respuesta a esta pregunta es la siguiente: El poder de los hombres que están detrás del movimiento revolucionario mundial es mayor que el poder de cualquier gobierno electo. Este hecho se demostrará una y otra vez a medida que se desarrolle la historia.

Los hombres malévolos que traman y planean el W.R.M. tienen otra ventaja sobre la gente decente. La persona promedio, que cree en Dios y encuentra placer y disfrute en las cosas bellas con las que Dios nos ha bendecido, simplemente no puede convencerse a sí mismo, o a sí misma, de creer que un diabólico plan de odio y venganza pueda ser concebido por seres humanos. Aunque todos los cristianos creen muy sinceramente que la Gracia de Dios entra en sus propias almas como resultado de asistir a sus servicios religiosos, recibir los Sacramentos, y rezar sus oraciones, no pueden hacerse creer que a través de las ceremonias y Ritos de los Illuminati, ya sea la Cábala semítica o el Gran Oriente pagano ario, el Diablo inocula su influencia y poderes malignos en los corazones y almas de los hombres y mujeres que aceptan, como religión, el satanismo o el ateísmo, y ponen en práctica las teorías de sus Sumos Sacerdotes.

Se darán algunos ejemplos para mostrar cómo los individuos y los gobiernos han permanecido igual de estúpidos e ingenuos respecto a las advertencias que se les han hecho sobre el mecanismo maligno de los verdaderos líderes del Movimiento Revolucionario Mundial.

Después de que varios gobiernos no actuaran ante la información dada a conocer por la policía bávara en 1785, la hermana de María Antonieta le escribió cartas personales advirtiéndole del complot revolucionario; de la conexión de los Banqueros Internacionales; del papel que la masonería estaba destinada a desempeñar, y de su propio peligro. María Antonieta (1755 - 1793) era hija del emperador Francisco I de Austria.

Se casó con Luis XVI de Francia. No podía creer las cosas terribles que su propia hermana le decía que tramaban los Illuminati. A las repetidas advertencias de su hermana, María Antonieta respondía con largas cartas.

Con respecto a la afirmación de su hermana de que se habían obtenido pruebas de que los Illuminati, que operaban bajo el disfraz de la masonería filantrópica, planeaban destruir tanto la Iglesia como el Estado en Francia, María Antonieta respondió: "Creo que en lo que concierne a Francia, te preocupas demasiado por la masonería. Aquí está lejos de tener la importancia que puede tener en otras partes de Europa."

Lo equivocada que estaba es cosa de la historia. Por negarse sistemáticamente a escuchar las repetidas advertencias de su hermana, ella y su marido murieron en la guillotina.

Entre 1917 y 1919 el Gobierno británico recibió información detallada sobre los banqueros internacionales que en aquel momento eran el poder secreto detrás de la W.R.M. La información fue presentada oficialmente por oficiales de la Inteligencia británica, oficiales de la Inteligencia americana y confirmada por el Sr. Oudendyke y Sir M. Findlay. El Sr. Oudendyke era el representante del Gobierno de los Países Bajos en San Petersburgo (ahora Leningrado) en ese momento. Veló por los intereses de Gran Bretaña después de que La Mafia destrozara la embajada británica y matara al comandante E.N. Cromie. Este aspecto de la W.R.M. se trata en detalle en capítulos posteriores sobre Rusia.

La mayoría de los estudiosos de la historia creen que María Antonieta fue una mujer que entró de lleno en el espíritu y la alegría de la corte francesa. Es un hecho generalmente aceptado que mantuvo muchas relaciones amorosas con los amigos íntimos de su marido y que se permitió extravagancias imprudentes. Esa es la imagen que Balsamo y sus propagandistas pintaron de ella. El hecho de que hicieran su *L'Infamie* les permitió que la mafia pidiera su vida. Pero su versión de la conducta de María Antonieta es una sarta de mentiras, como han demostrado los historiadores. La entereza con la que soportó los sufrimientos que le infligieron sus enemigos, la dignidad con la que afrontó su destino, y la resignación y el valor con los que ofreció su vida en el cadalso, no pueden conciliarse con las características de una mujer licenciosa.

Para difamar a María Antonieta, Weishaupt y Mendelssohn concibieron la idea del Collar de Diamantes. En aquel momento, los recursos financieros de Francia estaban en su punto más bajo y el gobierno francés suplicaba a los barones internacionales del dinero que le concedieran más crédito. Un agente secreto de los archiconspiradores encargó a los joyeros de la Corte la fabricación de un fabuloso collar de diamantes. El pedido de este collar, cuyo valor estimado era de un cuarto de millón de libras, se hizo a nombre de la Reina. Cuando los joyeros de la corte presentaron el collar a la Reina para que lo aceptara, ésta se negó a tener nada que ver con él. Negó todo conocimiento de la transacción. Pero la noticia del fabuloso collar se filtró como los conspiradores pretendían. Balsamo puso en marcha su maquinaria propagandística. María Antonieta recibió un aluvión de críticas, su carácter fue manchado, su reputación arrastrada por el fango de una campaña de difamación. Y, como de costumbre, nadie pudo nunca señalar a la persona o personas que iniciaron las calumnias. Después de esta acumulación, Balsamo descorchó su propia obra maestra. Sus imprentas imprimieron miles y miles de panfletos en los que afirmaba que un amante secreto de la Reina le había enviado el collar en agradecimiento por sus favores.

Pero los que dirigían *L'Infamie* idearon calumnias aún más diabólicas para hacerlas circular con respecto a la Reina. Escribieron una carta al Cardenal Príncipe de Rohan en la que falsificaron la firma de la Reina. En la carta le pedían que se reuniera con ella en el Palais Royal hacia medianoche para tratar el asunto del collar de diamantes. Se contrató a una prostituta del Palais Royal para que se hiciera pasar por la Reina e involucrara al Cardenal. El incidente se reproduce en periódicos y folletos, y circulan las más sucias insinuaciones que implican a dos de las más altas personalidades de la Iglesia y del Estado.

La historia cuenta que, una vez que el collar de diamantes cumplió su función, fue llevado a Inglaterra y desmontado. Se dice que un judío llamado Eliason conservó la mayoría de los valiosos diamantes utilizados en su composición original.

Lady Queensborough, autora de *"Occult Theocrasy"*, descubrió otra prueba que relaciona a los prestamistas judíos ingleses con el complot para provocar la Revolución Francesa. Mientras hacía un trabajo de investigación leyó una copia de "L'Anti-Semitisme" escrito por un judío llamado Bernard Lazare y publicado en 1849. Con las pistas obtenidas de este libro Lady Queensborough afirma que Benjamin Goldsmid, su hermano Abraham, y su socio Moses Mecatta, y su sobrino Sir Moses Montifiore, eran financieros judíos en Inglaterra que estaban definitivamente afiliados con sus hermanos judíos continentales en el complot para provocar la revolución en Francia. Otras pruebas fueron encontradas para vincular Daniel Itsig de Berlin, y su yerno David Friedlander, y Herz Gergbeer de Alsace con los Rothschilds y el complot. Así se revelaron los hombres que en aquel momento constituían el Poder Secreto detrás del Movimiento Revolucionario Mundial.

El conocimiento de los métodos que estos hombres utilizaron para llevar al Gobierno francés a una situación de dificultad financiera es importante, porque marcó la pauta que siguieron posteriormente en América, Rusia, España y otros países.

Sir Walter Scott, en el segundo volumen de La vida de Napoleón, relata claramente los movimientos iniciales. Luego resume la situación con estas palabras-

> "Estos financieros utilizaron al Gobierno (francés) como los pródigos en bancarrota son tratados por los usureros prestamistas que, alimentando la extravagancia con una mano, con la otra arrancan de sus arruinadas fortunas las recompensas más irrazonables por sus anticipos. Por una larga sucesión de estos préstamos ruinosos, y varios derechos concedidos para

garantizarlos, todas las finanzas de Francia fueron llevadas a una confusión total[44]

Después de que el Gobierno de Francia se viera obligado a solicitar enormes préstamos debido a las deudas contraídas al librar guerras para promover las ambiciones secretas de los Conspiradores Internacionales, se ofrecieron muy amablemente a proporcionar el dinero siempre que pudieran redactar las condiciones del acuerdo. A primera vista, sus condiciones eran de lo más indulgentes. Pero de nuevo habían colocado a un negro en la pila de leña en la persona de un tal M. Necker. El iba a ser nombrado al Consejo del Rey Frances como su Ministro Principal de Asuntos Financieros. Los financieros judíos señalaron que este mago de las finanzas sacaría a Francia de sus problemas monetarios en menos de nada de tiempo en. Lo que realmente hizo durante los proximos cuatro anos fue involucrar el gobierno frances tan mal con los financieros judios que la Deuda Nacional aumento a £170,000,000.

El capitán A.H.M. Ramsay resume bien la situación en *La guerra sin nombre*.[45] Él dice:

> "La revolución es un golpe pegado a un paralítico.... Cuando se ha establecido firmemente el control de la deuda, pronto sigue el control de todas las formas de publicidad y actividad política, junto con un control total de los industriales, [tanto de la dirección como de los trabajadores]. Entonces se prepara el escenario para el golpe revolucionario. El control de la mano derecha de las finanzas establece la parálisis, mientras que la mano izquierda revolucionaria sostiene la daga y asesta el golpe fatal. La corrupción moral facilita todo el proceso".

Mientras las hojas de propaganda de Balsamo condenaban a los altos funcionarios tanto de la Iglesia como del Estado, agentes especiales de los Illuminati organizaban a los hombres que iban a ser utilizados como

---

[44] Debido a sus supuestas declaraciones antisemitas, las importantes obras de Sir Walter Scott, que constan de un total de nueve volúmenes que tratan de muchas fases de la Revolución Francesa, han recibido el tratamiento de silencio por parte de quienes controlan las editoriales, así como la mayor parte de la prensa. Son casi inalcanzables, excepto en las bibliotecas de los museos, y nunca aparecen junto a sus otras obras.

[45] Publicado por Omnia Veritas Ltd, www.omnia-veritas.com.

líderes en el Reinado del Terror planeado para acompañar el esfuerzo revolucionario.

Entre estos líderes se encontraban Robespierre, Danton y Marat. Para ocultar sus verdaderos propósitos, los hombres que iban a liberar a los prisioneros y lunáticos para crear el ambiente necesario para instaurar el preconcebido Reinado del Terror, se reunieron en el convento jacobeo. Entre los muros del edificio sagrado se elaboraron los detalles del sangriento plan.

Se confeccionaron las listas de los reaccionarios marcados para ser liquidados. Se explicó que mientras los criminales y lunáticos corrían salvajemente aterrorizando a la población cometiendo asesinatos en masa y realizando violaciones en público, los trabajadores organizados en la clandestinidad, bajo la dirección de Manuel, Procurador de la Comuna, acorralarían a todas las figuras políticas importantes, jefes del clero y oficiales militares conocidos por ser leales al Rey. [46] Los hombres que saldrían de la clandestinidad organizada por los judíos se constituyeron en clubes jacobinos.

Bajo el mando de líderes bien versados en los deberes que se les exigían para dirigir el "Reinado del Terror", llevaron a cabo las atrocidades masivas para que sirvieran al propósito de sus amos ocultos y les hicieran avanzar más hacia su objetivo final.

---

[46] Sir Walter Scott-"Vida de Napoleón", Vol. 2, P. 30 dice "La demanda de la Communauté de Paris, ahora el Sanhedrin de los Jacobinos, era por supuesto, de sangre."

Capítulo 4

La caída de Napoleón

Los banqueros internacionales planearon la Revolución Francesa para poder convertirse en El Poder Secreto detrás de los gobiernos de Europa y promover sus Planes de Largo Alcance.

Con el estallido de la revolución, los jacobinos tomaron el control. Eran hombres elegidos a dedo por los Illuminati y la masonería del Gran Oriente. Utilizaron al Duque de Orleans hasta el momento en que tuvo que votar a favor de la muerte de su primo el Rey. El Duque creía que sería nombrado monarca constitucional, pero los jacobinos tenían otras instrucciones. Una vez que votó a favor de la muerte del Rey y asumió la culpa, dejó libres de sospecha a los verdaderos conspiradores. Entonces los que componían El Poder Secreto detrás de la revolución ordenaron liquidarlo a él también. Pusieron toda la fuerza de su propaganda, y de *L'Infamie*, contra él. En un tiempo increíblemente corto, iba camino de la guillotina. Mientras cabalgaba sobre los adoquines en el carro de la muerte, se oyó vilipendiado y execrado por todas las clases del pueblo.

Cuando Mirabeau se dio cuenta del terrible instrumento de venganza que había contribuido a crear, se arrepintió. Salvaje y disoluto como había sido, no podía soportar ser testigo de las terribles y espantosas atrocidades que los jacobinos perpetraban sistemáticamente contra todos aquellos a los que sus amos secretos señalaban para ultrajar y matar. En realidad, Mirabeau se oponía a cualquier tipo de violencia contra el Rey. Su plan personal había sido reducir a Luis XVI a un Monarca Limitado, y luego hacerse nombrar su principal consejero. Cuando se dio cuenta de que sus Amos estaban decididos a matar al Rey, trató de organizar la huida de Luis de París para que pudiera ponerse bajo la protección de sus leales Generales que aún mandaban su ejército. Cuando sus planes fueron delatados a los jacobinos, Mirabeau también fue liquidado. En su caso no se pudo organizar una ejecución pública porque sus enemigos no consideraron que tuvieran tiempo de formular cargos contra él y hacer que se mantuvieran, así que fue envenenado. Su muerte se simuló un suicidio. Se escribió un libro sobre El collar de diamantes al que ya nos hemos referido. En él se hace la significativa observación de que "Luis no ignoraba que Mirabeau había sido envenenado".

Danton y Robespierre fueron las dos encarnaciones del diablo que impulsaron el Reinado del Terror diseñado por los Illuminati para vengarse de sus enemigos y eliminar a los personajes que consideraban obstáculos en su camino. Sin embargo, cuando hubieron cumplido su propósito, sus dos principales verdugos fueron detenidos y acusados de sus numerosas infamias y luego ejecutados. [47]

Lafayette era masón. Era un buen hombre. Se unió a las fuerzas revolucionarias porque creía honestamente que la acción revolucionaria era necesaria para lograr rápidamente las reformas que tanto se necesitaban. Pero Lafayette nunca pensó ni por un momento que estaba sacando al pueblo de Francia de su antigua opresión hacia una nueva sujeción. Cuando intentó salvar al rey, fue enviado a luchar a Austria.

Desde la Revolución Francesa de 1789 hasta las revoluciones actuales, el Poder Secreto ha utilizado a muchos Duc D'Orléans, Mirabeaus y Lafayettes. Aunque los hombres han llevado nombres diferentes, todos han sido utilizados como herramientas y han desempeñado papeles similares. Han sido utilizados para fomentar las revoluciones y, después de haber servido a su propósito, han sido liquidados por los mismos hombres a los que sirvieron. Sus muertes siempre se organizan de tal manera que mueren bajo un manto de culpa que debería haber cubierto los hombros de los hombres que aún permanecen El poder secreto entre bastidores en la intriga internacional. Sir Walter Scott comprendía muy bien cómo funcionaba El poder secreto tras la Revolución Francesa.

---

[47] Es interesante notarlo. Protocolos de Sion Numero 15 dice "Ejecutamos a los masones de tal manera que nadie excepto la hermandad puede tener una sospecha de ello" - y otra vez "De esta manera procederemos con aquellos masones GOY que llegan a saber demasiado". E. Scudder, en su "Vida de Mirabeau" dice: "Él (Mirabeau) murió en un momento en que la revolución todavía podría haber sido controlada".

Cualquiera que lea su *Vida de Napoleón* percibirá que el autor creyó detectar el origen judío de los complots.[48]

Sir Walter señala que las verdaderas figuras clave de la revolución eran en su mayoría extranjeros. Observa que utilizaban términos típicamente judíos, como Directores y Ancianos, en su trabajo. Señala que un hombre llamado Manuel fue de alguna manera misteriosa nombrado Procurador de la Comuna. Sir Walter afirma que este hombre fue responsable del arresto y detención, en prisiones por toda Francia, de las víctimas de las masacres preestablecidas que tuvieron lugar en septiembre de 1792. Durante las masacres 8.000 víctimas fueron asesinadas sólo en las cárceles de París. Sir Walter señaló también que la Communauté de Paris (la Diputación de París) se convirtió en el SANHEDRÍN de los jacobinos que clamaban sangre y más sangre. Scott relata que hasta que cumplieron su propósito Robespierre, Danton y Marat compartieron los altos cargos en la SINAGOGA de los jacobinos. (Énfasis mío) Fue Manuel quien desencadenó el ataque contra el rey Luis y María Antonieta que finalmente los llevó a la guillotina. Manuel contó con el apoyo de un hombre llamado David que, como miembro destacado del Comité de Seguridad Pública, juzgó a las numerosas víctimas de Manuel. La voz de David siempre pedía sangre y muerte.

Sir Walter cuenta que David solía prologar su "sangriento trabajo del día con la frase profesional Machaquemos bastante al Rojo". Fue David quien introdujo el Culto al Ser Supremo. El ritual pagano era la momificación cabalística que sustituía a todo signo externo de devoción racional. Scott también menciona que Choderlos de Laclos, que se cree era de origen español, fue gerente del Palais Royal que tan diabólico papel desempeñó en los preparativos del estallido de la Revolución. Otra cuestión importante es la siguiente: Después de que Robespierre fuera liquidado, dos hombres llamados Reubel y Gohir fueron nombrados directores del Consejo de Ancianos. Con otros tres se

---

[48] Mis investigaciones prueban que los hombres que han constituido Los Poderes Secretos entre bastidores de la Intriga Internacional y dirigido la W.R.M. y el plan Nazi para la Conquista Mundial, no han sido todos de origen semita o miembros de la religión judía. Estoy seguro de que todos eran de los Illuminati, independientemente de su origen racial. Barones del Dinero, Monopolistas Industriales, Políticos Agarrados, nunca dudaron en culpar a Judíos y Gentiles por igual, por los crímenes que cometieron contra la humanidad.

convirtieron en el gobierno real de Francia durante un tiempo. Los cinco hombres mencionados fueron conocidos como Los Directoires. Es un hecho muy notable que la *Vida de Napoleón* de Sir Walter Scott (en nueve volúmenes) que revela tanto de la verdad real es prácticamente desconocida.[49]

Hay que mencionar la *Vida de Robespierre* de G. Renier. Escribe como si algunos de los secretos le fueran conocidos. Dice: "Del 27 de abril al 28 de julio de 1794 (cuando Robespierre fue derrotado), el reino del terror estuvo en su apogeo. Nunca fue la dictadura de un solo hombre, y menos de Robespierre. Una veintena de hombres se repartieron el poder". Por otra parte, "el 28 de julio, Robespierre pronunció un largo discurso ante la Convención... una filípica contra los ultraterroristas... durante la cual pronunció acusaciones vagas y generales". Se cita a Robespierre diciendo

> "No me atrevo a nombrarlos en este momento y en este lugar. No puedo atreverme a rasgar por completo el velo que cubre este profundo misterio de iniquidad. Pero puedo afirmar muy positivamente que entre los autores de este complot están los agentes de ese sistema de corrupción y extravagancia, el más poderoso de todos los medios inventados por los Extranjeros para deshacer la República: Me refiero a los impuros apóstoles del Ateísmo; y a la inmoralidad que es su base".

añadió el Sr. Renier:

> "Si él (Robespierre) no hubiera pronunciado estas palabras, aún podría haber triunfado".

Robespierre había dicho demasiado. Le dispararon deliberadamente en la mandíbula para silenciarle eficazmente hasta que pudiera ser arrastrado a la guillotina al día siguiente. Así se deshicieron de otro masón que sabía demasiado. A medida que se revisen los acontecimientos que condujeron a las revoluciones rusa y española, se demostrará que la Sección Revolucionaria Oculta de los Illuminati

---

[49] Los volúmenes nunca se mencionan ni se reimprimen con sus otras obras. Son casi imposibles de conseguir. A medida que se desarrolla la historia de El poder secreto, el lector se dará cuenta de la importancia de este hecho significativo que ilustra cómo se controlan los canales de publicidad.

dentro de las Logias del Gran Oriente de la Francmasonería Continental fue el instrumento de los hombres que constituyeron El Poder Secreto detrás del Movimiento Revolucionario Mundial.

Se culpa públicamente a miles de personas y se desacredita a muchas organizaciones simplemente porque los dirigentes secretos de la W.R.M.,, tenían la posibilidad de culparles de sus crímenes y ocultar así su propia identidad.

No hay muchas personas que vivan hoy en día que sepan que Robespierre, Marat y Danton, fueron sólo los instrumentos utilizados por los trece directores de los Illuminati que tramaron y dirigieron la Gran Revolución Francesa. Fueron los hombres detrás de la escena quienes preconcebieron el patrón del Reinado del Terror como el medio de gratificar su deseo de venganza. Sólo durante un Reinado del Terror podrían eliminar los obstáculos humanos de su camino.

Al quedarse sin víctimas, los hombres que dirigieron la Revolución Francesa decidieron dedicarse de nuevo a la intriga internacional. Con el fin de aumentar su poder económico y político, Anselm Mayer Rothschild formó a su hijo Nathan Mayer con el propósito especial de abrir una Casa de Rothschild en Londres, Inglaterra. Su intención era consolidar, con más fuerza que nunca, las conexiones entre los hombres que controlaban el Banco de Inglaterra y los que controlaban los Bancos de Francia, Alemania y Holanda. Nathan emprendió esta importante tarea a la edad de 21 años. En triplicó su fortuna. Los banqueros decidieron entonces utilizar a Napoleón como instrumento de su voluntad. Organizaron las Guerras Napoleónicas para derrocar a varios Jefes Coronados más de Europa.

Después de que Napoleón arrasara Europa, se proclamó emperador en 1804. Nombró a su hermano José, Rey de Nápoles. Luis, rey de Holanda; Jerónimo, rey de Westfalia. Al mismo tiempo Nathan Rothschild arregló las cosas para que sus cuatro hermanos se convirtieran en los reyes de las finanzas en Europa. Eran el poder secreto detrás de los tronos recién establecidos. Los prestamistas internacionales establecieron su sede en Suiza. Se acordó entre ellos que, en su interés y por su seguridad, Suiza debía mantenerse neutral en todas las disputas. En su sede suiza de Ginebra organizaron las diferentes combinaciones y cárteles a escala internacional. Organizaron las cosas de tal manera que no importaba quién luchaba contra quién, o quién ganaba y quién perdía, los miembros del Grupo Internacional de

Prestamistas de Dinero ganaban más y más dinero. Este grupo de hombres pronto obtuvo el control de las fábricas de municiones, la industria naval, la industria minera, las plantas químicas, los depósitos de suministro de medicamentos, las acerías, etc. El único inconveniente era que Napoleón se volvía cada vez más egoísta hasta que finalmente tuvo la temeridad de denunciarlos públicamente. Así decidió también su propio destino. No fue el tiempo, ni el frío, lo que convirtió su victoriosa invasión de Rusia en una de las derrotas militares más trágicas que el mundo ha conocido. El hecho de que las municiones y los suministros no llegaran a sus ejércitos se debió al sabotaje de sus líneas de comunicación.

La estrategia secreta utilizada para derrotar a Napoleón, y forzar su abdicación, ha sido aceptada como esencial para todos los esfuerzos revolucionarios desde esa fecha. Es muy simple. Los líderes del movimiento revolucionario colocan secretamente a sus agentes en puestos clave de los departamentos de suministros, comunicaciones, transportes e inteligencia de las fuerzas armadas que planean derrocar. Saboteando suministros, interceptando órdenes, emitiendo mensajes contradictorios, atascando o desviando transportes, y mediante labores de contrainteligencia, los líderes revolucionarios han descubierto que pueden crear el caos más absoluto en la organización militar más eficiente en tierra, mar o aire. Diez células colocadas secretamente en posiciones clave valen por diez mil hombres en el campo de batalla.

Los métodos utilizados para llevar a Napoleón a la ruina a principios del siglo XIX se utilizaron para provocar la derrota de los ejércitos rusos en la guerra contra Japón en 1904, y de nuevo para provocar motines en los ejércitos rusos, en 1917, y motines en el ejército y la marina alemanes en 1918.

La infiltración comunista en posiciones clave fue la verdadera razón por la que los generales alemanes pidieron, y se les concedió, un armisticio en noviembre de 1918. Los mismos métodos se utilizaron para destruir la eficacia del Ejército, la Armada y la Fuerza Aérea españoles en 1936. Exactamente las mismas tácticas se utilizaron para provocar la derrota de Hitler tras sus victoriosos avances en Rusia en la Segunda Guerra Mundial.

Así se repite la historia, porque las mismas potencias utilizan los mismos métodos una y otra vez. Pero lo más importante de todo es que fueron los descendientes de los hombres que provocaron la caída de

Napoleón los que provocaron la derrota de las Fuerzas Nacionales de China a partir de 1945. Se dieron órdenes misteriosas que provocaron que millones y millones de dólares en armas y municiones fueran arrojados al Océano Índico cuando deberían haber ido a Chiang-Kai-Shek. La verdadera historia de la forma en que los políticos británicos y estadounidenses traicionaron a nuestros aliados chinos y coreanos anticomunistas demostrará que fueron los agentes de la Banca Internacional, maniobrando para que el comunismo obtuviera el control de Asia, quienes engañaron y mal aconsejaron a nuestros estadistas de alto nivel. El comunismo es hoy lo que siempre ha sido desde 1773, el instrumento de destrucción y el manual de acción utilizado por los archiconspiradores internacionales para llevar adelante sus propios planes secretos mediante los cuales, en última instancia, pretenden obtener el control de la riqueza, los recursos naturales y la mano de obra de todo el mundo.

La historia cuenta cómo Napoleón fue obligado a abdicar en París en 1814, luego fue enviado al exilio en San Elba, escapó e intentó hacer un come-back, pero estaba jugando contra hombres que usan dados cargados. Nathan Rothschild, y su camarilla internacional, habían apoyado a Alemania para derrotar a Napoleón. Habían planeado ganar dinero independientemente del resultado de la lucha. Cuando la batalla de Waterloo estaba a punto de librarse, Nathan Rothschild se encontraba en París. Había obtenido, como lugar de residencia, un palacio que daba al ocupado por Luis XVIII. Cuando lo deseaba, podía mirar por la ventana del palacio que ocupaba el aspirante al trono de Francia.

También había dispuesto que agentes en el campo de batalla le enviaran por paloma mensajera información sobre los combates. Nathan Rothschild también dispuso que se enviara a Inglaterra información falsa por palomas mensajeras sobre los resultados de la batalla. Cuando estuvo seguro de que Wellington había salido victorioso, hizo que sus agentes informaran a la opinión pública británica de que Wellington había sido derrotado y que Napoleón estaba de nuevo enloquecido. El hecho de que las palomas mensajeras desempeñaran un papel tan importante en esta conspiración dio origen a la expresión "Me lo dijo un pajarito" (si una persona en Inglaterra pregunta a otra "¿De dónde has sacado esa información?", lo más probable es que la persona interrogada responda "¡Oh! Me lo dijo un pajarito", y lo deje estar).

Los pajaritos de Nathan Rothschild dijeron mentiras de tal magnitud, con respecto a la batalla de Waterloo, que el pueblo de Gran Bretaña entró en pánico. El fondo cayó del mercado de valores. Las libras inglesas se podían comprar, por un Song o un chelín. Los valores de todo cayeron a mínimos históricos. Nathan fletó un pequeño barco por la suma de 2.000 libras para que le llevara de Francia a Inglaterra. A su llegada, él y sus socios financieros compraron todas las acciones, bonos, participaciones, otras propiedades y valores que pudieron conseguir. Cuando se supo la verdad sobre la victoria de Wellington, los valores volvieron a la normalidad. Los prestamistas internacionales hicieron fortunas astronómicas.

Por qué no fueron asesinados por algunas de las personas a las que arruinaron es algo incomprensible. Como muestra de su alegría y gratitud por la maravillosa hazaña de armas realizada por Wellington y Blucher, los Rothschild PRESTABAN a Inglaterra 18.000.000 de libras y a Prusia 5.000.000 de libras de esta ganancia mal habida, PARA REPARAR LOS DAÑOS DE LA GUERRA.

Cuando Nathan Rothschild murió en 1836, se había asegurado el control del Banco de Inglaterra y de la Deuda Nacional que, tras su gran matanza financiera de 1815, alcanzaba los 885.000.000 de libras.

Es muy poco probable que un masón entre mil conozca la VERDADERA historia de cómo los jefes del Gran Oriente Illuminati infiltraron a sus agentes en la Francmasonería Continental. Debido a que los hechos relatados son la verdad, los Grandes Maestros de la Francmasonería Inglesa han advertido a sus Hermanos Masones que no deben tener ningún trato con los Masones del Gran Oriente o afiliarse con ellos de ninguna manera. El hecho de que Los Illuminati Revolucionarios se establecieron dentro de la Francmasonería Continental, causó que el Papa Pío IX denunciara públicamente el Comunismo, y prohibiera a los Católicos convertirse en Masones. Para convencer a cualquier lector, que todavía pueda tener dudas, sobre el papel que la Masonería jugó en la Revolución Francesa, se citará parte de un debate, que tuvo lugar sobre el tema en la Cámara de Diputados francesa en 1904. El marqués de Rosanbe, después de algunas preguntas inquisitivas relacionadas con la prueba de que la masonería francesa fue la autora de la Revolución Francesa dijo:

"¿Estamos entonces completamente de acuerdo en el punto de que la masonería fue la única autora de la revolución, y los aplausos que recibo de la izquierda, y a los que estoy poco acostumbrado, prueban señores, que reconocen conmigo que fue la masonería la que hizo la revolución francesa?".

A esta afirmación respondió M. Jumel, conocido masón del Gran Oriente:

"Hacemos algo más que reconocerlo... lo proclamamos[50]

En 1923, en un gran banquete al que asistieron muchos hombres prominentes en Asuntos Internacionales, algunos de los cuales estaban relacionados con la organización de la Liga de las Naciones, el Presidente del Gran Oriente ofreció este brindis. "Por la República Francesa, hija de la Francmasonería Francesa. Por la república universal de mañana, hija de la masonería universal.[51]

Para demostrar que los francmasones del Gran Oriente han controlado la política francesa desde 1923 en adelante, haremos un breve repaso de los acontecimientos históricos. La victoria más importante que los Banqueros Internacionales obtuvieron, después de que sus agentes hubieran actuado como consejeros de los líderes políticos que idearon y finalmente ratificaron el infame Tratado de Versalles, fue hacer que M. Herriot fuera elegido al poder en Francia en 1924. Cada política dictada por los jefes de la Francmasonería del Gran Oriente en 1923 fue puesta en práctica por el Gobierno de Herriot en el plazo de un año.

1. En enero de 1923, la G.O.L. (Gran Logia de Oriente) decretó la supresión de la embajada ante el Vaticano. El Parlamento francés ejecutó esta orden el 24 de octubre de 1924.

2. En 1923 el G.O.L. exigió el triunfo de la idea de Laicidad (este es el principio primario esencial para el establecimiento de la ideología del Gran Oriente de un Estado Ateo) Herriot hizo su

---

[50] Esto fue citado en el Convent du Grand Orient 1923, p. 402, Los Illuminati controlan la masonería.

[51] Pasaje de Henry Delassus citado en *La Conjuration Anti-Chrétienne* Vol. I, p. 146; citado de nuevo en "The Spanish Arena", p. 143.

declaración ministerial pública a favor de esta política el 17 de junio de 1924.

3. El 31 de enero de 1923 el G.O.L. exigió una amnistía total y completa para condenados y traidores. Varios destacados líderes comunistas se beneficiarían de ella, entre ellos Marty, que más tarde se hizo famoso como organizador de las Brigadas Internacionales que lucharon en el bando comunista en España en 1936-39. El 15 de julio de 1924, la Cámara de Diputados votó a favor de una amnistía general en, liberando así a una sociedad desprevenida de una serie de gángsters internacionales cuyo amo era el Consejo Supremo de la Masonería del Gran Oriente, los Illuminati.

4. En octubre de 1922, el G.O.L. había iniciado una campaña para popularizar la idea de que se abrieran relaciones diplomáticas con el gobierno SOVIET establecido en Moscú. Este movimiento no llegó muy lejos hasta después de la elección de M. Herriot al poder. Esta campaña de Amistad con Rusia se inició en Francia cuando el *Bulletin Officiel de la Grande Loge de France* publicó un artículo sobre el tema en el número de octubre de 1922, en la página 286. Las relaciones políticas fueron establecidas con los Líderes Revolucionarios Comunistas por Herriot el 28 de octubre de 1924.[52] Las mismas fuerzas del mal propugnan hoy el reconocimiento de la China Roja.

Uno de los líderes del Gran Oriente en esta época era Leon Blum. Estaba siendo preparado para convertirse en un instrumento político dispuesto a cumplir las órdenes de sus líderes. Miembros de alto rango de las Logias Militares en España que desertaron (después de que descubrieron que estaban siendo utilizados como herramientas por los líderes de la W.R.M.), revelaron que a cada masón del Gran Oriente se le exigía hacer un juramento de OBEDIENCIA ILIMITADA al jefe del Consejo de los Treinta y Tres y no reconocer a ningún ser humano por encima de él. Un juramento de este tipo prestado por un ateo declarado significa literalmente que reconocía al Estado como por encima de todo lo demás, y al jefe del Estado como su Dios. Una gran cantidad de

---

[52] A.G. Michel en La Dictature de la Franc-Maçonnerie la France requoted in the Spanish Arena, p. 143.

detalles sobre la intriga del Gran Oriente en Francia y España, de 1923 a 1939 se cuenta en The Spanish Arena escrito por William Foss y Cecil Gerahty y publicado por The Right Book Club, Londres, Inglaterra, en 1939. Para establecer la continuidad de la trama del Banquero Internacional, basta con tocar sólo algunos puntos destacados. Leon Blum nació en París en 1872 de padres judíos. Destacó por su participación en el asunto Dreyfus. Fue elegido Primer Ministro francés en junio de 1936. Ocupó el cargo hasta junio de 1937. Fue reelegido en marzo y permaneció en el cargo hasta abril de 1937. Sus partidarios consiguen que vuelva a la política como Viceprimer Ministro de junio de 1937 a enero de 1938. Mendes-France se utiliza hoy de la misma manera.

> Durante todo este tiempo, la tarea de Leon Blum consistió en moldear la política gubernamental francesa para que ayudara a los planes de los líderes de la W.R.M. con respecto a España. Con el fin de desviar las sospechas sobre ellos mismos, los archiconspiradores hicieron creer que eran Franco y sus socios militares los planificadores y conspiradores de los acontecimientos que condujeron a la Guerra Civil en España. Ahora se ha demostrado que Stalin, y sus expertos revolucionarios de la Comintern, fueron los conspiradores que llevaron a cabo los planes del Poder Secreto detrás de la W.R.M. Planeaban duplicar lo que habían logrado tanto en la Revolución Francesa de 1789 como en la Revolución Rusa de 1917. Ya en 1929 M. Gustave señaló en su artículo "La Victoire" la verdad sobre Leon Blum y sus asociados. Tuvo el valor de declarar: "El Partido Colectivista de León Blum, segunda rama de la masonería... no sólo es antirreligioso, sino un partido de la guerra de clases y de la revolución social".

Leon Blum puso en práctica los planes de los dirigentes de la W.R.M. de suministrar armas, municiones y finanzas a los leales españoles. Fue decisivo para mantener abiertos los Pirineos, pero siguió una política unilateral de no intervención... Sólo se aplicó a los nacionalistas de las fuerzas de Franco.

En los capítulos que tratan de la revolución en España, se presentan pruebas de que las logias francesas y españolas del Gran Oriente eran la línea de comunicaciones entre los directores de la W.R.M. y sus agentes en Moscú, Madrid y Viena.[53]

Si el lector piensa que se está dando demasiada importancia a la influencia que la masonería del Gran Oriente tiene en los asuntos internacionales, A.G. Michel, autor de La Dictature de la Franc-Maçonnerie sur la France, aporta pruebas que demuestran que el Gran Oriente de Francia decretó en 1924 que la Sociedad de Naciones fuera "una herramienta internacional para la masonería". Trotsky escribió en su libro Stalin:

> "Hoy existe una Torre de Babel al servicio de Stalin, y uno de sus principales centros es Ginebra, ese hervidero de intrigas".

La importancia de lo que dice Trotsky radica en el hecho de que las acusaciones que hizo con respecto a la mala influencia de los masones del Gran Oriente dentro de la Sociedad de Naciones se aplica igualmente a la mala influencia que tienen en las Naciones Unidas hoy en día. El estudiante que estudie los acontecimientos de hoy en las Naciones Unidas verá su obra, especialmente en lo que se refiere a políticas extrañas que simplemente no tienen sentido para el hombre medio de la calle. Pero estas extrañas politicas se vuelven extremadamente claras si las estudiamos para ver como promoveran el plan de largo alcance de la W.R.M. Para hacer esto solo tenemos que recordar uno o dos hechos importantes: Primero, que los Illuminati consideran necesario destruir todas las formas existentes de gobierno constitucional, sean monarquía o república; Segundo, que pretenden introducir una Dictadura Mundial tan pronto como consideren que están en posición segura para usurpar el control absoluto. M.J. Marques-Rivière[54] dijo lo siguiente

---

[53] Todos los acontecimientos políticos que han ocurrido en Francia desde el estallido de la Segunda Guerra Mundial hasta la reciente negativa de Mendes-Francia a aceptar el C.D.E. deben ser estudiados, con la debida atención al [Plan] de Largo Alcance de los Illuminati cuyos agentes, los masones del Gran Oriente, son miembros de todos los niveles del gobierno francés, y de todos los partidos políticos. En la última comprobación, más de cien miembros del Parlamento francés eran masones del Gran Oriente.

[54] J. Marques-Rivière es autor de Comment la Franc-Maçonnerie fait une Révolution.

"El centro de la Francmasonería Internacional está en Ginebra. Las oficinas de la Asociación Masónica Internacional están en Ginebra. Allí se reúnen los delegados de casi todas las formas de masonería del mundo. La interpretación de la Liga y de la I.M.A. es fácil, aparente y confesa".

Es comprensible la exclamación del Hermano Barcia, Ex Gran Maestre del Gran Oriente Español, en 1924, en el Convento del Gran Oriente, a su regreso de Ginebra:

"He asistido al trabajo de las comisiones. He escuchado a Paul-Boncour, Jeuhaux, Loucheur, de Jouvenal. Todos los franceses tenían el mismo espíritu. A mi lado había representantes de la masonería americana, y se preguntaban: '¿Estamos en una asamblea laica o en una Orden masónica?... El hermano Joseph Avenal es el Secretario General de la Liga'".

Es bueno recordar que los Illuminati Internacionales eligieron Ginebra como su cuartel general casi un siglo antes de que se registrara el acontecimiento anterior. Ellos, de acuerdo con su política, habían mantenido a Suiza como una nación neutral en todas las disputas internacionales porque tenían que tener un lugar donde pudieran reunirse e instruir a sus agentes que hacían su voluntad y llevaban a cabo sus políticas secretas. El Gobierno de Estados Unidos se negó a unirse a la Sociedad de Naciones. Ciertos intereses promovieron la política aislacionista. Los Poderes Secretos estaban decididos a explotar a aquellos que apoyaban honestamente la idea de una forma de Supergobierno Mundial para asegurar la paz y la prosperidad. Decidieron destruir la Sociedad de Naciones y sustituirla por las Naciones Unidas. La Segunda Guerra Mundial les dio esta oportunidad. En 1946 los restos de la Liga de las Naciones fueron recogidos y usados en el patrón acolchado de las Naciones Unidas que incluía a la U.R.S.S. y a los EE.UU. como los dos miembros más poderosos. El hecho de que las Naciones Unidas entregaran Israel a los Sionistas Políticos, que habían estado persiguiendo durante medio siglo, y por consejo de estos mismos hombres, entregaran China, Corea del Norte, Manchuria, Mongolia, las Indias Orientales Holandesas, y partes de Indochina, a los líderes comunistas, prueba el éxito con que las Potencias Secretas trazaron, y llevaron a cabo, sus planes. Debe recordarse que Lenin predijo que las fuerzas del comunismo, con toda probabilidad, barrerían el mundo occidental desde el Este. La gente, que estudia la PROYECCIÓN MERCATORIAL del mundo, no comprende cómo las naciones del Lejano Oriente podrían barrer a las naciones del mundo occidental como un maremoto. Para los que estudian la Guerra Mundial, las declaraciones de Lenin son tan claras como el cristal. Y lo que es aún más importante: cuando Lenin dejó de ser útil, murió o fue destituido. Pocas personas pueden entender cómo fue que Stalin, mediante unos pocos movimientos despiadados y asesinos, eliminó a todos aquellos que, por sus actividades en la Revolución Rusa, eran considerados mejor cualificados para el liderazgo en la URSS, y usurpó el poder para sí mismo.

Quienes estudien la W.R.M. a partir de las pruebas presentadas en este libro comprenderán por qué Stalin fue elegido para suceder a Lenin. El viejo principio de la Sociedad Anónima se estaba poniendo en práctica de nuevo. Los oficiales de inteligencia americanos y britanicos habian expuesto a sus gobiernos el papel que los banqueros internacionales habian jugado en la Revolucion Rusa. En abril de 1919, el gobierno británico publicó un Libro Blanco sobre este tema. Fue rápidamente suprimido, pero ya se había hecho cierto daño. Los Banqueros Internacionales habían sido acusados de financiar a la Judería Internacional para poner en práctica sus planes de una Dictadura Internacional. Los Banqueros Internacionales tuvieron que encontrar algún medio de contrarrestar estas impresiones e ideas. La verdadera imagen de su absoluta crueldad se ve cuando se señala que Stalin, un gentil, fue elegido por los prestamistas internacionales y que, siguiendo sus instrucciones, apartó a Trotsky del camino y procedió a liquidar a cientos de miles de judíos rusos en las purgas que le llevaron al poder, tras la muerte de Lenin. Esto debería demostrar a la gente sincera, pero equivocada, de todas partes, que los Banqueros Internacionales, y sus agentes y amigos cuidadosamente seleccionados, no consideran a las MASAS del pueblo de cualquier raza, color, o credo, más que peones prescindibles en el juego. Es cierto que muchos judíos se hicieron comunistas y seguidores de Karl Marx. Trabajaron y lucharon para hacer realidad las teorías publicadas por Karl Marx para una Internacional de Repúblicas Socialistas Soviéticas. Pero ellos, como muchos gentiles, fueron engañados. Para cuando Stalin estaba firmemente asentado en Moscú como agente principal de los Banqueros Internacionales, era difícil encontrar algún miembro de la Primera y Segunda Internacionales vivo. La forma en que los archiconspiradores utilizaron a los masones del Gran Oriente, y luego los liquidaron tan pronto como cumplieron su propósito, es sólo otra ilustración de la crueldad de aquellos cuyo único dios es Satanás.

Se presentarán más pruebas para demostrar que los Banqueros Internacionales no están interesados en otra cosa que no sea obtener para su propio pequeño y muy selecto grupo, el control indiscutible de la riqueza, los recursos naturales y el poder humano de todo el mundo.[55] El único pensamiento honesto en cualquiera de sus mentes es que obviamente creen que son tan superiores en capacidad mental al resto de la humanidad que son más capaces, que cualquier otro grupo de individuos, de manejar los asuntos del Mundo. Están convencidos de que pueden elaborar un plan de gobierno mundial mejor que el plan de Dios. Por esta razón están decididos a borrar finalmente de las mentes de todos los seres humanos todo conocimiento de Dios y de Sus Mandamientos y sustituirlos por su propio Nuevo Orden basado en la teoría de que el Estado es Supremo en todas las cosas y el Jefe del Estado es, por lo tanto, Dios Todopoderoso en esta tierra. El intento de deificación de Stalin es prueba de esta afirmación. Una vez que la gente se convenza de esta gran verdad se darán cuenta de que los hombres de todas las razas, colores y credos han sido utilizados, y siguen siendo utilizados, como "Peones en el Juego".

---

[55] La razón por la cual los Banqueros Internacionales apoyaron el Sionismo Político desde 1914 hasta la fecha se explica en otro capítulo que trata de los acontecimientos que condujeron a la Segunda Guerra Mundial. Es suficiente decir aqui que los Banqueros Internacionales estaban interesados en asegurar el control de los cinco trillones de dolares de minerales y petroleo que habian sido descubiertos en Palestina por Cunningham-Craig, Geologo consultor del Gobierno Britanico y otros, antes de 1918. Estos informes geologicos fueron mantenidos en secreto. En 1939 Cunningham-Craig fue llamado desde Canadá para realizar otro estudio en Oriente Medio. Murió en circunstancias misteriosas inmediatamente después de terminar su tarea. En la actualidad, es decir, en 1954, los grandes capitales están tomando medidas discretas para explotar estos recursos.

Capítulo 5

La Revolución Americana

Para entender cómo los hombres que obtuvieron el control del Banco de Inglaterra y de la Deuda Nacional Británica, también obtuvieron el control del comercio y del sistema monetario de las colonias americanas de Gran Bretaña, será suficiente si retomamos los hilos de la historia en el momento en que Benjamin Franklin (1706-1790) fue a Inglaterra para representar los intereses de los hombres que habían estado asociados con él en la construcción de la prosperidad de las colonias americanas.

Robert L. Owen, ex presidente de la Comisión de Banca y Moneda del Senado de los Estados Unidos, explica el asunto en la página 98 del Documento del Senado nº 23. Afirma que cuando los asociados de los Rothschild preguntaron a Franklin cómo explicaba las condiciones prósperas que prevalecían en las colonias, éste respondió Afirma que cuando los socios de los Rothschild preguntaron a Franklin cómo explicaba las prósperas condiciones reinantes en las colonias, éste respondió:

> "Eso es simple-En las Colonias emitimos nuestro propio dinero. Lo emitimos en proporción adecuada a las demandas del comercio y la industria."

Robert L. Owen observó que no mucho después de que los Rothschild se enteraran de esto, se dieron cuenta de la oportunidad de explotar la situación con considerables beneficios para ellos. Lo obvio era hacer aprobar una ley que prohibiera a los funcionarios coloniales emitir su propio dinero y obligarles a obtener el dinero que necesitaban a través de los Bancos.

Amschel Mayer Rothschild seguía en Alemania pero suministraba al Gobierno Británico Tropas Mercenarias a 8 libras por hombre. Tal era su influencia que en 1764 consiguió, a través de los Directores del

Banco de Inglaterra, que se aprobaran leyes de acuerdo con sus dictados.

Las autoridades de las colonias tuvieron que deshacerse de su dinero escriturado. Tuvieron que hipotecar los bienes y valores coloniales al Banco de Inglaterra para poder pedir prestado el dinero que necesitaban para llevar a cabo sus negocios. Refiriéndose a estos hechos Benjamin Franklin declaró

> "En un año las condiciones se invirtieron tanto que la era de prosperidad terminó, y se desató una depresión, hasta tal punto que las calles de las Colonias se llenaron de desempleados".

declaró Franklin:

> "El Banco de Inglaterra se negó a dar más del 50 por ciento del valor nominal del Guión cuando se entregó como exige la ley. El medio de cambio circulante se redujo así a la mitad[56]

El Sr. Franklin reveló la causa principal de la Revolución cuando dijo:

> "Las Colonias habrían soportado de buena gana el pequeño impuesto sobre el té y otros asuntos si no hubiera sido porque Inglaterra les quitó a las Colonias su dinero, lo que creó desempleo e insatisfacción".

El descontento se hizo general, pero muy pocos colonos se dieron cuenta de que los impuestos, y otras sanciones económicas que se les imponían, eran el resultado de las actividades de un pequeño grupo de Gángsters Internacionales, que habían logrado obtener el control del Tesoro Británico, después de haber obtenido el control del Banco de Inglaterra. Ya se ha demostrado cómo hicieron saltar la Deuda Nacional de Gran Bretaña de £1.250.000 en 1694 a £16.000.000 en 1698, y la aumentaron progresivamente a £885.000.000 en 1815, y a £22.503.532.372 en 1945.

El 19 de abril de 1775 se producen en Lexington y Concord los primeros enfrentamientos armados entre británicos y coloniales. El 10 de mayo

---

[56] Citas directas del documento n° 23 del Senado corroboran las afirmaciones anteriores.

se reunió en Filadelfia el Segundo Congreso Continental y George Washington fue puesto al frente de la Fuerza Naval y Militar. Tomó el mando en Cambridge. El 4 de julio de 1776 el Congreso aprueba la Declaración de Independencia.

Durante los siete años siguientes, los prestamistas internacionales impulsaron y financiaron la guerra colonial. Los Rothschild hicieron mucho dinero suministrando a los británicos soldados alemanes de Hesse con los que luchar contra los colonos. El británico medio no tenía nada en contra de sus primos americanos.[57] Simpatizaba secretamente con ellos.

El 19 de octubre de 1781, el comandante británico, el general Cornwallis, rindió todo su ejército, incluido lo que quedaba de los hessianos. El 3 de septiembre de 1783 la independencia de los Estados Unidos fue reconocida por el Tratado de Paz de París. El único perdedor real fue el pueblo británico. Su Deuda Nacional había aumentado enormemente y los prestamistas Internacionales (que eran en realidad el Poder Secreto detrás del Movimiento Revolucionario Mundial) habían tenido éxito en la primera etapa de los planes a largo plazo hacia la disolución del Imperio Británico.[58]

Los agentes de los banqueros internacionales trabajaron afanosamente para impedir la unidad. Manteniendo separados a los diversos estados de América era mucho más fácil explotarlos. Para probar la continuidad de los prestamistas extranjeros entrometiéndose en los asuntos de cada nación es suficiente registrar que los Padres Fundadores de los Estados Unidos reunidos en Filadelfia en 1787 hablaron sobre la importancia de traer alguna forma de legislación que los protegiera contra la explotación de los Banqueros Internacionales.

---

[57] Tanto el conde de Chatham como su hijo William Pitt (1769-1806) denunciaron la política de los Barones del Dinero internacionales con respecto a las colonias antes de 1783. El joven William Pitt fue elegido Primer Ministro por el Rey Jorge III porque convenció al Rey de que los prestamistas estaban involucrando a los países europeos en guerras para servir a sus propios fines egoístas.

[58] Deténgase a pensar por un momento hasta qué punto han avanzado en esa parte de sus planes desde entonces. Jefferson y John Adams (pariente de Roosevelt) se convirtieron ambos en ardientes iluministas. Esto explica la política de Roosevelt.

Los agentes de los banqueros internacionales organizaron un activo cabildeo. Utilizaron la intimidación. Pero a pesar de todos sus esfuerzos el párrafo 5, de la Sección 8, del Primer artículo de la nueva Constitución Americana decía:

"EL CONGRESO TENDRÁ EL PODER DE ACUÑAR MONEDA Y REGULAR SU VALOR".

La inmensa mayoría de los ciudadanos de Estados Unidos considera la Constitución un documento honorable y casi sagrado. Se SUPONE que todas las leyes aprobadas desde entonces se ajustan a las disposiciones de la Constitución. El hecho de que la legislación posterior que trata de finanzas y moneda, haya violado las disposiciones establecidas en el Artículo 1, Sección 8, párrafo 5, prueba cuán poderosos han sido los banqueros en el campo político.

La historia de cómo los prestamistas internacionales obtuvieron el control económico de Estados Unidos para promover sus planes a largo plazo es decididamente interesante.

Utilizando el viejo y fiable principio de la Joint Stock Company, los directores del Banco de Inglaterra nombraron a uno de sus mercenarios, Alexander Hamilton, para que representara sus intereses en Estados Unidos. En 1780 este hombre, un supuesto patriota, propuso la creación de un Banco Federal. Debía ser propiedad de INTERESES PRIVADOS como alternativa a los que insistían en que la emisión y el control del dinero debían permanecer en manos del gobierno elegido por el pueblo. Alexander Hamilton sugirió que el Banco Federal que proponía se capitalizara con 12.000.000 de dólares. El Banco de Inglaterra aportaría 10.000.000 de dólares, y los 2.000.000 de dólares restantes se asignarían a personas ricas de Estados Unidos. En 1783 Alexander Hamilton, y su socio Robert Morris, organizaron el Banco de América. Como Superintendente Financiero del Congreso Continental, Morris fue capaz de reducir el Tesoro de los Estados Unidos a un estado de indigencia al final de siete años de guerra. Esta es otra ilustración de cómo el Poder Secreto utiliza las guerras para promover su plan para el W.R.M. Para asegurarse absolutamente de que el armario financiero de los Estados Unidos estaba desnudo, Hamilton transfirió los últimos 250.000 dólares del Departamento del Tesoro, y los invirtió en acciones de capital del Banco. Los directores del Banco de América eran agentes del Banco de Inglaterra. Los Illuminati controlaban ambos. El hecho de que vendieron sus almas a Satanás para ganar el mundo es la verdad que desean ocultar.

Los Padres de la Independencia Americana se dieron cuenta de que si los Directores del Banco de Inglaterra obtenían el control monopolístico del sistema monetario de América, recuperarían cualquier dinero que hubieran perdido mediante el simple proceso de la hipoteca y la ejecución hipotecaria. El resultado neto de esta lucha por el control económico de la nación fue que el Congreso se negó a conceder la carta constitutiva al Banco de América.

Benjamin Franklin murio en 1790 y los agentes de los prestamistas judíos internacionales hicieron inmediatamente otro intento de obtener el control de las finanzas de America. Lograron que Alexander Hamilton fuera nombrado Secretario del Tesoro. Hamilton consiguió que el Gobierno creara, el banco por el que sus mandantes habían estado clamando. A partir de ese momento, fue sencillo usurpar los derechos de emisión de moneda basados en deudas públicas y privadas. Los argumentos más contundentes que los agentes de los banqueros habían utilizado para derrotar su oposición era que el dinero emitido por el Congreso, sobre el crédito de la Nación, carecería de valor en las transacciones con el extranjero; mientras que el dinero obtenido en préstamo de los banqueros, a interés, sería bienvenido como garantía legal en todo tipo de transacciones. Así, el público cayó presa de la explotación de los hombres que profesaban ser sus amigos. Alexander Hamilton y Morris nunca fueron más que mercenarios de los prestamistas internacionales.

El nuevo Banco fue capitalizado con 35.000.000 de dólares. De esta cantidad, 28.000.000 $ fueron suscritos por banqueros europeos, que controlaban los Rothschild. Se sospecha que los banqueros internacionales decidieron que Hamilton sabía demasiado y que ya no se podía confiar en él. Le incitaron a batirse en duelo con un experto llamado Aaron Burr, que actuó como su verdugo.

Mientras los ciudadanos estadounidenses eran utilizados como testaferros por los banqueros internacionales, la política se determinaba en Europa. Los intereses de los Rothschild dieron órdenes a los banqueros americanos de conceder créditos casi ilimitados a cambio de una buena seguridad y de poner mucho dinero en circulación. Los medios de propaganda jugaron con las notas más altas de optimismo. La prosperidad estaba asegurada. Los estadounidenses estaban destinados a convertirse en el pueblo más grande de la Tierra. Se instaba a todo el mundo a invertir en el futuro de su gran nación.

Cuando todo el mundo de algún valor se había hipotecado hasta las cejas, se dieron órdenes de endurecer los créditos, retirar los préstamos pendientes y reducir la cantidad de dinero en circulación. Se creó una depresión artificial. Los ciudadanos no pudieron hacer frente a sus obligaciones financieras y los Barones del Dinero obtuvieron millones de dólares en propiedades, y valores, a una fracción de su valor normal. Es cierto que todo se hizo con las debidas garantías procesales, pero Al Capone y sus gángsters eran unos caballeros en comparación con los banqueros internacionales.

Muchos grandes estadounidenses han comentado esta fase de la historia de Estados Unidos, pero sus opiniones expresadas no parecen haber impedido que sus sucesores cayeran en las mismas trampas y caídas. John Adams (1735-1826) escribió a Thomas Jefferson en 1787. Le dijo:

"Todas las perplejidades, la confusión y la angustia surgen no de los defectos de la Constitución, no de la falta de honor y virtud tanto como, de franca ignorancia de la naturaleza de la moneda, el crédito y la circulación."

Thomas Jefferson dijo:

"Creo que las instituciones bancarias son más peligrosas para nuestras libertades que los ejércitos permanentes. Ya han creado una aristocracia monetaria que ha puesto en jaque a los gobiernos. El poder de emisión debe ser arrebatado a los bancos y devuelto al pueblo, a quien pertenece".

Andrew Jackson dijo:

"Si el Congreso tiene derecho, según la Constitución, a emitir papel moneda, se le dio para que lo usara por sí mismo, no para que lo delegara en individuos o corporaciones".

Estos comentarios francos advirtieron a los Banqueros Internacionales que esperaran una oposición seria cuando su Carta para el Banco de los Estados Unidos se acabara en 1811. Para prepararse para esta eventualidad Amschel Mayer Rothschild, había obtenido el control absoluto del Banco de Inglaterra para fortalecer su control de la economía mundial. Su hijo Nathan había sido especialmente entrenado para llevar a cabo esta tremenda tarea, como se mencionó anteriormente. Nathan demostró tener un talento y una habilidad excepcionales para los asuntos financieros. Se entrenó a sí mismo para pensar sólo en términos de beneficios, igual que el político profesional piensa sólo en términos de votos. En 1798, a la temprana edad de veintiún años, se trasladó desde Alemania para hacerse con el control del Banco de Inglaterra. Se le confió la modesta suma de 20.000 libras. Para demostrar sus dotes financieras, especuló y, en relativamente poco tiempo [3 años], aumentó su capital a 60.000 libras. En 1811, cuando el asunto de la renovación de la Carta del Banco de América estaba pendiente de audiencia, Nathan Rothschild tenía el control de los Banqueros Internacionales. Lanzó su ultimátum.

"O se concede la solicitud de renovación de la carta o los Estados Unidos se verán envueltos en una guerra de lo más desastrosa".

El presidente Andrew Jackson no creía que los banqueros internacionales fomentaran una guerra. Decidió llamar a su farol. Les dijo sin rodeos:

"Sois una cueva de ladrones-vándalos. Tengo la intención de expulsaros, y por el Dios Eterno que os expulsaré."

Pero el presidente Jackson había subestimado el poder de los Rothschild. Nathan Rothschild dio órdenes.

"Denles una lección a estos americanos insolentes. Devuélvanlos al estado colonial".

El Gobierno británico, siempre subordinado al Banco de Inglaterra, lanzó la guerra de 1812. Esta guerra estaba calculada para empobrecer a los Estados Unidos hasta tal punto que los legisladores tendrían que pedir la paz y buscar ayuda financiera. Nathan Rothschild estipuló que no se concedería ninguna ayuda financiera si no era a cambio de la renovación de la carta constitutiva del Banco de América.

El plan de Nathan Rothschild funcionó a la perfección. No le importó cuántos hombres murieron o resultaron heridos, cuántas mujeres enviudaron, cuántos niños quedaron huérfanos, cuántas personas quedaron en la miseria. Él y sus co-conspiradores se regocijaban en el hecho de que habían logrado su objetivo y al hacerlo habían creado más y más insatisfacción entre las masas del pueblo que culpaban a las políticas erróneas de sus propios gobiernos, mientras que el Poder Secreto detrás de las escenas permanecía insospechado por todos, excepto por muy pocas personas.

En 1816, el Congreso de los Estados Unidos concedió la renovación de la Carta del Banco de los Estados Unidos, tal como se había solicitado. Hay muchas autoridades que afirman con toda franqueza que los miembros del Congreso fueron sobornados, o amenazados, para que votaran a favor de la legislación que volvió a poner al pueblo estadounidense en la esclavitud financiera.[59] Los hombres que traman y planean asegurarse el control económico y político del mundo no dudan en prostituir el Amor para lograr sus fines, como tampoco dudan en ordenar que se cometa un asesinato para deshacerse de los hombres que se interponen en su camino. En 1857, la boda de Lenora, hija de Lionel Rothschild, con su primo Alfonso de París (ellos creen en mantener las cosas dentro de la familia) atrajo a numerosos personajes internacionales a Londres, Inglaterra, donde se celebró la ceremonia. Benjamin Disraeli, el célebre estadista inglés, que fue nombrado Primer Ministro en 1868 y de nuevo en 1874, fue invitado a estar presente.

Se dice que Disraeli dijo durante su discurso en aquella memorable ocasión...

> "Bajo este techo están los jefes de la familia Rothschild, un nombre famoso en todas las capitales de Europa y en todas las divisiones del globo. Si lo desea, dividiremos los Estados Unidos en dos partes, una para usted, James, y otra para usted, Lionel. Napoleón hará exactamente-y todo lo que yo le aconseje; y a Bismarck se le sugerirá un programa tan embriagador como para convertirlo en nuestro abyecto esclavo."

La historia registra que Judah P. Benjamin, pariente de los Rothschild, fue nombrado su estratega profesional en América. La Guerra Civil estadounidense, que partió la Unión en dos, se convirtió en un hecho consumado.

Los banqueros convencen a Napoleón III para que extienda su imperio francés a México. El Gobierno británico fue persuadido de que los Estados del Norte podían convertirse de nuevo en una colonia. La Guerra Civil en los Estados Unidos fue una guerra económica

---

[59] El hecho de que Franklin, Adams y Jefferson se convirtieron en miembros de los Illuminati y el hecho de que el Gran Sello de América es en realidad la insignia de los Illuminati demuestra el poder de la Sinagoga de Satanás.

provocada por los Banqueros Internacionales. Mediante la presión económica era fácil agravar las dificultades económicas de los Estados del Norte tras la liberación de los esclavos. Abraham Lincoln admitió: "Ninguna nación puede aguantar mucho tiempo mitad libre y mitad esclava[60]

Los banqueros internacionales prestaron crédito ilimitado a todas las fuerzas del Sur que luchaban contra las fuerzas del Norte. Prestaron a Napoleón III 201.500.000 francos para su campaña mexicana. Cuando la Confederación necesitó ayuda en 1863, las potencias ofrecieron a Napoleón Texas y Luisiana a cambio de la intervención francesa contra los Estados del Norte.

El Zar de Rusia se enteró de estas absurdas ofertas e informó a los Gobiernos de Inglaterra y Francia de que si intervenían activamente y prestaban ayuda militar al Sur, Rusia consideraría tal acción como una declaración de guerra contra el Imperio Ruso. Para reforzar su ultimátum se enviaron buques de guerra rusos a Nueva York y San Francisco y se pusieron a disposición de Lincoln[61]

Cuando las autoridades del Norte se encontraron en dificultades financieras, los banqueros internacionales no se negaron a prestar el dinero. Simplemente estipularon que el tipo de interés para los Estados del Norte sería del 28%. Al fin y al cabo, eran prestamistas. Un aspecto importante de la Guerra Civil estadounidense es que, con toda probabilidad, habría concluido en pocos meses si los prestamistas internacionales no hubieran hecho nuevos préstamos. Estos préstamos eran usura. Se basaban en condiciones y tipos de interés calculados para dar a los banqueros internacionales el control de la economía de todo el país. Cuando lo consideraron oportuno, pusieron fin a la guerra.

Lincoln intentó romper los lazos financieros con los que estaban atados sus Estados del Norte. Para él, el Artículo 1, Sección 8, párrafo 5 de la

---

[60] Es igual de imposible que la mitad de un mundo que emplea mano de obra asalariada y disfruta de un alto nivel de vida pueda competir para siempre con la otra mitad que emplea mano de obra esclava bajo una dictadura.

[61] Este acto de injerencia provocó que los banqueros internacionales decidieran derrocar al Gobierno ruso.

Constitución era autoridad suficiente. Desoyó las propuestas de los banqueros. Hizo que se imprimieran 450.000.000 de dólares honestos. Puso el crédito de la nación como garantía de este dinero. Los banqueros internacionales tomaron represalias haciendo que se aprobara un proyecto de ley en el Congreso que establecía que los billetes verdes de Lincoln no serían aceptados como pago de intereses de bonos del gobierno ni de derechos de importación. Los banqueros hicieron que el dinero de Lincoln quedara casi sin valor al negarse a aceptar los billetes verdes salvo con un gran descuento. Habiendo reducido el valor de los billetes verdes a 30 centavos, los compraron todos. Luego se dieron la vuelta y compraron bonos del gobierno con ellos exigiendo dólar por dólar. De este modo superaron una seria amenaza y ganaron 70 centavos por dólar.

Un artículo, inspirado por los Banqueros Internacionales, apareció en el *Times de Londres*. Se refería a la emisión de billetes verdes de Abraham Lincoln. Decía:

> "Si esta política financiera maliciosa, que tiene su origen en Norteamérica, se endurara hasta un punto fijo, entonces ese Gobierno proporcionará su propio dinero sin coste alguno. Pagará sus deudas y no tendrá deudas. Tendrá todo el dinero necesario para llevar a cabo su comercio. Llegará a ser próspero sin precedentes en la historia del mundo. Los cerebros, y la riqueza de todos los países irán a América del Norte. ESE PAÍS DEBE SER DESTRUIDO O DESTRUIRÁ TODAS LAS MONARQUÍAS DEL GLOBO[62]

La circular Hazard se envió a todos los intereses bancarios del extranjero. Decía así: "Es probable que la esclavitud sea abolida por el poder bélico. Yo y mis amigos europeos estamos a favor de esto, porque la esclavitud no es más que la propiedad de la mano de obra, y lleva consigo el cuidado de los trabajadores, mientras que el plan europeo, liderado por Inglaterra, es que el capital controle la mano de obra mediante el control de los salarios.

> "La gran deuda, que los capitalistas verán que se hace con la guerra, debe utilizarse para controlar el valor del dinero. Para lograr esto los

---

[62] Este es un ejemplo típico del doble lenguaje de los Illuminati. Monarquía realmente significaba prestamista de dinero.

bonos del gobierno deben ser utilizados como base bancaria. Ahora estamos esperando que el Secretario del Tesoro de los Estados Unidos haga esa recomendación. No permitiremos que los billetes verdes, como se les llama, circulen como dinero en durante mucho tiempo, ya que no podemos controlarlo. Pero podemos controlar los bonos, y a través de ellos, las emisiones bancarias".

Los banqueros financiaron las campañas electorales de suficientes senadores y congresistas para asegurarse de que la Ley Bancaria Nacional se convirtiera en ley. La Ley Bancaria Nacional se convirtió en ley en 1863 a pesar de las enérgicas protestas del Presidente Lincoln. Así los Banqueros Internacionales ganaron otro round. Los pueblos del mundo estaban un paso más cerca de la esclavitud económica, política y religiosa.

En el membrete de Rothschilds' Brothers, Bankers, Londres, Inglaterra, con fecha de 25 de junio de 1863, se escribió lo siguiente a los Sres. Ikelheimer, Morton y Vandergould, nº 3 de Wall Street, Nueva York, EE.UU.

Estimados señores:

El Sr. John Sherman nos ha escrito desde una ciudad de Ohio, EE.UU., sobre los beneficios que pueden obtenerse en el negocio de la Banca Nacional, en virtud de una reciente ley de su Congreso; una copia de esta ley acompaña a esta carta. Al parecer, esta ley ha sido elaborada sobre el plan formulado por la Asociación Británica de Banqueros, y por esa Asociación recomendó a nuestros amigos estadounidenses, como uno que, si se promulga como ley, sería muy rentable para la fraternidad bancaria en todo el mundo.

El Sr. Sherman declara que nunca ha habido tal oportunidad para que los capitalistas acumulen dinero como la que presenta esta ley. Da al Banco Nacional un control casi completo de las finanzas nacionales. Los pocos que entienden el sistema, dice, estarán tan interesados en sus beneficios, o dependerán tanto de sus favores, que no habrá oposición por parte de esa clase, mientras que, por otro lado, la gran masa del pueblo, mentalmente incapaz de comprender las tremendas ventajas que el capital obtiene del sistema, soportará su carga sin quejarse, y quizás sin sospechar siquiera que el sistema es contrario a sus intereses...".

Sus respetuosos servidores,

HERMANOS ROTHSCHILD

En respuesta a esta carta, los Sres. Ikelheimer, Morton y Vandergould contestaron:

Estimados señores:

Rogamos acusar recibo de su carta del 25 de junio, en la que hace referencia a una comunicación recibida del Honorable John Sherman, de Ohio, con referencia a las ventajas, y beneficios, de una inversión americana bajo las disposiciones de la Ley Bancaria Nacional.

El Sr. Sherman posee, en un marcado grado, las características distintivas de un financiero de éxito. Su temperamento es tal que cualesquiera que sean sus sentimientos nunca le hacen perder de vista la oportunidad principal. Es joven, astuto y ambicioso. Ha puesto sus ojos en la Presidencia de los Estados Unidos y ya es miembro del Congreso (también tiene ambiciones financieras). Piensa, con razón, que tiene todas las de ganar si entabla amistad con hombres e instituciones que disponen de grandes recursos financieros y que, a veces, no son demasiado exigentes en sus métodos para obtener ayuda gubernamental o para protegerse contra una legislación hostil.

En cuanto a la organización del Banco Nacional aquí, y la naturaleza y los beneficios de tales inversiones, rogamos permiso para referirse a nuestras circulares impresas adjuntas aquí, a saber:

Cualquier número de personas no inferior a cinco puede organizar una Sociedad Bancaria Nacional.

Excepto en las ciudades que tengan 6.000 habitantes o menos, un Banco Nacional no puede tener menos de 1.000.000 $ de capital.

Son empresas privadas organizadas para obtener beneficios privados, y eligen a sus propios directivos y empleados.

No están sujetas al control de las leyes estatales, salvo lo que disponga el Congreso cada cierto tiempo.

Pueden recibir depósitos y prestarlos en beneficio propio. Pueden comprar y vender bonos y papel de descuento y realizar operaciones bancarias en general.

Para iniciar un Banco Nacional en la escala de $ 1,000,000 requerirá la compra de esa cantidad (valor nominal) de Bonos del Gobierno de EE.UU.. Los Bonos de los Estados Unidos pueden ser comprados ahora con un 50 por ciento de descuento, de modo que un banco de $1,000,000 de capital puede ser fundado en este momento por sólo $500,000. Estos bonos deben ser depositados en la Tesorería de los Estados Unidos en Washington como garantía para el Banco Nacional. Estos bonos deben ser depositados en el Tesoro de los Estados Unidos en Washington como garantía de la moneda del Banco Nacional, que será proporcionada por el gobierno al banco.

El Gobierno de los Estados Unidos pagará un 6% de interés sobre todos los bonos en oro, interés que se pagará semestralmente. Se verá que al precio actual de los bonos el interés pagado por el propio gobierno es del 12 por ciento en oro sobre todo el dinero invertido.

El Gobierno de los Estados Unidos al tener los bonos antes mencionados depositados con el Tesorero, en la fuerza de dicha garantía proporcionará moneda nacional al banco que deposita los bonos, a un interés anual de sólo el uno por ciento anual.

La moneda es impresa por el Gobierno de EE.UU. en una forma tan parecida a los billetes verdes que la gente no detecta la diferencia. Aunque la moneda no es más que una promesa de pago del banco.

La demanda de dinero es tan grande que este dinero puede prestarse fácilmente a la gente a través de la ventanilla del Banco con un descuento al tipo del 10 por ciento a treinta o sesenta días vista, lo que supone alrededor de un 12 por ciento de interés sobre la moneda.

El interés de los bonos, más el interés de la moneda que los bonos garantizan, más los imprevistos del negocio, deberían hacer que las ganancias brutas del banco ascendieran del 28% al 33% y un tercio.

Los Bancos Nacionales tienen el privilegio de aumentar y reducir su moneda a voluntad, y de por supuesto, pueden conceder o retener préstamos, según lo consideren oportuno. Como los bancos tienen una organización nacional y pueden fácilmente actuar juntos en la retención de los préstamos o la ampliación de ellos, se deduce que pueden por acción unida en la negativa a hacer préstamos causar una restricción en el mercado de dinero, y en una sola semana o incluso un solo día causar una disminución de todos los productos del país.

Los Bancos Nacionales no pagan impuestos sobre sus obligaciones, ni sobre su capital, ni sobre sus depósitos.

Solicitándole que lo considere estrictamente confidencial.

Atentamente,

IKELHEIMIER, MORTON & VANDERGOULD

Tras el intercambio de las cartas mencionadas, los banqueros americanos volvieron a poner en práctica las manipulaciones mencionadas. Recogieron otra rica cosecha mediante ejecuciones hipotecarias sobre propiedades y valores que les habían dejado como garantía de préstamos, que sus clientes no pudieron devolver porque los Banqueros, actuando en unidad, retiraron divisas, y restringieron los créditos, hasta un grado que hizo imposible que la gran mayoría de los prestatarios pudieran hacer frente a sus obligaciones financieras.

Abraham Lincoln pensó que, tras esta triste y costosa experiencia, el pueblo estadounidense podría estar dispuesto a escuchar con sensatez, así que, una vez más, lanzó un ataque público contra los banqueros. En un discurso dijo:

"Veo acercarse en un futuro próximo una crisis que me enerva, y me hace temblar por la seguridad de mi País; las corporaciones han sido entronizadas, seguirá una era de corrupción en las altas esferas, y el poder monetario del país se esforzará por prolongar su reinado trabajando sobre los prejuicios del pueblo, hasta que la riqueza se agregue en pocas manos y la República sea destruida."

Poco después de pronunciar este trascendental discurso, Abraham Lincoln fue reelegido Presidente, pero antes de que pudiera promulgar una ley que hubiera frenado las prácticas avariciosas de los banqueros, fue asesinado por John Wilkes Booth mientras asistía a una representación teatral, la noche del 14 de abril de 1865. Muy pocos estadounidenses saben por qué fue asesinado el presidente Lincoln. La verdadera respuesta se encontró cuando los investigadores localizaron un mensaje codificado entre los efectos de Booth. La clave de ese mensaje codificado estaba en posesion de Judah P. Benjamin que era el agente de Rothschild en America.

Aunque el mensaje codificado no tenía relación directa con el asesinato, definitivamente estableció el contacto que Booth tenía con los

Banqueros Internacionales. Una vez más permanecieron ocultos entre bastidores mientras el judío Booth era culpado de la muerte de un gran hombre. Si Abraham Lincoln hubiera vivido, con toda seguridad habría cortado las alas y recortado las velas de los prestamistas internacionales.

Antes de que Lincoln fuera asesinado, Salmon P. Chase, que fue Secretario del Tesoro de EE.UU. entre 1861 y 1864, declaró públicamente:

> "Mi intervención en la promoción de la aprobación de la Ley Bancaria Nacional fue el mayor error financiero de mi vida. Ha creado un monopolio que afecta a todos los intereses del país. Debería ser derogada, pero antes de que eso pueda lograrse el pueblo estará puesto de un lado, y los bancos del otro, en una contienda como nunca hemos visto antes en este país.[63]

En 1866 había 1.906.687.770 dólares en moneda en circulación en Estados Unidos. Esto representaba 50,46 dólares per cápita. A finales de 1876 sólo había unos 605.250.000 dólares en circulación, lo que representaba una cantidad per cápita de 14,60 dólares. La moneda de la nación se había reducido por los retiros bancarios en más de 1.300.000.000 de dólares. La importancia de estas cifras será mejor comprendida por el hombre común cuando se entere de que el resultado neto de la política de los banqueros fue un total de 56.446 quiebras de negocios que representan una pérdida de 2.245.105.000 dólares en inversiones en efectivo. La mayor proporción de las pérdidas se debió a las ejecuciones hipotecarias. En otras palabras, mediante la retirada de divisas y la restricción de créditos, los banqueros se enriquecieron con más de 2.000.000.000 de dólares en poco más de diez años. Hay muchas pruebas que demuestran que los banqueros americanos y los banqueros europeos, han estado afiliados desde entonces, y que las depresiones posteriores fueron creadas por manipulaciones financieras similares, como se explicará en otros capítulos.

---

[63] Para obtener información más detallada sobre este ángulo del Movimiento Revolucionario mundial lea Lightning Over The Treasury Building de John R. Elsom y *The Federal Reserve Conspiracy* de Eustace Mullins.

Capítulo 6

Manipulación monetaria

Cuando los Rothschild obtuvieron el control del Banco de Inglaterra, tras la espectacular "matanza" financiera de Nathan en 1815, él y sus socios insistieron en que el Oro se convirtiera en la única base para la emisión de papel moneda. En 1870 los Banqueros Europeos experimentaron una pequeña molestia en su sistema de control debido al hecho de que en América se utilizaba una cantidad considerable de moneda de plata. Los Banqueros Europeos decidieron que la plata debía ser desmonetizada en los Estados Unidos.

En aquella época, Inglaterra tenía mucho oro y muy poca plata: América tenía mucha plata y muy poco oro.[64] Los banqueros de ambos lados del Atlántico sabían que mientras esta diferencia continuara no podrían obtener el control absoluto de la economía de la nación y el control absoluto es esencial para el éxito de la manipulación a gran escala.

Los banqueros internacionales europeos enviaron a Ernest Seyd a América y pusieron a su disposición en bancos americanos 500.000 dólares con los que sobornar a miembros clave de la legislatura americana. En 1873, a instigación de los banqueros, sus agentes presentaron un "Proyecto de Ley", inocentemente llamado "Proyecto de Ley para reformar las Leyes de Moneda y Acuñación". Estaba ingeniosamente redactado. Muchas páginas de escritura ocultaban el verdadero propósito del proyecto de ley. El proyecto de ley fue

---

[64] Fue para agravar esta situación que los agentes de los Conspiradores Internacionales en América organizaron las bandas de asaltantes de diligencias y trenes para interceptar los envíos de oro que se enviaban desde varias minas al Tesoro de los Estados Unidos durante este período. Se demostrará que esta conexión entre los banqueros internacionales y el hampa existe incluso hoy en día.

patrocinado nada menos que por el senador John Sherman, cuya carta a la Casa de Rothschild ya se ha mencionado. Sherman fue apoyado por el congresista Samuel Hooper. Después de que el senador Sherman diera un informe muy plausible, pero engañoso, con respecto al propósito del proyecto de ley, éste fue aprobado sin ningún voto en contra. Pasaron tres años antes de que se empezara a comprender todo el significado del proyecto de ley. Era un proyecto de ley camuflado para desmonetizar la plata. El presidente Grant firmó el proyecto de ley sin leer el contenido después de que se le había asegurado que era sólo una cuestión de rutina necesaria para hacer algunas reformas deseables en la moneda y las leyes monetarias. Según el Registro del Congreso, sólo los miembros del Comité que presentó el proyecto de ley entendieron su significado.

Los banqueros internacionales consideraban la aprobación del proyecto de ley tan esencial para sus planes de obtener el control absoluto del sistema monetario de los Estados Unidos, que Ernest Seyd recibió instrucciones de presentarse como experto en acuñación de moneda. Después de organizar la formación de un comité favorable a los objetivos de su amo, se sentó con el comité, en calidad de asesor profesional, y ayudó a redactar el proyecto de ley de acuerdo con las instrucciones de los Rothschild.

El congresista Samuel Hooper presentó el proyecto de ley en la Cámara el 9 de abril de 1872. Según consta, dijo: "El Sr. Ernest Seyd, de Londres, distinguido escritor, ha prestado gran atención al tema de las casas de la moneda y la acuñación. Después de examinar el primer borrador del proyecto de ley, proporcionó muchas sugerencias valiosas que han sido incorporadas en el proyecto de ley." El Sr. John R. Elsom en su libro *Lightning over the Treasury Building* en la página 49 declara: Según su propia declaración (de Seyd), hecha a su amigo el Sr. Frederick A. Lukenback, de Denver, Colorado, quien, bajo juramento, nos ha dado la historia, él (Seyd) dijo

> "Vi el Comité de la Cámara y el Senado y pagué el dinero, y me quedé en Estados Unidos hasta que supe que la medida era segura".

En 1878, una nueva retirada de moneda y la restricción de los créditos provocaron 10.478 quiebras empresariales y bancarias en Estados Unidos. En 1879 la emisión de más moneda a instancias del Congreso detuvo la recesión creada artificialmente y redujo las quiebras empresariales a 6.658. Pero en 1882 el "Poder Secreto" detrás de los asuntos internacionales emitió órdenes de que no había que andarse con rodeos. Recordaron a sus socios bancarios de Estados Unidos que los sentimientos no tienen cabida en los negocios. Estas amonestaciones produjeron resultados tan espectaculares como drásticos. Entre 1882 y 1887, el dinero per cápita en circulación en Estados Unidos se redujo a 6,67 dólares. Esta acción incrementó el total de quiebras empresariales de 1878 a 1892, a 148.703, mientras que se realizaron ejecuciones hipotecarias proporcionales en granjas y viviendas privadas. Sólo se beneficiaron los banqueros de y sus agentes, que hicieron los préstamos y llevaron a cabo los procedimientos de ejecución hipotecaria.

Parece que los banqueros internacionales estaban creando deliberadamente condiciones de pobreza y desesperación en Estados Unidos para crear condiciones que permitieran a su instrumento, el Partido Revolucionario Mundial, reclutar fuerzas revolucionarias. Esta acusación está apoyada por una carta enviada a todos los banqueros americanos, por la Asociación de Banqueros Americanos. Se ha demostrado que esta asociación estaba íntimamente afiliada al Monopolio Europeo de Rothschild, si no realmente controlada por la Casa de Rothschild, en aquella época. La carta dice:

11 de marzo de 1893.

Estimado señor:

Los intereses de los Bancos Nacionales exigen una legislación financiera inmediata por parte del Congreso.

Los certificados de plata y los billetes del Tesoro deben ser retirados, y los billetes de los bancos nacionales, sobre una base de oro, deben ser el único dinero. Esto requerirá la autorización de nuevos bonos por un monto de $500.000.000 a $1.000.000.000 como base de la circulación. Usted retirará de inmediato un tercio de su circulación y llamará a la mitad de sus préstamos. Tenga cuidado de crear una restricción monetaria entre sus clientes, especialmente entre los hombres de negocios influyentes. La vida de los Bancos Nacionales, como inversiones fijas y seguras, depende de una acción inmediata, ya que hay un sentimiento creciente a favor de la moneda de curso legal del gobierno y de la acuñación de plata.

Esta orden fue obedecida inmediatamente y se creó el pánico de 1893. William Jennings Bryan intentó contrarrestar la conspiración de los banqueros, pero una vez más el público creyó las falsas acusaciones difundidas en la Prensa por los propagandistas de los banqueros. El hombre de la calle culpaba al gobierno.

El ciudadano medio ni siquiera sospechaba el papel que los banqueros habían desempeñado en la creación del caos para emplumar sus propios nidos. William Jennings Bryan fue incapaz de hacer nada constructivo. Su voz, como la de muchos otros ciudadanos honestos y leales, era una voz que clamaba en el desierto.

En 1899, J.P. Morgan y Anthony Drexel viajaron a Inglaterra para asistir a la Convención Internacional de Banqueros. Cuando regresaron, J.P. Morgan había sido nombrado máximo representante de los intereses de los Rothschild en Estados Unidos. Probablemente le eligieron como Top-man por el ingenio que había demostrado al amasar una fortuna vendiendo a su gobierno fusiles del Ejército de la Unión que ya habían sido condenados. [65]

Como resultado de la Conferencia de Londres se afiliaron J.P. Morgan & Co. de Nueva York, Drexel & Co. de Filadelfia, Grenfell & Co. de Londres, Morgan Harjes & Co. de París, M.M. Warburgs de Alemania y Ámsterdam y la Casa Rothschild.

La combinación Morgan-Drexel organizó la Northern Securities Corporation en 1901 con el propósito de sacar del negocio al grupo Heinze-Morse. El grupo Heinze-Morse controlaba una parte considerable de la banca, el transporte marítimo, la siderurgia y otras industrias. Había que acabar con ellos para que la combinación Morgan-Drexel pudiera controlar las próximas elecciones federales.

La combinación Morgan-Drexel consiguió colocar a Theodore Roosevelt en 1901. Esto retrasó el proceso que había iniciado contra ellos el Departamento de Justicia por los supuestos métodos ilegales utilizados para librarse de la competencia. Morgan-Drexel se asoció

---

[65] Gustavus Myers trata de las conexiones de J.P. Morgan y de su padre con la Casa de Rothschild con mucho mas detalle y todos los americanos que quieren evitar que la historia se repita deben leer como fueron vendidos a mediados del siglo pasado. En otro capitulo se explica como los banqueros internacionales se reunian en una seccion de Londres y planeaban la politica mientras los lideres revolucionarios se reunian en otra y elaboraban los detalles de intriga que pondrian en efecto las guerras y revoluciones planeadas por los cerebros.

entonces con Kuhn-Loeb & Co. Para poner a prueba su fuerza combinada se decidió organizar otra "matanza" financiera. Crearon el "Pánico de Wall Street de 1907". La reacción del público ante tales métodos de gansterismo legalizado fue suficiente para que el Gobierno tomara medidas, pero las pruebas que siguen demuestran claramente cómo se traicionó al público.

El Gobierno nombró una Comisión Monetaria Nacional. El senador Nelson Aldrich fue nombrado jefe de la comisión. Se le encomendó la tarea de realizar un estudio exhaustivo de las prácticas financieras, y formular entonces reformas bancarias y monetarias presentando la legislación necesaria al Congreso. Posteriormente se descubrió que Aldrich tenía intereses financieros en los poderosos fideicomisos del caucho y el tabaco. Era casi el último hombre del Senado al que se le debería haber confiado semejante tarea. Inmediatamente después de su nombramiento, Aldrich eligió un pequeño grupo de lugartenientes de confianza y todos partieron hacia Europa. Mientras estuvieron en Europa se les dieron todas las facilidades para estudiar la forma en que los banqueros internacionales controlaban la economía de los países europeos. Después de que Aldrich hubiera pasado dos años y gastado más de 300.000 dólares del dinero de los contribuyentes estadounidenses en Europa, regresó a Estados Unidos.

Todo lo que el público recibió por su dinero fue que Aldrich le dijera que no había sido capaz de llegar a ningún plan definitivo que evitara los pánicos financieros recurrentes que habían trastornado los negocios, creado desempleo y destruido muchas pequeñas fortunas en EE.UU. desde la Guerra Civil. Aldrich era tan amigo de los Rockefeller que J.D. Jr. se casó con su hija Abby.

Antes de la gira por Europa, Aldrich había recibido el consejo de consultar a Paul Warburg. Este Paul Moritz Warburg era un personaje único. Había llegado a Estados Unidos como inmigrante alemán hacia 1902. Más tarde se supo que era miembro de la casa financiera europea M.M. Warburg & Co. de Hamburgo y Amsterdam. Esta empresa era como hemos visto, con la Casa de Rothschild. Paul Warburg habia estudiado finanzas internacionales en Alemania, Francia, Gran Bretaña, Holanda y otros países antes de entrar en America como inmigrante. Los EE.UU. demostraron ser su tierra de la oportunidad de oro porque, en poco tiempo, compró una sociedad en Kuhn-Loeb & Co. de Nueva York. Recibió un salario de 500.000 dólares al año. Uno de sus nuevos socios era Jacob Schiff que había comprado previamente en la firma con el oro de Rothschild. Este Jacob Schiff es el hombre que la evidencia probara que financio el Movimiento Terrorista en Rusia desde 1883 hasta 1917.

A Schiff no le había ido tan mal ni a él ni a sus patrocinadores. Había conseguido un control indiscutible sobre el transporte, los sistemas de comunicación y las líneas de suministro en Estados Unidos. Como se ha demostrado, el control de estos es absolutamente esencial para el éxito del esfuerzo revolucionario en cualquier país. [66]

La noche del 22 de noviembre de 1910, un vagón privado de ferrocarril esperaba en la estación de Hoboken, Nueva Jersey. El senador Aldrich llegó acompañado de A. Piatt Andrews, economista profesional y funcionario del Tesoro, que había sido agasajado en Europa. Shelton, el secretario privado de Aldrich, también apareció. Le siguió Frank Vanderlip, presidente del National City Bank de Nueva York; este banco representaba a los intereses petroleros de Rockefeller y a los intereses ferroviarios de Kuhn-Loeb. Los directores del National City Bank habían sido acusados públicamente de ayudar a fomentar una guerra entre EE.UU. y España en 1898. Independientemente de la veracidad o no de las acusaciones, el hecho es que el National City Bank poseía y controlaba la industria azucarera de Cuba cuando terminó la guerra. Otros que se unieron a Aldrich fueron H.P. Davison, socio principal de J.P. Morgan & Co., Charles D. Norton, presidente del First National Bank of New York de Morgan. Estos tres últimos habían sido acusados en la legislatura americana de controlar todo el dinero y el crédito de los EE.UU. Los últimos en llegar fueron Paul Warburg y Benjamin Strong. Warburg era ya tan rico y poderoso que se dice que inspiró la famosa tira cómica ("Orphan Annie") en la que Warbucks aparece como el hombre más rico e influyente del mundo; un hombre que puede, cuando lo desea, utilizar poderes sobrehumanos o sobrenaturales para protegerse a sí mismo y a sus intereses. Benjamin Strong saltó a la fama durante las manipulaciones preliminares de las

---

[66] Las investigaciones en varios países ya subyugados prueban que los Magnates Financieros que poseían y controlaban los sistemas de transporte por tierra y mar, y las industrias afiliadas, provocaron deliberadamente condiciones que condujeron a huelgas generales inmediatamente antes de la fecha fijada para que tuviera lugar un esfuerzo revolucionario. Debe ser obvio que estos magnates internacionales no pueden formar dictaduras como hicieron en Rusia hasta que los gobiernos e instituciones existentes hayan sido derrocados. Este libro demuestra cómo se logró este propósito en Rusia.

altas finanzas que desembocaron en el Pánico de Wall Street de 1907. Como lugarteniente de J.P. Morgan, se había ganado la reputación de cumplir órdenes sin rechistar y con una eficacia despiadada.

El vagón privado de Aldrich iba adosado al tren. Los reporteros de los periódicos se enteraron de esta reunión de los hombres que controlaban el petróleo, las finanzas, las comunicaciones, los transportes y las industrias pesadas de Estados Unidos. Comenzaron a pulular sobre el vagón privado como langostas... Pero no consiguió que nadie hablara. Finalmente, el Sr. Vanderlip rechazó las peticiones de información de los periodistas con la siguiente explicación: "Nos vamos a pasar un fin de semana tranquilo".

Se tardó años en descubrir lo que ocurrió aquel tranquilo fin de semana. Se celebró una reunión secreta en la isla de Jekyll, Georgia. Este escondite era propiedad de J.P. Morgan, y un pequeño grupo de sus afiliados financieros. El asunto discutido en la reunión referida fue "Formas y medios para asegurar que la legislación propuesta para frenar el chantaje financiero y la manipulación monetaria en los EE.UU. sea saboteada y la legislación favorable a los asistentes a la reunión secreta sea sustituida." Lograr estos dos importantes objetivos no fue tarea fácil. Se pidió al Sr. Paul Warburg que sugiriera soluciones. Su consejo fue aceptado.

El mismo grupo celebró reuniones posteriores para ultimar detalles en Nueva York. Los conspiradores bautizaron a su grupo con el nombre de Club del Primer Nombre porque, cuando se reunían, siempre se dirigían a los demás por sus nombres de pila para evitar que los extraños se interesaran si oían pronunciar los apellidos de los financieros nacionales e internacionales. Para resumir la historia, Aldrich, Warburg and Company, redactó en la legislación monetaria que Aldrich acabó presentando como obra de su comité especial. La hizo aprobar por el Congreso en 1913 bajo el título de "Ley de la Reserva Federal de 1913". La inmensa mayoría de los ciudadanos estadounidenses creían honestamente que esta ley protegía sus intereses y colocaba al Gobierno Federal en el control de la economía de la nación.

Nada más lejos de la realidad. El Sistema de la Reserva Federal puso a los banqueros afiliados en América y Europa en posición de provocar y controlar la Primera Guerra Mundial. Esta afirmación será probada. La Primera Guerra Mundial se libró para permitir a los Conspiradores Internacionales llevar a cabo la Revolución Rusa en 1917.

Estos hechos ilustran cómo la historia se repite y por qué. Mediante tramas e intrigas similares, los Banqueros Internacionales habían provocado la Revolución Inglesa de 1640-1649; y la Gran Revolución Francesa de 1789.[67]

En 1914 el Sistema de la Reserva Federal consistía en doce bancos que habían comprado $134,000,000 en Acciones de la Reserva Federal. Según el Registro del Congreso del 29 de mayo de 1939; 8896, habían obtenido un beneficio de 23.141.456.197 dólares. En 1940 los activos de la Reserva Federal figuraban como cinco mil millones de dólares. En 1946 se declararon en cuarenta y cinco mil millones de dólares. Los banqueros obtuvieron cuarenta mil millones de dólares de beneficio de sus transacciones en la Segunda Guerra Mundial.

La mayoría de los ciudadanos de Estados Unidos cree que el Sistema de la Reserva Federal beneficia al pueblo de la nación en su conjunto. Piensan que el Sistema de la Reserva Federal protege el dinero de los depositantes haciendo que las quiebras bancarias sean imposibles. Creen que los beneficios obtenidos por los Bancos de la Reserva Federal benefician al Tesoro Nacional. Se equivocan en todos los supuestos.

Lo que la mayoría de la gente piensa es exactamente lo que el Sistema de la Reserva Federal estaba originalmente destinado a lograr, pero la legislación elaborada en Jekyll Island, Georgia, en 1910, y aprobada por el Congreso estadounidense en 1913, no benefició al pueblo o al gobierno de los EE.UU. Sólo benefició a los banqueros estadounidenses, que estaban entrelazados con los banqueros internacionales de Europa.

El Presidente de los Estados Unidos nombra a cuatro de los hombres encargados de dirigir el Sistema de la Reserva Federal. Se les paga 15.000 dólares al año por sus servicios. Los registros del Congreso demostrarán que los bancos miembros compartieron ilegalmente los beneficios obtenidos desde su creación. No fue hasta 1922 cuando se

---

[67] Para más detalles sobre la Reserva Federal. Conspiración lea el libro de ese título escrito por Eustace Mullins y publicado por Common Sense, Union, New-Jersey. 1954.

enmendó la Ley original para que los banqueros pudieran llevarse los beneficios legalmente.

En cuanto a la ilusión de que el Sistema de la Reserva Federal protege a las personas que depositan su dinero para su custodia en los bancos estadounidenses contra posibles quiebras bancarias, las estadísticas muestran que desde que el Sistema de la Reserva Federal entró en funcionamiento en 1913 más de 14.000 bancos han quebrado. Millones y millones del dinero duramente ganado por los depositantes se perdieron a sus legítimos propietarios. Como el dinero o la riqueza, en términos generales, es indestructible, alguien consiguió lo que los demás perdieron. Eso es lo que hoy llamamos "negocio inteligente".

Capítulo 7

Acontecimientos que precedieron a la Revolución Rusa

La invasión de Rusia en 1812 por Napoleón sacudió al pueblo ruso hasta la médula. El zar Alejandro I emprendió la tarea de organizar un programa de recuperación. Con la esperanza de poder aunar esfuerzos en todo el Imperio ruso, relajó muchas de las restricciones que se habían impuesto a los judíos cuando fueron confinados al Pale of Settlement en 1772. Se hicieron concesiones especiales a los artesanos y a las clases profesionales. Se hizo un esfuerzo decidido para que los judíos se establecieran en la agricultura. Bajo Alejandro I se les animó a asimilarse al modo de vida ruso.

Nicolás I sucedió a Alejandro I en 1825. Estaba menos inclinado a favorecer a los judíos, porque veía con alarma sus rápidas incursiones en la economía rusa. Su gobierno veía con gran desagrado la determinación de los judíos de mantener su cultura, lengua, modo de vestir, etc. separados.

Para tratar de asimilar a los judíos en la sociedad rusa, Nicolás I, en 1804, hizo obligatorio que todos los niños judíos asistieran a la escuela pública. Nicolás pensó que si se podía convencer a los jóvenes judíos de que serían bien acogidos en la sociedad rusa se contribuiría en gran medida a eliminar los malentendidos. Su propósito declarado era contrarrestar la historia unilateral de persecución religiosa que se les inculcaba desde la infancia.

Los resultados netos del experimento ruso no fueron los esperados. La educación de los niños no judíos no era obligatoria. Los judíos se convirtieron en el segmento mejor educado de Rusia.[68] Alejandro II sucedió a Nicolás I en el trono de Rusia en 1855. Benjamin Disraeli se refirió a Alejandro II como "El príncipe más benevolente que jamás haya gobernado Rusia". Alejandro dedicó su vida a mejorar las condiciones de los campesinos, las clases más pobres y los judíos. En 1861 emancipó a 23.000.000 de siervos. Esta desafortunada clase había sido OBLIGADA a trabajar la tierra. Eran LITERALMENTE esclavos. En podían ser transferidos de un propietario a otro en todas las ventas o arrendamientos de fincas.

Muchos judíos, que habían aprovechado la educación obligatoria, ingresaron en las universidades. Tras graduarse, se encontraron en una situación de grave desventaja a la hora de buscar empleo. Para corregir esta injusticia, Alejandro II dictaminó que se permitiera a todos los licenciados judíos establecerse y ocupar puestos de gobierno en la Gran Rusia. En 1879 se permitió a los boticarios, enfermeros, comadronas, dentistas, destiladores y artesanos cualificados judíos trabajar y residir en cualquier lugar de Rusia.

Pero los líderes revolucionarios judíos estaban decididos a continuar su movimiento por la Revolución Popular Mundial. Sus grupos terroristas cometieron un atropello tras otro. Trabajaron para conseguir el apoyo de los intelectuales rusos descontentos y para sembrar la idea general de una revolución violenta en las mentes de la población trabajadora industrial. En 1866 atentaron por primera vez contra la vida de Alejandro II. En 1879 intentaron asesinarle por segunda vez. De forma milagrosa, ambos intentos fracasaron. Se decidió entonces que había que hacer un esfuerzo muy especial para eliminar a Alejandro. Su benevolente gobierno estaba desbaratando por completo su afirmación de que "las reformas que tanto se necesitan sólo pueden llevarse a cabo rápidamente mediante la acción revolucionaria". Los conspiradores urdieron su siguiente complot contra la vida de Alejandro II en casa de la judía Hesia Helfman. El zar fue asesinado en 1881.

---

[68] Este hecho tuvo mucho que ver con la destrucción final del poder zarista que terminó con el asesinato del zar Nicolás II, y de toda su familia, en la casa de Ekaterinburgo el 17 de julio de 1918 por un hombre llamado Yorovrest. Posteriormente, Ekaterinhurg pasó a llamarse Sverdlovsk en honor del judío Yakov Sverdlov, presidente de la República Soviética en el momento de las ejecuciones. En las paredes del sótano de la muerte se formaron símbolos Illuminati.

Mientras las Fuerzas Revolucionarias dentro de Rusia trataban de avergonzar al gobierno de todas las maneras posibles, y cometían todo tipo de atropellos, incluyendo asesinatos, los "Poderes Secretos" detrás de la W.R.M. desde sus cuarteles generales en Inglaterra, Suiza y Estados Unidos trataban una vez más de involucrar a Gran Bretaña en una guerra con Rusia. En tal guerra ninguno de los dos Imperios podría obtener ganancias apreciables. El resultado final de tal guerra sería debilitar ambos Imperios materialmente y dejarlos presa fácil para la acción revolucionaria después.

En el Nineteenth Century, número de octubre de 1881, Goldwyn Smith, profesor de historia moderna en la Universidad de Oxford, escribió:

"La última vez que estuve en Inglaterra estábamos al borde de la guerra con Rusia, que habría implicado a todo el Imperio; los intereses judíos de toda Europa, con la Prensa Judía de Viena como órgano principal, estaban haciendo todo lo posible para empujarnos a ella.[69]

El asesinato del "Padrecito" de los rusos en 1881 provocó un amplio resentimiento que se expresó en mediante un estallido espontáneo de violencia contra la población judía en muchas partes de Rusia. El gobierno ruso aprobó las "Leyes de Mayo". Fueron leyes duras aprobadas porque los funcionarios rusos que las patrocinaron argumentaban

"Que si los judíos no podían ser satisfechos y reconciliados por la política benevolente de Alejandro II, entonces era obvio que estarían satisfechos con nada menos que la dominación absoluta de Rusia".

Una vez más, toda la raza judía estaba siendo castigada por los pecados de unos pocos líderes revolucionarios autoproclamados.

---

[69] Este es otro ejemplo de cómo incluso un profesor de Historia puede caer en las trampas antisemitas de los conspiradores. Es cierto que la mayoría de la gente cree que todos los banqueros y magnates internacionales son judíos, pero esto es incorrecto. La mayoría no son judíos, ni por sangre, ni por ascendencia racial, ni por religión. En realidad fomentan el antisemitismo porque pueden utilizar todos los movimientos en contra para promover sus diabólicos planes.

El 23 de mayo de 1882, una delegación judía, encabezada por el barón Ginzberg,[70] llamó al nuevo zar Alejandro III y protestó oficialmente contra las Leyes de Mayo. El zar prometió una investigación exhaustiva de todo el asunto relativo al conflicto entre las facciones judía y no judía de la población del Imperio. El 3 de septiembre emitió esta declaración:

"Desde hace algún tiempo el gobierno ha prestado atención a los judíos, a sus problemas y a sus relaciones con el resto de los habitantes del Imperio, con el fin de averiguar las tristes condiciones de la población cristiana provocadas por la conducta de los judíos en materia de negocios. Durante los últimos veinte años los judíos no sólo se han apoderado de todos los comercios y negocios en todas sus ramas, sino también de gran parte de la tierra comprándola o cultivándola. Con pocas excepciones, han dedicado su atención no a enriquecer o beneficiar al país, sino a defraudar al pueblo ruso con sus artimañas. Los habitantes pobres se han visto particularmente perjudicados, y esta conducta ha provocado las protestas del pueblo, que se han manifestado en actos de violencia contra los judíos. El gobierno, mientras que por un lado hace todo lo posible para poner fin a estos disturbios, y para liberar a los judíos de la opresión y la masacre, por otro lado pensó que era una cuestión de urgencia, y de justicia, adoptar medidas estrictas para poner fin a la opresión practicada por los judíos sobre los demás habitantes, y para librar al país de sus malas prácticas, que eran, como es bien sabido, la causa original de las agitaciones anti-judías."

Las Leyes de Mayo habían sido aprobadas por el Gobierno no sólo como un acto de resentimiento por el asesinato del zar Alejandro II, sino también porque los economistas rusos habían estado advirtiendo urgentemente al Gobierno de que la economía nacional corría peligro de arruinarse si no se tomaban medidas para frenar las actividades ilegales de los judíos. Los economistas señalaron que, aunque los judíos sólo representaban el 4,2 por ciento de la población total, habían sido capaces de atrincherarse tan bien en la economía rusa que la nación se enfrentaba a un desastre económico. Las medidas adoptadas después de que la delegación del barón Ginzberg fracasara en su intento de derogar las Leyes de Mayo demuestran hasta qué punto los economistas estaban en lo cierto. Los banqueros internacionales impusieron sanciones

---

[70] Ginzberg era el representante oficial en Rusia de la Casa Rothschild.

económicas contra el Imperio Ruso. Casi llevaron a la nación a la bancarrota. Ejercieron un embargo sobre el comercio ruso. En 1904, después de que involucraran al Imperio Ruso en una desastrosa guerra con Japón, la Casa Bancaria inglesa de Rothschild repudió su promesa de ayuda financiera e intentó llevar al Imperio Ruso a la bancarrota, mientras que Kuhn-Loeb & Co. Nueva York concedió a Japón todo el crédito que pidió.

Encyclopaedia Britannica, página 76, Vol. 2-1947 dice esto de las Leyes de Mayo:

> "Las Leyes de Mayo rusas fueron el monumento legislativo más conspicuo logrado por el antisemitismo moderno... Sus resultados inmediatos fueron una ruinosa depresión comercial que se sintió en todo el imperio y que afectó profundamente al crédito nacional. El ministro ruso estaba desesperado por conseguir dinero. Se entablaron negociaciones para un gran préstamo con la Casa Rothschild y se firmó un contrato preliminar cuando el Ministro de Finanzas fue informado de que, a menos que se pusiera fin a las persecuciones de los judíos, la gran casa bancaria se vería obligada a rescindir el contrato... De este modo, el antisemitismo, que ya había influido tan profundamente en la política interior de Europa, dejó su impronta en las relaciones internacionales de las potencias, pues fue la urgente necesidad del Tesoro ruso, tanto como la terminación del tratado secreto de neutralidad mutua del príncipe Bismarck, lo que propició la Alianza franco-rusa."

Muchos judíos ortodoxos estaban preocupados por el terrorismo despiadado que practicaban sus compatriotas. Sabían que se estaba llevando a cabo una política similar en Francia, Alemania, España y Italia. Los judíos menos radicales estaban preocupados porque temían que la continuación de ese terrorismo provocara una oleada de antisemitismo tal que muy posiblemente acabara con el exterminio de la raza judía. Sus peores temores fueron confirmados por un judío alemán, Theodore Herzl, que les informó de la política antisemita de Karl Ritter y les advirtió de que se estaba extendiendo rápidamente por toda Alemania. Sugirió la organización de un Movimiento Judío de

Vuelta a Israel por parte de los judíos ortodoxos. Este fue el comienzo del movimiento sionista.[71]

Después de que el zar Alejandro III emitiera su veredicto culpando a los judíos AVARICIOSOS como la causa de los disturbios del Imperio, y de la ruina económica, los líderes de los revolucionarios organizaron "El Partido Social Revolucionario". Un hombre totalmente despiadado llamado Gershuni fue nombrado organizador de los Grupos Terroristas. Un sastre llamado Yevno Azev fue designado para organizar las "Secciones Combatientes". Los líderes del Partido Social Revolucionario también hicieron hincapié en la importancia de reclutar gentiles en el movimiento.

Los gentiles, que superaban las pruebas a las que eran sometidos, se convertían en miembros de pleno derecho. Fue esta decisión la que incorporó a Alexander Ulyanov al partido. Antes de que los líderes revolucionarios lo admitieran como miembro de pleno derecho, se le ordenó participar en el complot para asesinar al zar Alejandro III. El atentado contra el zar fracasó. Alexander Ulyanov fue detenido. Fue juzgado y condenado a muerte. Su ejecución hizo que su hermano menor, Vladimir, se dedicara a la causa revolucionaria. Vladimir ascendió en el poder hasta convertirse en líder del Partido Bolchevique. Asumió el nombre de Lenin. Finalmente se convirtió en el primer dictador de la URSS.

Entre 1900 y 1906, además de causar graves problemas laborales y crear terribles malentendidos entre todos los niveles de la sociedad rusa, el Partido Revolucionario frotó la llaga del fanatismo religioso hasta convertirla en un furúnculo supurante. Este hervor llegó a su punto álgido con la aplicación en caliente de asesinatos y atentados al por mayor. El furúnculo estalló en forma de revolución en 1905.

Los funcionarios asesinados por la Sección Terrorista de los Revolucionarios Sociales fueron Bogolepov, Ministro de Educación en 1901. Este asesinato fue perpetrado para registrar el resentimiento judío contra la cláusula educativa de las ya mencionadas Leyes de Mayo. Esta

---

[71] El Movimiento Sionista estaba a su vez controlado por los Banqueros Internacionales y también utilizado para promover sus planes y ambiciones secretas. Lea *El complot palestino* de B. Jensen.

cláusula limitaba el número de judíos que asistían a las escuelas y universidades financiadas por el Estado a un número proporcional a la población judía en comparación con el total de la población rusa. Esta medida se aprobó porque las escuelas financiadas por el Estado se habían inundado de estudiantes judíos. A un grupo de jóvenes judíos que habían "sufrido" de niños, a causa de la cláusula educativa de las Leyes de Mayo de 1882, se les encomendó la tarea de asesinar al Ministro de Educación. Tenían que demostrar su valentía y su capacidad para ser admitidos en la sección terrorista del Partido Social Revolucionario.

Al año siguiente (1902), Sipyagin, ministro del Interior, fue asesinado para acentuar el resentimiento judío contra la Ley de Mayo, que había invertido la política de Alejandro II y prohibido a los judíos vivir fuera del Pale of Settlement. Los judíos que habían sido expulsados de sus hogares en la Gran Rusia cuando eran niños en virtud de la Ley de Mayo fueron elegidos para llevar a cabo esta "Ejecución". No cometieron ningún error.

En 1903 fue asesinado Bogdanovich, gobernador de Ufa; en 1904 fue asesinado Vischelev von Plehve, primer ministro ruso; en 1905 estalló la primera revolución rusa a gran escala. El Gran Duque Sergio, tío del Zar, fue asesinado el 17 de febrero. En diciembre de 1905, el general Dubrassov reprimió a los revolucionarios, pero en 1906 fue asesinado por la Sección Terrorista.

Despues que el Tzar habia culpado a los judios por el estado insatisfactorio de los asuntos en Rusia, el Baron Ginzberg fue instruido a trabajar para lograr la destruccion del Imperio Ruso. Se acordó que para comenzar la guerra ruso-japonesa los intereses de Rothschild en Europa fingirían ser amistosos con Rusia. Ellos financiarían la guerra en nombre de Rusia mientras secretamente los socios de Rothschild, Kuhn-Loeb & Co. de Nueva York, financiarían el gobierno japonés. La derrota de Rusia debía asegurarse mediante la retirada de la ayuda financiera de los Rothschild cuando más se necesitaba. Había que crear el caos y la confusión entre las fuerzas armadas rusas en el Lejano Oriente saboteando las líneas de transporte y comunicación que cruzaban Siberia. Esto provocó que tanto el ejército como la marina rusos se quedaran sin suministros y refuerzos[72]

Por otra parte, un oficial de la marina rusa que se dirigía del Báltico a Port Arthur, en Extremo Oriente, ordenó a sus barcos disparar contra una flota de arrastreros británicos que faenaban en el banco Dogger del Mar del Norte. Nunca se dio ninguna razón lógica para explicar este acto gratuito de crueldad y asesinato en masa contra una potencia supuestamente amiga. La reacción pública en Inglaterra fue tal que la guerra se evitó por los pelos. Debido a este incidente, muchos oficiales navales y mercantes británicos se ofrecieron voluntarios para prestar sus servicios a Japón.

El gobierno japonés se financió mediante préstamos internacionales obtenidos por Jacob Schiff (Nueva York). Schiff era socio principal de Kuhn-Loeb & Co. Cooperó con Sir Ernest Cassels (Inglaterra) y los Warburg (Hamburgo). Jacob Schiff justificó su acción de financiar a los japoneses en la guerra contra Rusia en una carta que escribió al conde Witte, emisario del zar que asistió a las negociaciones de paz celebradas en Portsmouth (EE.UU.) en 1905.

> "¿Puede esperarse que la influencia del judío estadounidense sobre la opinión pública se ejerza en beneficio del país que sistemáticamente degradó a sus hermanos de raza? Si el Gobierno, que se está formando ahora, no consigue garantizar la seguridad y la igualdad de oportunidades en todo el Imperio a la población judía, entonces habrá llegado el momento de que los judíos de Rusia abandonen su inhóspita patria. Aunque el problema al que se enfrentará entonces el mundo civilizado será enorme, será resuelto, y usted, que no sólo es un estadista previsor, sino también un gran economista, sabe mejor que nadie que el destino de Rusia, y su perdición, estarán entonces sellados."

---

[72] Mi padre, el capitán F.H. Carr, fue uno de los oficiales británicos que sirvieron con los japoneses en 1904 y 1905. Tengo en mi poder una talla de marfil muy hermosa de un leñador japonés disfrutando de un cigarrillo después de su almuerzo. Esta pieza de museo fue regalada a mi padre por el gobierno japonés en agradecimiento por los servicios prestados. Mi padre me proporcionó mucha información valiosa sobre las intrigas entre bastidores que condujeron a la guerra ruso-japonesa.

La hipocresía de Jacob Schiff se aprecia mejor cuando se explica que desde 1897 había financiado a los terroristas en Rusia. En 1904 ayudó a financiar la revolución que estalló en Rusia en 1905. También ayudó a organizar sobre una base internacional la financiación de la Revolución Rusa que estalló a principios de 1917, y le dio a él y a sus asociados su primera oportunidad de poner en práctica sus Teorías Totalitarias.[73]

La guerra ruso-japonesa fue fomentada por los banqueros internacionales con el fin de crear las condiciones necesarias para el éxito de un esfuerzo revolucionario para derrocar el poder de los zares. Los planes de los banqueros internacionales se vieron alterados cuando los mencheviques dirigidos por judíos iniciaron una revolución independiente en Rusia en 1905. Cuando los banqueros internacionales negaron su apoyo financiero, la revolución fracasó justo en el momento en que parecía haber alcanzado la cima del éxito.

Como los mencheviques dominados por los judíos actuaron por iniciativa propia, los banqueros internacionales decidieron que Lenin dirigiría su programa revolucionario en Rusia a partir de esa fecha.

Lenin nació en la ciudad de Simbirsk, situada a orillas del río Volga. Era hijo de un funcionario del gobierno que tenía el título de "Consejero de Estado Real". Este título no era hereditario, sino que había sido concedido a su padre por sus destacados servicios como supervisor escolar. Lenin recibió una educación universitaria y fue admitido en la práctica de Derecho, pero nunca se estableció en los negocios. Los estudiantes judíos le habían convencido de que era hora de derrocar el poder de las clases privilegiadas y de que las masas gobernaran sus propios países. Fue mientras Lenin acariciaba la idea de que "las reformas necesarias sólo podían llevarse a cabo rápidamente mediante la acción revolucionaria" cuando su hermano fue detenido por la policía y ejecutado.

---

[73] François Coty en el Figaro del 20 de febrero de 1932 decía: Las subvenciones concedidas a los nihilistas en este período (es decir, de 1905 a 1914 - autor) por Jacob Schiff ya no eran actos de generosidad aislada. Una verdadera organización terrorista rusa había sido creada en Estados Unidos a sus expensas, encargada de asesinar a ministros, gobernadores, jefes de policía, etc.

Lenin fue reconocido rápidamente como un intelectual. Se asociaba con los líderes del Partido Revolucionario cuando tenía poco más de veinte años. Ya se ha dicho que los ricos e influyentes prestamistas internacionales habían ayudado a financiar y dirigir las actividades revolucionarias dentro del Pale of Settlement. Lenin quería averiguar todo lo que pudiera sobre las personas que dirigían los diversos grupos revolucionarios nacionales que estaban unidos en la causa común de la Revolución Popular. En 1895, a la edad de veinticinco años, viajó a Suiza y se unió a Plejánov, que había huido allí desde Rusia para escapar del destino del hermano mayor de Lenin, Alexander.

Durante su estancia en Suiza, Lenin y Plejánov, que eran gentiles, unieron sus fuerzas a las de Vera Zasulich, Leo Deutch, P. Axelrod y Julius Tsederbaum, todos ellos judíos. Formaron un movimiento marxista a escala mundial en al que llamaron "Grupo para la Emancipación del Trabajo". Tsederbaum era un hombre joven como Lenin. Se había ganado una reputación en "The Pale of Settlement" como terrorista despiadado y agitador consumado. Cambió su nombre por el de Mártov. Se convirtió en líder de los mencheviques. Lenin gobernó a los bolcheviques en Rusia.

El frustrado intento revolucionario de los mencheviques en 1905 convenció a Lenin de que la única manera de que la revolución tuviera éxito era organizar un Comité Internacional de Planificación que primero planificara y luego dirigiera cualquier esfuerzo revolucionario acordado. Lenin creó la Comintern, como Comité Central Internacional de Planificación Revolucionaria. Los Banqueros Internacionales lo eligieron como su agente de más alto nivel en Rusia. Lenin había estudiado seriamente la Gran Revolución Francesa. Cuando se enteró de que el Poder Secreto que había provocado la Revolución Francesa seguía en activo, se unió a ellos. Su plan consistía en hacer creer a los miembros de la Comintern que ellos eran los cerebros, pero influyendo en su forma de pensar, para que promovieran los planes a largo plazo de los banqueros internacionales. Si llegaba el día en que los líderes revolucionarios no podían ser controlados entonces siempre podían ser liquidados. Se presentarán pruebas para demostrar cómo sucedió esto en realidad.

Una vez decidida su propia política, Lenin regresó a Rusia con Mártov para organizar su Campaña de Recaudación de Dinero, que consistía en chantajes, atracos a bancos, extorsiones y otros tipos de prácticas ilegales. Lenin sostenía que era lógico aceptar dinero del pueblo cuyo gobierno se pretendía derrocar. Convirtió en un principio de su partido que todos los jóvenes que aspiraban a afiliarse debían, como su hermano mayor Alexander, someterse a pruebas de valor físico y agudeza mental. Lenin insistió en que parte del entrenamiento de todo joven revolucionario debía incluir el atraco a un banco, la voladura de una comisaría de policía y la liquidación de un traidor o espía.

Lenin también insistió en que los dirigentes revolucionarios, en todos los demás países, debían organizar un sistema clandestino. Al discutir este asunto y escribir sobre él, Lenin declaró que "todo lo legal e ilegal que promueva el movimiento revolucionario está justificado". Advirtió, sin embargo, que "el partido legal debe controlar siempre al ilegal". Esta práctica está vigente hoy en día, sobre todo en Canadá y Estados Unidos. Los comunistas que reconocen abiertamente su pertenencia al Partido Laborista Progresista se cuidan mucho de no implicarse de forma delictiva en las actividades ilegales de la organización clandestina del partido comunista. Pero el "Aparato" dirige secretamente las operaciones y se beneficia financieramente, como resultado.

Es un hecho que pocos de los primeros líderes del comunismo eran miembros del proletariado. La mayoría eran intelectuales bien educados. En 1895 provocaron una serie de huelgas. Algunas de ellas se convirtieron en disturbios. Así llevaron a cabo uno de los principios fundamentales de la técnica revolucionaria "desarrollar un disturbio menor hasta convertirlo en un motín, y llevar a los ciudadanos a un conflicto físico real con la policía."

Lenin, Mártov y otros revolucionarios fueron detenidos y condenados a prisión. Lenin terminó su condena en 1897.

No es de conocimiento general que en aquellos días en Rusia los delincuentes políticos exiliados a Siberia no eran encarcelados si no habían sido condenados por ningún otro delito CRIMINAL. Por lo tanto, Lenin se llevó consigo al exilio a su bella y joven esposa judía y a su madre, que hablaba yiddish. Durante su exilio, Lenin recibió del gobierno ruso un subsidio de siete rublos y cuarenta copecks al mes. Esto era casi suficiente para pagar el alojamiento y la comida. Lenin trabajó como contable para ganar dinero extra. Durante su exilio, Lenin, Mártov y un cómplice llamado Potresov decidieron publicar un periódico con el fin de aunar los cerebros y las energías de todo el movimiento revolucionario, que en aquel momento estaba dividido en muchas facciones.

En febrero de 1900 Lenin terminó su exilio. Se le concedió permiso para regresar a Suiza de visita. Se reunió con los demás dirigentes revolucionarios y los agentes de los Poderes Secretos. Aprobaron su idea y se publicó Iskra (La Chispa). El consejo de redacción estaba formado por los líderes revolucionarios de más edad -Plejánov, Zasúlich y Axelrod- y Lenin, Potresov y Mártov representaban a los miembros más jóvenes. La esposa de Lenin era la secretaria del consejo. Trotsky se unió a la redacción dos años más tarde. Durante un tiempo el periódico se imprimió en Munich, Alemania. El consejo de redacción se reunía en Londres.[74] En 1903 se trasladó de nuevo a Ginebra. Los ejemplares se introducían de contrabando en Rusia, y en otros países, a través del sistema clandestino organizado por los masones del Gran Oriente. Como el periódico se llamaba "Iskra", los revolucionarios que suscribían la línea del Partido, definida por el consejo de redacción, pasaron a ser conocidos como iskristas.

El periódico convocó un Congreso de Unificación que se celebraría en Bruselas en 1903 con el propósito de unir a varios grupos marxistas. Estaban representados los socialdemócratas rusos, los socialdemócratas polacos de Rosa Luxemburg, el grupo por la Emancipación del Trabajo y el grupo maximalista. A principios de agosto, la policía belga entró en acción y los delegados se trasladaron en masa a Londres. Este Congreso tiene una importancia histórica porque durante el mismo se produjo la escisión ideológica entre los iskristas. Lenin se convirtió en líder de los bolcheviques (o grupo mayoritario), mientras que Mártov se convirtió en líder de los mencheviques (o grupo minoritario).

Cuando los mencheviques llevaron a cabo la revolución abortada en Rusia en 1905, Trotsky demostró ser un líder con capacidad. Es difícil para los no iniciados entender qué fue lo que hizo fracasar el esfuerzo, porque los revolucionarios tuvieron el control de San Petersburgo de

---

[74] Como la influencia de los Rothschild era tan grande entre los directores del Banco de Inglaterra, y como los directores del Banco de Inglaterra podían controlar la política del gobierno británico, los revolucionarios siempre han podido encontrar asilo en Inglaterra cuando todos los demás países se lo han prohibido. Karl Marx y Engels son ejemplos típicos.

enero a diciembre de 1905. Formaron el Soviet de Petersburgo, Lenin y muchos de sus líderes revolucionarios de alto nivel se mantuvieron al margen. Dejaron que el Partido Menchevique manejara esta revolución.

Lenin había estado en Ginebra consultando con los Poderes Secretos cuando estalló la revolución tras la tragedia del Domingo Sangriento en San Petersburgo en enero de 1905. No regresó a Rusia hasta octubre. La tragedia del Domingo Sangriento fue achacada a la intolerancia del zar, 174 pero muchos de los que investigaron los sucesos encontraron sobradas pruebas para convencerse de que el incidente del Domingo Sangriento había sido planeado por el Grupo Terrorista con el propósito de despertar la ira y el odio en los corazones de los trabajadores no judíos contra el zar. El incidente permitió a los líderes del movimiento revolucionario conseguir el apoyo de miles de hombres y mujeres no judíos que, hasta ese triste día, habían permanecido leales al zar y hablaban de él como "El Padrecito". El Domingo Sangriento tiene una gran importancia histórica.

En enero de 1905, Rusia estaba en guerra con Japón. El transporte por ferrocarril a través de los páramos rusos de oeste a este estaba averiado. Los refuerzos y suministros no habían podido llegar al frente oriental debido al sabotaje. El 2 de enero, el pueblo ruso se conmocionó con la noticia de que Port Arthur había caído en manos de los japoneses. Habían perdido la guerra contra lo que consideraban una potencia de segunda clase.

El gobierno imperial, en su intento de ganarse el favor de la población industrial, había adoptado la política de fomentar la formación de sindicatos legales. Había que prohibir la afiliación a los revolucionarios conocidos. Uno de los líderes más activos en la organización de los sindicatos legales fue el sacerdote ortodoxo ruso padre Gapon. Las reformas liberales, conseguidas por ciudadanos no radicales, no gustaron a los dirigentes del partido revolucionario, que afirmaban que "las reformas necesarias sólo podían conseguirse rápidamente mediante la revolución". El padre Gapon se había ganado tanto respeto que era recibido por el Zar, y sus ministros, cada vez que deseaba discutir un problema laboral de peso.

El 2 de enero, cuando las malas noticias de la guerra invadieron el Imperio, estallaron disturbios laborales organizados en la enorme fábrica Putilov de San Petersburgo. Se convocó una huelga, pero debido a la situación general, el padre Gapon dijo que resolvería los asuntos en litigio apelando directamente al zar. La idea gustó a la mayoría de los obreros, pero los "radicales" se opusieron. Sin embargo, el domingo 22 de enero de 1905 por la tarde, miles de obreros, acompañados de sus esposas e hijos, formaron una procesión para acompañar al padre Gapon a las puertas del palacio. Según los informes auténticos, la procesión fue totalmente ordenada. Los peticionarios portaban pancartas confeccionadas apresuradamente en las que expresaban su lealtad al "Padrecito". A las puertas del palacio, sin la menor advertencia, la procesión se vio sumida en la más absoluta confusión por una descarga fulminante de disparos de fusil y ametralladora. Cientos de trabajadores y sus familias fueron masacrados. La plaza frente al Palacio se convirtió en un espacio de caos agonizante. Desde entonces, el 22 de enero de 1905 se conoce como el "Domingo Sangriento". ¿Fue Nicolás II el responsable? Es un hecho probado que no se encontraba en el Palacio, ni en la ciudad, en ese momento. Se sabe que un oficial de la guardia ordenó a las tropas disparar. Es muy posible que fuera una "célula" que llevaba a cabo la política terrorista de sus superiores. Este acto fue la "chispa" que tocó la "yesca" proporcionada por los dirigentes revolucionarios. Siguió la "llamarada" de una revolución a gran escala.

Independientemente de quién fuera el responsable, decenas de miles de trabajadores industriales hasta entonces leales se unieron al Partido Socialista Revolucionario, y el movimiento se extendió a otras ciudades. El zar intentó frenar la oleada de rebelión. A principios de febrero ordenó una investigación de los sucesos de San Petersburgo 176, a cargo de la Comisión Shidlovsky. En agosto anunció que se había dispuesto el establecimiento de una legislatura democrática representativa. Ésta se convirtió en la Duma. Ofreció amnistía a todos los delincuentes políticos. Bajo esta amnistía, Lenin y sus líderes bolcheviques regresaron a Rusia en octubre desde Suiza y otros países. Pero nada de lo que hizo el zar pudo detener la marea revolucionaria.

El 20 de octubre de 1905, la Unión de Ferrocarriles de toda Rusia, dirigida por los mencheviques, se declaró en huelga. El 25 de octubre se hicieron efectivas huelgas generales en Moscú, Smolensk, Kursk y otras ciudades. El 26 de octubre se fundó el Soviet Revolucionario de Petersburgo. Asumió las funciones de un gobierno nacional. El gobierno del Soviet estaba dominado por la facción menchevique del Partido Laborista Socialdemócrata Ruso, aunque el Partido Social Revolucionario tenía representación. El primer presidente fue el menchevique Zborovisk. Fue rápidamente desplazado por Georgi Nosar. Éste, a su vez, fue sustituido por Lev Trotsky, que se convirtió en Presidente el 9 de diciembre de 1905. El 16 de diciembre, una fuerza militar de arrestó a Trotsky y a 300 miembros del gobierno soviético. No había ni un solo bolchevique destacado entre los arrestados. Esto debería demostrar que Lenin estaba actuando para, y protegido por, los Poderes Secretos que operan detrás del gobierno.

La revolución no había terminado del todo. El 20 de diciembre un judío llamado Parvus asumió el control de un nuevo Ejecutivo soviético. Convocó una huelga general en San Petersburgo a la que respondieron 90.000 trabajadores. Al día siguiente, 150.000 trabajadores se declararon en huelga en Moscú. En Chita, Kansk y Rostov estalló una insurrección abierta. El 30 de diciembre, las tropas y los funcionarios del gobierno, que habían permanecido leales al zar, recuperaron milagrosamente el control. Pusieron fin a la revolución.[75] El zar Nicolás II cumplió su promesa. Se formó la Duma y se estableció una legislatura electa.

En 1907 se celebró en Londres el V Congreso del Partido Laborista Socialdemócrata Ruso. Lenin, con 91 delegados, representaba al partido bolchevique; los mencheviques, dirigidos por Mártov, tenían 89 delegados; Rosa Luxemburgo dirigía a sus socialdemócratas polacos, con 44 delegados; el Bund judío, dirigido por Rafael Abramovitch, tenía 55; los socialdemócratas letones, dirigidos por el camarada Herman (Danishevsky), constituían el resto. En total había 312 delegados, de los cuales 116 eran o habían sido obreros.

Este Congreso había sido convocado con el propósito de realizar una autopsia de la abortada Revolución Rusa de 1905. Lenin culpó del fracaso del esfuerzo revolucionario a la falta de cooperación entre los mencheviques y los líderes de otros grupos. Dijo a los 312 delegados que los mencheviques habían dirigido todo el espectáculo y habían desordenado las cosas en general. Hizo un llamamiento a la unidad de

---

[75] Si Lenin y los banqueros internacionales hubieran intervenido a favor de los mencheviques en ese momento, nada habría podido derrotar los esfuerzos revolucionarios. No hay explicación posible para que permitieran a las Fuerzas Gubernamentales recuperar el control, excepto que tenían planes secretos que no estaban entonces preparados para poner en práctica. Que se estuvieran preparando para la Primera Guerra Mundial y desearan que Rusia siguiera siendo una Monarquía hasta después de que estallara la guerra parece ser la única conclusión lógica, y los acontecimientos futuros indicarían que éste era su plan.

política y de acción. Afirmó que la acción revolucionaria debía planificarse con mucha antelación y que el factor sorpresa debía aprovecharse al máximo.

Mártov devolvió el golpe a Lenin. Le acusó de no haber dado al esfuerzo revolucionario menchevique el apoyo que debería haber dado. Le acusó en particular de negarle ayuda financiera. Martov y los otros grupos judíos dirigidos por Ross. Luxemburg y Abrahamovitch, estaban molestos porque Lenin había podido financiar la asistencia del mayor número de delegados. Le acusaron a de financiar su partido bolchevique mediante robos, secuestros, falsificaciones y hurtos. Le reprendieron por negarse a aportar una proporción justa de sus ganancias mal habidas a la organización central unificadora. Una gran carcajada se produjo cuando uno de los mencheviques acusó a Lenin de casar a uno de sus altos funcionarios con una viuda rica para enriquecer la tesorería de su partido.

Se dice que Lenin admitió que lo había hecho por el bien de la Causa. Sostuvo que el funcionario con el que había casado a la viuda era un buen espécimen de humanidad, fuerte y sano. Pensó que la viuda estaría de acuerdo en que había obtenido todo el valor de su dinero. Fue en este Congreso donde Stalin, entonces un personaje muy secundario, se encariñó con Lenin. El Congreso acordó finalmente una cooperación más estrecha entre los dirigentes de los diversos grupos revolucionarios y decidió quién debía editar sus periódicos revolucionarios. Pusieron gran énfasis en la propaganda. En este Congreso sentaron las bases para una reorganización de su maquinaria propagandística en el entendimiento de que todas las publicaciones debían adoptar la misma política editorial "La línea del partido".

En 1908 los bolcheviques empezaron a publicar "Proletarie". Lenin, Dubrovinsky, Zinoviev y Kamenev eran los redactores. Los mencheviques publicaron "Golos Sotsial-Demokrata". Los redactores eran Plejánov, Axelrod, Mártov, Dan y Martínov (Pikel). Todos los redactores eran judíos excepto Lenin y Plejánov. Trotsky fundó una publicación semidependiente llamada "Pravda de Viena".

En 1909 Lenin se ganó el apoyo incondicional de dos líderes judíos, Zinóviev y Kámenev. Se les conoció como "La Troika" y esta amistad perduró hasta la muerte de Lenin en 1924.

Tras el V Congreso del Partido Laborista Socialdemócrata Ruso celebrado en Londres en 1907, Lenin decidió averiguar hasta qué punto era valiente y digno de confianza su nuevo discípulo Stalin. También deseaba convencer a los dirigentes de los demás grupos revolucionarios de que era financieramente independiente. Para lograr este doble propósito, dio instrucciones a Stalin para que robara el Banco de Tiflis. Stalin eligió como cómplice a un armenio llamado Petroyan, que más tarde cambió su nombre por el de Kamo. Descubrieron que el Banco iba a transferir una gran suma de dinero de un lugar a otro en un transporte público. Pusieron obstáculos al transporte. Petroyan lanzó una bomba. Todo, y todos, en el transporte voló en pedazos, excepto la caja fuerte que contenía el dinero en efectivo-250.000 rublos. Treinta personas perdieron la vida. El botín fue entregado a Lenin. Stalin había demostrado ser un líder en potencia.

Los bolcheviques tuvieron dificultades para utilizar los rublos robados para los fines del partido porque la mayor parte de la moneda consistía en billetes de 500 rublos. Lenin concibió la idea de distribuir los billetes de 500 rublos entre los bolcheviques de confianza de varios países. Se les ordenó que se deshicieran de todo el dinero que pudieran en un día determinado. Esta directiva se llevó a cabo, pero dos de los 180 agentes de Lenin cayeron en manos de la policía durante la transacción. Uno era Olga Ravich, que más tarde se casó con Zinoviev, el gran amigo de Lenin. El otro era Meyer Wallach, cuyo verdadero nombre era Finklestein. Posteriormente volvió a cambiar su nombre por el de Maxim Litvinov. Se dio a conocer en todo el mundo como Comisario de Asuntos Exteriores de Stalin de 1930 a 1939. [76]

Una vez finalizada la revolución de 1905, el zar Nicolás II emprendió numerosas reformas radicales. Planeó convertir la monarquía absoluta rusa en una monarquía limitada como la que disfruta el pueblo británico. Después de que la Duma comenzara a funcionar, el primer ministro, Peter Arkadyevich Stolypin, se convirtió en un gran reformador. Dominó la política rusa y redactó la "Constitución Stolypin", que garantizaba los derechos civiles a los campesinos, que constituían alrededor del 85% de toda la población rusa. Sus reformas

---

[76] Este "gángster" desempeñó un papel importante en los asuntos internacionales de Inglaterra y Alemania, en la Sociedad de Naciones y en las Naciones Unidas hasta el momento de su muerte.

agrarias concedieron ayuda financiera a los campesinos para que pudieran adquirir sus propias granjas. Su idea era que la forma lógica de derrotar a quienes defendían el modo de vida comunal era fomentar la propiedad individual.

Pero los líderes revolucionarios querían usurpar el poder político y económico. No les satisfacían lo más mínimo las reformas. En 1906, el Grupo Terrorista intentó asesinar a Stolypin. Destruyeron su casa de con una bomba. Se urdieron varios complots más para acabar con el primer ministro más progresista que los rusos podían esperar tener. En una oscura noche de septiembre de 1911, el Gran Emancipador fue asesinado a sangre fría mientras asistía a una función de gala en el teatro de Kiev. El asesino fue un abogado judío llamado Mordecai Bogrov.

En 1907 los banqueros internacionales organizaron el pánico de Wall Street para reembolsarse a sí mismos el dinero gastado en relación con las guerras y revoluciones rusas. También estaban financiando las fases preliminares de la revolución china que estalló en 1911.

Muchas de las reformas propuestas por Stolypin se llevaron a cabo después de su muerte. En 1912 se promulgó una ley sobre el seguro de enfermedad que indemnizaba a todos los trabajadores industriales con dos tercios de su salario en caso de enfermedad y tres cuartos en caso de accidente. Los periódicos de los partidos revolucionarios obtuvieron estatus legal por primera vez desde que se imprimían. Se amplían las escuelas públicas. Se revisaron las leyes electorales para dar mayor representatividad al gobierno. En 1913, el gobierno del zar de Rusia concedió una amnistía general a todos los presos políticos. Inmediatamente liberados de prisión, comenzaron a tramar con renovada energía el derrocamiento del gobierno ruso. Los terroristas abogaban por la liquidación de la Familia Real. Pero las reformas habían gustado a la inmensa mayoría del pueblo ruso. La revolución en Rusia parecía por el momento una cuestión muerta. Los que dirigían el Movimiento Revolucionario Mundial decidieron dar un descanso a Rusia por el momento. Concentraron sus esfuerzos en otros países. Portugal y España fueron objeto de atención.

Debido a la Niebla Roja creada por la propaganda comunista, y a una campaña organizada de "*L'Infamie*" llevada a cabo en Rusia, como se había llevado a cabo en Francia e Inglaterra antes de esas revoluciones, es difícil para el ciudadano medio creer que los zares y nobles rusos eran otra cosa que grandes monstruos barbudos que esclavizaban a los campesinos, violaban a sus mujeres jóvenes y alanceaban a los bebés con las puntas de sus espadas mientras galopaban por los pueblos a lomos de sus caballos. Para demostrar que el último de los zares era un reformador citaremos a Bertram Wolfe, porque Bertram Wolfe era anti zarista y pro revolucionario. Wolfe dice en la página 360 de su libro *"Tres que hicieron una revolución"*:

"Entre 1907 y 1914, en virtud de las leyes de reforma agraria de Stolypin, 2.000.000 de campesinos y sus familias abandonaron el mir aldeano y se convirtieron en propietarios individuales. Durante toda la guerra (1914-1917) el movimiento continuó, de modo que el 1 de enero de 1916, 6.200.000 familias campesinas de los aproximadamente 16.000.000 que cumplían los requisitos, habían solicitado la separación. Lenin veía el asunto como una carrera contrarreloj entre Las reformas de Stolypin y el siguiente levantamiento revolucionario. Si el levantamiento se posponía un par de décadas, las nuevas medidas agrarias transformarían el campo y éste dejaría de ser una fuerza revolucionaria. Lo cerca que estuvo Lenin de tener razón lo demuestra el hecho de que en 1917, cuando llamó a los campesinos a Tomar la Tierra, ya poseían más de tres cuartas partes de ella".

Desafortunadamente, es cierto que Rasputín ejerció una influencia maligna sobre ciertos hombres y mujeres de la Corte Imperial Rusa. Sé, por damas vinculadas a la Corte en esa época, que Rasputín ejerció una tremenda influencia sobre la Emperatriz porque su joven hijo sufría de hemofilia y Rasputín era el único hombre que podía detener la hemorragia.

Rasputín definitivamente tenía poderes hipnóticos que no son raros entre ciertos rusos. Parecía capaz de poner a la Emperatriz bajo su influencia, no como amante, sino con el propósito de que obligara al Zar a hacer lo que Rasputín decidiera que quería que hiciera. No es exagerado decir que Rasputín, debido al poder que ejercía sobre el Zar a través de la Reina, virtualmente gobernaba Rusia para consternación del pueblo ruso.

También es cierto que Rasputín introdujo en los círculos de la Corte a hombres y mujeres que practicaban los ritos paganos que se llevaban a cabo en secreto en el Palais Royal antes del estallido de la Revolución Francesa en 1789. Estas orgías rituales se basaban en la ridícula suposición de que las personas no podían salvarse hasta que no hubieran llegado a las profundidades de la degradación en el pecado. Introdujo subversivos en la Casa Real, que obtuvieron información que permitió a sus amos chantajear a muchas personas influyentes para que cumplieran sus órdenes. Rasputín pertenecía sin duda a los Illuminati y a la Sinagoga de Satán.

Capítulo 8

La Revolución Rusa-1917

En enero de 1910, diecinueve dirigentes del Movimiento Revolucionario Mundial se reunieron en Londres. Esta reunión se registra como "El Pleno de Enero del Comité Central". Se discutieron los medios para lograr una mayor unidad. Se volvió a presionar a Lenin para que renunciara a su política de independencia financiera. Respondió quemando los billetes de quinientos rublos sobrantes del atraco al banco de Tiflis. Lenin estaba convencido de que era casi imposible cambiar los billetes sin ser atrapado por la policía.

El Pleno decidió aceptar el periódico "Sotsial Demokrata" como publicación general del partido. Los bolcheviques nombraron redactores a Lenin y Zinóviev, y los mencheviques, a Mártov y Dan. Kamenev fue designado para ayudar a Trotsky a editar "Pravda de Viena". En el Pleno también se discutió la pauta que debía seguir el esfuerzo revolucionario mundial. Los delegados consideraron las posibles repercusiones que tendrían algunos asesinatos políticos previstos. Se fijó la política del partido. Se ordenó al Comité Central que preparara a los Templos y Logias del Gran Oriente para la acción. Los miembros debían hacer proselitismo activo de su ideología revolucionaria y atea.[77]

La Línea del Partido era unir a todos los organismos revolucionarios con el propósito de llevar a todos los grandes países capitalistas a la guerra unos contra otros para que las terribles pérdidas sufridas, los altos impuestos impuestos y las penurias soportadas por las masas de la

---

[77] No hay que confundir a los masones ateos del Gran Oriente con otros masones europeos y americanos, cuyos principios son irreprochables, cuya labor es filantrópica y cuyo ritual se basa en la creencia en El Gran Arquitecto del Universo.

población, hicieran que la mayoría de las clases trabajadoras reaccionaran favorablemente a la sugerencia de una revolución para poner fin a las guerras. Cuando todos los países se hubieran sovietizado, los Poderes Secretos formarían una Dictadura Totalitaria y su identidad ya no tendría por qué permanecer en secreto. Es posible que sólo Lenin conociera los objetivos y ambiciones secretas de los Illuminati, que moldearon la acción revolucionaria para adaptarla a sus propósitos.

Los dirigentes revolucionarios debían organizar sus bases en todos los países para estar preparados para tomar el control del sistema político y la economía de su nación; los Banqueros Internacionales debían extender las ramificaciones de sus agencias por todo el mundo. Se ha demostrado que Lenin comenzó a participar activamente en los círculos revolucionarios en 1894. También se ha dicho que decidió unirse a los banqueros internacionales porque dudaba de la capacidad de los hombres que dirigían los partidos revolucionarios nacionales dominados por los judíos para consolidar sus victorias. A la vista de estas afirmaciones es necesario repasar los acontecimientos revolucionarios desde 1895 hasta 1917.

La Emperatriz de Austria fue asesinada en 1898; el Rey Humberto en 1900; el Presidente McKinley en 1901; el Gran Duque Sergio de Rusia en 1905, y el Rey y Príncipe Heredero de Portugal en 1908. Para probar que los Illuminati actuando a través de los masones del Gran Oriente fueron responsables de estos asesinatos políticos se presenta la siguiente evidencia.

Los líderes del Movimiento Revolucionario Mundial, reunidos en Ginebra, Suiza, pensaron que era necesario destituir al Rey Carlos de Portugal para poder establecer una República en Portugal, así que, en 1907, ordenaron su asesinato. En diciembre de 1907, Megalhaes Lima, jefe de la masonería del Gran Oriente portugués, fue a París para dar una conferencia a las logias masónicas. Su tema fue "Portugal, el derrocamiento de la Monarquía y la necesidad de una forma de gobierno republicana". Unas semanas más tarde, el rey Carlos y su hijo, el príncipe heredero, fueron asesinados.

Los masones continentales se jactaban de este éxito. Furnemont, Gran Orador del Gran Oriente de Bélgica, dijo el 12 de febrero de 1911:

> "¿Recuerdan el profundo sentimiento de orgullo que todos sentimos ante el breve anuncio de la Revolución portuguesa? En pocas horas había caído el trono, triunfaba el pueblo y se proclamaba la

república. Para los no iniciados, fue un relámpago en un cielo despejado... Pero nosotros, hermanos míos, lo comprendimos. Conocíamos la maravillosa organización de nuestros hermanos portugueses, su celo incesante, su trabajo ininterrumpido. Poseíamos el secreto de aquel glorioso acontecimiento[78]

Los líderes del Movimiento Revolucionario Mundial y los altos cargos de la masonería continental se reunieron en Suiza en 1912. Fue durante esta reunión cuando tomaron la decisión de asesinar al archiduque Francisco Fernando para provocar la Primera Guerra Mundial. La fecha concreta en la que se iba a cometer el asesinato se dejó en suspenso porque los conspiradores de sangre fría no consideraron que el momento estuviera del todo maduro para que su asesinato tuviera la máxima repercusión política. El 15 de septiembre de 1912, la "Revue Internationale des Sociétés Secretes", dirigida por M. Jouin, publicó en las páginas 787-788 las siguientes palabras

> "Tal vez algún día se arroje luz sobre estas palabras pronunciadas por un alto francmasón suizo. Mientras discutía el tema del heredero al trono de Austria dijo: 'El Archiduque es un hombre notable. Es una pena que esté condenado. Morirá en los escalones del trono'".

Esas palabras se esclarecieron en el juicio contra los asesinos del heredero del trono austriaco y su esposa, el 28 de junio de 1914. Este acto de violencia, cometido en Sarajevo, fue la chispa que desencadenó la llamarada que se convirtió en la Primera Guerra Mundial. Las notas taquigráficas de Pharos sobre el juicio militar son un documento de lo más esclarecedor. Proporcionan más pruebas de que los banqueros internacionales utilizaron las Logias del Gran Oriente para provocar la Primera Guerra Mundial, como las utilizaron en 1787-1789 para provocar la Revolución Francesa. El 12 de octubre de 1914, el presidente del tribunal militar interrogó a Cabrinovic, que lanzó la primera bomba contra el coche del Archiduque.

El Presidente: "Dígame algo más sobre los motivos. ¿Sabía usted, antes de decidirse a atentar, que Tankosic y Ciganovic eran

---

[78] Nota: Bulletin du Grand Orient de Belgique 5910, 1910, página 92.

masones? ¿Influyó en su decisión el hecho de que ellos y usted fueran masones[79]

Cabrinovic: "Sí".

El Presidente: "¿Recibió de ellos la misión de llevar a cabo el asesinato?"

Cabrinovic: "No recibí de nadie la misión de llevar a cabo el asesinato. La masonería tuvo que ver con ello porque reforzó mi intención.

En la masonería está permitido matar. Ciganovic me dijo que los masones habían condenado a muerte al archiduque Francisco Fernando MÁS DE UN AÑO ANTES".

A estas pruebas hay que añadir las del Conde Czerin, amigo íntimo del Archiduque. Dice en "Im-Welt-Krieg": "El Archiduque sabía muy bien que el riesgo de un atentado contra su vida era inminente. Un año antes de la guerra me informó de que los francmasones habían resuelto su muerte".

Habiendo logrado provocar una Guerra Mundial, los líderes del Movimiento Revolucionario procedieron a utilizar el hecho mismo para convencer a los trabajadores industriales, y a los hombres de las fuerzas armadas, de que la guerra era una guerra capitalista. Agitaron. Criticaron todo lo posible. Culparon a los distintos gobiernos de todo lo que iba mal. Los "capitalistas" internacionales estaban dirigidos por los Illuminati, que permanecían discretamente en segundo plano, insospechados e ilesos.[80] Debido a que Rusia sólo había salido de la desastrosa guerra con Japón unos pocos años antes, fue un asunto relativamente sencillo para los agitadores entrenados entre los mencheviques crear una atmósfera de duda, sospecha e inquietud en las

---

[79] Tankosic y Ciganovic eran masones de mayor rango que Cabrinovic. En el juicio se había puesto de manifiesto que Ciganovic había dicho a Cabrinovic que los masones no podían encontrar hombres para llevar a cabo el asesinato del Archiduque.

[80] Fue, en efecto, una guerra capitalista, pero no el tipo de guerra capitalista que se hizo creer a los trabajadores mediante la propaganda difundida por la prensa que los banqueros internacionales controlaban en todos los países del mundo.

mentes de los trabajadores rusos, y finalmente entre las tropas en 1914-1916. En enero de 1917, los ejércitos imperiales rusos habían sufrido casi 3.000.000 de bajas. La flor y nata de la humanidad rusa había muerto.

Lenin y Mártov estaban en Suiza, el terreno neutral en el que se urden todos los complots internacionales. Trotsky estaba organizando a los cientos de ex revolucionarios rusos que habían encontrado refugio en Estados Unidos. Era particularmente activo en el East Side de Nueva York.[81] Los líderes de los mencheviques llevaban a cabo su política subversiva en Rusia. Su primer objetivo era derrocar al zar. Su oportunidad llegó en enero de 1917. Un sabotaje hábilmente llevado a cabo en los sistemas de comunicación, el departamento de transportes y el ministerio de suministros, provocó una grave escasez de alimentos en San Petersburgo. Esto ocurrió en el momento en que la población estaba muy por encima de su tamaño normal, debido a la afluencia a la ciudad de trabajadores industriales necesarios para el esfuerzo bélico. Febrero de 1917 fue un mal mes. Se introdujo el racionamiento de alimentos. El 5 de marzo, el malestar general era evidente. Las colas para comprar pan crecían. El 6 de marzo, las calles se llenaron de parados. Las tropas cosacas entraron en la ciudad. El zar seguía en el frente visitando a las tropas.[82] El 7 de marzo, los líderes judíos del partido menchevique organizaron a las mujeres para que hicieran manifestaciones callejeras como protesta por la escasez de pan.[83]

El 8 de marzo, las mujeres organizaron la manifestación. A continuación, los dirigentes revolucionarios tomaron cartas en el asunto. Algunos grupos organizaron manifestaciones de distracción.

---

[81] Los funcionarios de policía y los debates en el Congreso demuestran que esta entrada ilegal se produce hoy en día a una escala cada vez mayor. Los personajes del hampa también encuentran muy fácil la entrada en Canadá. El peligro reside en el hecho de que el hampa y la clandestinidad revolucionaria están entrelazadas. Uno no podría y nunca ha sobrevivido sin el otro. Los hombres que constituyen El Poder Secreto dirigen ambos. Los Señores de la Guerra Arios han utilizado a la Mafia, a los Magnates Internacionales, a los terroristas judíos. Esto explica las guerras de bandas.

[82] Las tropas tenían 1 rifle por cada 6 hombres en febrero de 1917: 1 día de munición.

[83] Esta maniobra era casi idéntica al complot para utilizar hombres disfrazados de mujeres en la marcha sobre las Tullerías.

Bandas aparecieron aquí y allá cantando canciones revolucionarias e izando banderas rojas. En la esquina de Nevsky Prospekt y el canal de Santa Catalina, la policía montada y los cosacos dispersaron a la multitud sin causar víctimas. Ni siquiera dispararon contra la multitud que se reunió alrededor de los que izaban las Banderas Rojas y gritaban revolución. Parecía como si se hubieran dado órdenes definitivas de evitar, a toda costa, que se repitiera lo ocurrido el Domingo Sangriento de 1905.[84]

El 9 de marzo, la Nevsky Prospekt, desde el canal de Catalina hasta la estación de Nicolai, estaba abarrotada de multitudes que se enardecían bajo la presión de los agitadores. La caballería cosaca despejó la calle. Algunos fueron pisoteados, pero las tropas sólo utilizaron la parte plana de sus sables. En ningún momento se utilizaron armas de fuego. Esta tolerancia enfureció a los dirigentes revolucionarios y se ordenó a los agitadores que redoblaran sus esfuerzos para que la población entrara en conflicto físico con la policía y las tropas. Durante la noche, los líderes revolucionarios colocaron ametralladoras en posiciones ocultas por toda la ciudad.

El 10 de marzo un desafortunado incidente proporcionó la pequeña chispa necesaria para encender la yesca revolucionaria que se había amontonado y empapado de inflamable oratoria. Una gran multitud se había congregado en torno a la estación de Nicholai. Hacia las dos de la tarde, un hombre, fuertemente vestido con pieles para protegerse del frío, entró en la plaza en su trineo. Estaba impaciente. Ordenó a su conductor que atravesara la multitud. Se equivocó de temperamento.

El hombre fue arrastrado del trineo y golpeado. Se recuperó y se refugió en un tranvía parado. Un sector de la muchedumbre le siguió y UNO de ellos, portando una pequeña barra de hierro, le golpeó en la cabeza. Este único acto de violencia despertó la sed de sangre de la multitud, que se precipitó por la Nevsky rompiendo ventanas. Se produjeron peleas.

El desorden se extendió hasta hacerse general. Los líderes revolucionarios dispararon contra la multitud desde sus posiciones ocultas. La turba atacó a la policía. Culparon a la policía de haberles

---

[84] Una de las mejores obras sobre los acontecimientos que condujeron a la Revolución Rusa es "Detrás del comunismo", de Frank Britton.

disparado. Mataron a todos los policías.[85] Los presos de las cárceles son liberados para avivar la sed de sangre. Se crearon las condiciones necesarias para el Reino del Terror.

El 11 de marzo, las depredaciones de los criminales recién liberados provocaron disturbios generalizados. La Duma intentó frenar la creciente ola de revueltas. Enviaron un mensaje urgente al zar comunicándole la gravedad de la situación. El telegrama explicaba extensamente el estado de anarquía existente en. Las "células" comunistas de los sistemas de comunicación enviaron otro mensaje. El zar, al leer el telegrama que recibió, ordenó la disolución de la Duma. Así se privó del apoyo de la mayoría de los miembros que le eran leales.

El 12 de marzo, el presidente de la Duma disuelta envió un último mensaje desesperado al zar. Concluía con las palabras: "Ha llegado la última hora. El destino de la patria y de la dinastía se está decidiendo". Se afirma que el Zar nunca recibió este mensaje. Este control de los sistemas de comunicación por "células" situadas en posiciones clave se utilizó ampliamente durante los meses siguientes.[86]

El 12 de marzo, varios regimientos se sublevaron y mataron a sus propios oficiales. Entonces, inesperadamente, la guarnición de la fortaleza de San Pedro y San Pablo se rindió, y la mayoría de las tropas se unieron a la revolución.

Inmediatamente después de la rendición de la guarnición se formó un Comité de la Duma compuesto por 12 miembros. Este gobierno provisional sobrevivió hasta que fue derrocado por los bolcheviques de Lenin en noviembre de 1917. Los líderes revolucionarios, en su mayoría mencheviques, organizaron el Soviet de Petersburgo.

---

[85] Tengo pruebas definitivas y autorizadas en mi poder de personas que estaban en San Petersburgo y en condiciones de saber que las ametralladoras utilizadas no fueron colocadas en sus posiciones ni disparadas por la policía. La policía había recibido órdenes precisas de no utilizar medidas drásticas.

[86] Tengo pruebas definitivas y autorizadas en mi poder de personas que estaban en San Petersburgo y en condiciones de saber que las ametralladoras utilizadas no fueron colocadas en sus posiciones ni disparadas por la policía. La policía había recibido órdenes precisas de no utilizar medidas drásticas.

Aceptaron permitir que funcionara el Gobierno Provisional porque tenía apariencia de autoridad legítima.

San Petersburgo era sólo una ciudad en un vasto Imperio. No había forma de saber con exactitud cómo se comportarían los ciudadanos de otras ciudades. Kerensky, el socialista, era un hombre muy fuerte. Le llamaban el Napoleón de Rusia.

A través de los buenos auspicios de los banqueros internacionales, M.M. Warburg & Sons. Lenin fue puesto en comunicación con los líderes militares alemanes. Les explicó que la política tanto del Gobierno Provisional de Kerensky, como del Soviet revolucionario menchevique, era mantener a Rusia en la guerra contra Alemania.[87]

Lenin se comprometió a frenar el poder de los líderes revolucionarios judíos en Rusia. Prometió retirar a los ejércitos rusos de la guerra contra Alemania, a condición de que el gobierno alemán le ayudara a derrocar al Gobierno Provisional ruso y a obtener el control político y económico del país. Lenin, Mártov, Radek y una treintena de bolcheviques fueron transportados en secreto a través de Alemania hasta Rusia en un compartimento ferroviario sellado. Llegaron a San Petersburgo el 3 de abril. Los Warburg de Alemania y los banqueros internacionales de Ginebra proporcionaron los fondos necesarios.

El Gobierno Provisional ruso firmó su propia sentencia de muerte en 1917 cuando, inmediatamente después de formarse, promulgó una orden por la que concedía la amnistía incondicional a todos los presos políticos. La amnistía incluía a los exiliados en Siberia y a los que se habían refugiado en países extranjeros. Esta orden permitió a más de 90.000 revolucionarios, la mayoría extremistas, volver a entrar en Rusia. Muchos de ellos eran líderes entrenados. Lenin y Trotsky reclutaron a este gran número de revolucionarios para su Partido Bolchevique.

En cuanto Lenin regresó a Rusia, utilizó la propaganda para atacar al Gobierno Provisional que le había concedido el indulto a él y a sus

---

[87] Tengo pruebas que demuestran que el hermano de Paul Warburg de Nueva York era el oficial de inteligencia del ejército alemán que negoció con Lenin en nombre del Alto Mando alemán y organizó su salvoconducto a través de Alemania hasta Rusia.

seguidores. A principios de abril, el Soviet de Petersburgo (es decir, el Consejo Obrero) estaba dominado por los mencheviques. Los esars (socialrevolucionarios) ocupaban el segundo lugar, y los bolcheviques, por una vez, eran el grupo minoritario. La política del Gobierno Provisional era continuar el esfuerzo bélico porque la mayoría de los rusos consideraban que las ambiciones totalitarias de los Señores de la Guerra "Negros" nazis alemanes eran una amenaza directa para la soberanía rusa. Esta política fue apoyada enérgicamente por Tcheidze, que había asumido la presidencia del Soviet de Petersburgo en ausencia de Mártov. El vicepresidente Skobelev del Soviet, que también era miembro del Gobierno Provisional, también apoyó el esfuerzo bélico porque pensaba que si los revolucionarios podían ayudar a provocar la derrota de las fuerzas armadas alemanas, podrían ser capaces de ayudar a los grupos revolucionarios alemanes y polacos a derrocar al Gobierno alemán en la hora de su derrota.

El único objetivo de Lenin, en aquel momento, era obtener el liderazgo. Atacó la política del Gobierno Provisional. Acusó a sus miembros de ser instrumentos de la burguesía. Abogó abiertamente por su derrocamiento inmediato por medios violentos. En ese momento no quería enemistarse con los miembros mencheviques del Soviet de Petersburgo. Lenin ordenó a sus agitadores bolcheviques que predicaran la destrucción del Gobierno Provisional a los obreros de las fábricas y a las guarniciones militares, pero que utilizaran la consigna "Todo el poder a los soviets", es decir, todo el poder a los consejos obreros.

Entre los miles de revolucionarios que regresaron a Rusia, tras la amnistía general, estaba Trotsky. Se llevó consigo, desde Canadá y Estados Unidos, a varios centenares de revolucionarios que habían escapado previamente de Rusia. La gran mayoría eran judíos yiddish del East End de Nueva York.[88] Estos revolucionarios ayudaron a llevar a Lenin al poder. Una vez que estos revolucionarios habían cumplido su propósito, la mayoría de ellos fueron condenados al exilio o a la muerte. Pasó relativamente poco tiempo antes de que todos los

---

[88] El Padre Denis Fahey C.S. Sp. en su libro *The Rulers of Russia* páginas 9-14 da los nombres de todos estos líderes revolucionarios, su nacionalidad, origen racial, y las posiciones que se les asignó inmediatamente Lenin había usurpado el poder y Trotsky consolidó su posición en Rusia en noviembre de 1917.

miembros originales de la Primera Internacional estuvieran muertos, en prisión o en el exilio. La historia de las Dictaduras de Lenin y Stalin debería convencer a cualquier persona imparcial de que las masas de la población mundial, independientemente de su color o credo, han sido usadas como Peones en el Juego de ajedrez internacional jugado por los banqueros internacionales "Rojos" y los Señores de la Guerra nazis arios "Negros" dirigidos por los Illuminati.

Otra prueba de que los banqueros internacionales fueron responsables de la participación de Lenin en la Revolución Rusa se encuentra en un "Libro Blanco" publicado por autorización del Rey de Inglaterra en abril de 1919 (Rusia nº 1), pero los banqueros internacionales, a través de los directores del Banco de Inglaterra, persuadieron al Gobierno británico para que retirara el documento original y lo sustituyera por otro en el que se eliminaba toda referencia a los judíos internacionales.[89]

François Coty en "Figaro" del 20 de febrero de 1932 afirma:

> "Las subvenciones concedidas a los nihilistas en Rusia y en otros lugares en este período por Jacob Schiff ya no eran actos de generosidad aislada. Una verdadera organización terrorista rusa había sido creada en los EE.UU. a sus expensas, encargada de asesinar a ministros, gobernadores, jefes de policía, etc.".

Los Illuminati, que utilizan el comunismo y el nazismo para promover sus ambiciones totalitarias secretas, organizan la acción revolucionaria en tres pasos o movimientos.[90]

---

[89] El capitán A.H.M. Ramsay, miembro del Parlamento por Midlothian y Peebleshire de 1931 a 1945, afirma en la página 96 de su libro: *The Nameless War*-"Me mostraron los dos Libros Blancos... la edición original y la abreviada, una al lado de la otra. Se habían eliminado pasajes vitales de la edición abreviada". Véase, www.omnia-veritas.com.

[90] Para más detalles sobre este asunto, léase "The Last Days of the Mevanovs", de Thornton Butterworth; y "Les Derniers Jours des Romanoff", de Robert Wilton, corresponsal en Rusia durante 15 años del "London Times".

1. El cambio de la forma de gobierno existente (ya sea una monarquía o una república) a un Estado socialista por medios constitucionales, si es posible.

2. El paso del Estado Socialista a una Dictadura Proletaria mediante la acción revolucionaria.

3. El paso de una Dictadura Proletaria a una Dictadura Totalitaria mediante la purga de todas las personas influyentes que puedan oponerse.

Despues de 1918, todos los judios rusos eran o judios revolucionarios, aferrándose tenazmente a las teorias marxianas, y trabajando por el establecimiento de una internacional de Repúblicas Socialistas Soviéticas, (Trotskistas) o favorecían el regreso a Palestina (Los Sionistas). La Srta. B. Baskerville en su libro "El Judío Polaco" publicado en 1906 tiene esto que decir sobre los Ghettos en las páginas 117-118:

"El social-sionismo tiene como objetivo convertir a los sionistas al socialismo antes de que vayan a Palestina con el fin de facilitar el establecimiento de un gobierno socialista... mientras tanto hacen todo lo posible para derrocar a los gobiernos europeos que no alcanzan su nivel político... su programa que está lleno de ideas socialistas... incluye la organización de huelgas, actos de terror, y los organizadores siendo muy jóvenes, actos de locura también.... "

El Poder Secreto detrás del W.R.M. también controla el Sionismo político, sin embargo la vasta mayoría de los Judíos que trabajan para el Sionismo son absolutamente ignorantes de que ellos también están siendo usados como "Peones en el Juego", del Ajedrez Internacional.

Capítulo 9

Intriga política-1914 - 1919

La forma en que se utilizó *la intriga* internacional para deponer al Muy Honorable H.H. Asquith cuando era Primer Ministro de Gran Bretaña en 1916 me fue explicada por un hombre que estaba extremadamente bien informado. Lo conocí mientras servía como Mensajero del Rey en 1917. Estábamos en mi habitación, en un hotel, cuando, en el curso de la conversación, mencioné que sospechaba firmemente que un grupo comparativamente pequeño de hombres extremadamente ricos utilizaban el poder que su riqueza podía comprar para influir en los asuntos nacionales e internacionales, para promover sus propios planes y ambiciones secretas.

Mi compañero replicó: "Si hablas de esas cosas es poco probable que vivas lo suficiente para darte cuenta de cuánta razón tienes". Entonces me contó cómo el Sr. Asquith había sido depuesto en diciembre de 1916, y el Sr. David Lloyd George, Winston Churchill y The Rt. Hon. Arthur James Balfour fueron colocados en el poder en Inglaterra.

La historia que me contó tenía una notable similitud con el complot utilizado por los Poderes Secretos que dirigieron la campaña de *L'Infamie* inmediatamente antes del estallido de la revolución francesa en 1789. Como se recordará, se utilizó una carta para atraer al cardenal Prince de Rohan al Palais Royal, donde se involucró con una prostituta disfrazada de María Antonieta.

El supuesto método moderno es el siguiente: Poco después del estallido de la guerra, en agosto de 1914, un pequeño grupo de hombres adinerados autorizó a un agente a convertir una vieja, pero muy espaciosa mansión, en un fabuloso club privado. Quienes hicieron posible la financiación de tan costosa empresa insistieron en que su identidad permaneciera en secreto. Explicaron que simplemente deseaban mostrar su profundo agradecimiento a los oficiales de las

Fuerzas Armadas que estaban arriesgando sus vidas por el Rey y la Patria.

El club ofrecía todo tipo de lujos, entretenimiento e instalaciones para el placer. Por lo general, el uso del club estaba restringido a los oficiales comisionados de que se encontraban de permiso en Londres tras finalizar el servicio activo. Los nuevos miembros debían ser presentados por un oficial hermano. Mi compañero se refería a él como el "Club de cristal.[91]

A su llegada, los invitados oficiales eran entrevistados por un funcionario. Si éste estaba satisfecho con sus credenciales, se les explicaba cómo funcionaba el club. Al oficial que solicitaba la admisión se le pedía su palabra de honor de que no mencionaría los nombres de las personas que conociera durante su estancia en el club, ni revelaría su identidad después de abandonar el club. Una vez dada esta solemne promesa, se le explicó al invitado que conocería a una serie de mujeres muy conocidas en lo mejor de la sociedad londinense. Todas llevaban máscaras. Se pidió al agente que no intentara identificar a ninguna de las damas. Se le hizo jurar que guardaría el secreto en caso de que identificara accidentalmente a alguna de ellas.

Terminados los preliminares, el oficial fue conducido a su habitación privada. Estaba amueblada con todo lujo de detalles. El mobiliario incluía una enorme cama doble, tocador, armario, gabinete con vinos y licores, un humidor para fumar, y aseo y baño privados. El nuevo huésped fue invitado a sentirse como en casa. Se le informó de que recibiría a una dama de visita. Llevaría un broche de bisutería con el número de su habitación. Si, después de conocerse, deseaba invitarla a cenar, era su privilegio.

La sala de recepción, donde los invitados y sus anfitrionas se mezclaban tomando un cóctel antes de la cena, era como la de un palacio real. El comedor era lo bastante grande para albergar a cincuenta parejas. El salón de baile era como los que muchos sueñan pero pocos ven. La costosa decoración, las lujosas cortinas, la tenue iluminación, las bellas mujeres magníficamente vestidas, la suave música de ensueño, el olor

---

[91] Un duplicado exacto de este club se organizó en las afueras de Montreal durante la Segunda Guerra Mundial.

peones en el juego

a perfumes raros, hacían del lugar el sueño del cielo de un árabe. Todo el ambiente del club 200 era tal que los oficiales que volvían a casa de permiso se relajaban al principio y luego se disponían a pasar unas auténticas vacaciones romanas. No había nada grosero ni vulgar en el "Club de Cristal". Todo era bello, delicado, suave y flexible, exactamente lo contrario de los horrores, la violencia y la brutalidad de una guerra moderna. Entre número y número de baile, los animadores ofrecían actuaciones que hacían aflorar los sentimientos de alegría, diversión y risa de. A medida que avanzaba la velada, un largo bufé estaba literalmente repleto de exquisitos platos de pescado y caza. Un bar ofrecía todo tipo de bebidas, desde champán hasta whisky puro. Entre la medianoche y la una de la madrugada, cinco hermosas chicas interpretaron la Danza de los Siete Velos. La danza representaba una escena en el harén de un sultán. Las muchachas empezaron la danza completamente vestidas (hasta el velo que llevaban para ocultar los rasgos faciales), pero, cuando terminó, estaban completamente desnudas. Bailaron el acto final en su ágil desnudez, agitando el endeble velo a su alrededor de una manera que extenuaba, más que ocultaba, sus encantos físicos. Las parejas, cuando se cansaban del espectáculo, del baile y de la compañía de otras personas, se retiraban a sus habitaciones privadas.

Al día siguiente podían disfrutar de natación cubierta, tenis, bádminton, billar o, estaba la sala de cartas que era un Montecarlo en miniatura. Alrededor de noviembre de 1916, un altísimo personaje fue atraído a visitar el Club cuando recibió una nota que decía que obtendría información de la mayor importancia para el Gobierno británico. Se dirigió al Club en su coche particular. Dio instrucciones a su chófer para que le esperara. Tras ser admitido, fue conducido a una de las habitaciones lujosamente amuebladas. Una señora le acompañó. Al verle, casi se desmaya. Era su propia esposa. Era mucho más joven que su marido. Llevaba mucho tiempo haciendo de anfitriona de oficiales solitarios de permiso. Era una situación muy embarazosa.

La esposa no sabía nada del complot. No tenía información secreta que dar. Estaba convencida de que tanto ella como su marido eran mujeriegos. Pensó que sólo este desafortunado encuentro fortuito los había puesto cara a cara. Hubo una escena. El marido fue informado del papel que desempeñaban las azafatas en el Club. Pero sus labios estaban sellados como si estuviera muerto. Era miembro del Gobierno. No podía permitirse figurar en un escándalo.

Todos los empleados del club, tanto hombres como mujeres, eran espías. Informaban a sus amos de todo lo que ocurría en el club. Se conocía la identidad de los implicados. La información así obtenida se imprimía para que constara en lo que se conoció como "El Libro Negro". El "Libro Negro" registraba sus pecados de omisión y comisión, sus vicios peculiares, sus debilidades especiales, su situación financiera, el estado de sus relaciones domésticas y el grado de afecto que sentían por sus parientes y amigos. Su relación con hombres influyentes de la política, la industria y la religión, así como su influencia sobre ellos, se anotaban cuidadosamente en.

En noviembre de 1916, un diputado intentó sacar a la luz el verdadero carácter del "Club de Cristal". Tres oficiales del ejército, que habían frecuentado el club, empezaron a sospechar que se trataba de un vasto sistema de espionaje, después de que se intentara chantajearlos para que dieran información que habría sido valiosa para el enemigo. En su aventura se vieron implicados una dama australiana, su chófer y las esposas e hijas de varios altos cargos del gobierno.[92]

El esfuerzo por dar a conocer los verdaderos hechos fue suprimido, pero se hizo mención de "El Libro Negro" en el Parlamento y en la prensa pública. Se dijo que la política del gobierno se basaba en el argumento de que un escándalo de tal magnitud podría ser una calamidad nacional en un momento en que las fuerzas armadas en el mar, en tierra y en el aire estaban sufriendo graves reveses.

La prensa liberal comienza a atacar al Primer Ministro. Se le acusa de dar cobijo en su gobierno a hombres no aptos para el cargo. Se le acusa de haber tenido amplios tratos con industriales y financieros alemanes antes de la guerra. Se le acusó de ser amigo del Káiser. Se le acusó de ser incapaz de tomar decisiones rápidas y firmes. Se le ridiculizó como "Wait-and-see-Asquith". Mi compañero me dijo que las pruebas contra altos funcionarios implicados en el escándalo del "Club de Cristal" provocaron la dimisión del Gobierno. Así, según mi acompañante, el Imperio Británico se vio obligado a cambiar de Caballos políticos en plena Guerra Mundial. Cuando el Sr. Asquith dimitió, en diciembre de 1916, fue sustituido por un Gobierno de coalición encabezado por

---

[92] Esto se ajustaba al apartado 8 de la trama expuesta en el capítulo 3.

David Lloyd George. Winston Churchill y el Sr. Balfour eran dos de los miembros más destacados.

Poco después de escuchar la historia anterior, me llamó la atención el hecho de que los tres oficiales del ejército mencionados figuraban en las listas oficiales como "Muertos en combate". En tiempos de guerra, algo así es muy posible. A continuación se informó brevemente de que la dama australiana y su chófer habían sido encarcelados en virtud de la Ley de Defensa del Reino. Luego llegó el anuncio de que el parlamentario implicado en el caso se había retirado de la vida pública: Unas semanas más tarde me cesaron como Mensajero del Rey y me nombraron oficial navegante de los submarinos británicos. Perdimos el 33% de nuestros oficiales y hombres, pero yo fui uno de los que sobrevivió. No fue hasta mucho después de la guerra, cuando estudiaba historia moderna y religiones comparadas, que empecé a darme cuenta de la enorme importancia del sionismo político para aquellos que planeaban obtener el control indiscutible de la economía mundial. Los siguientes acontecimientos históricos hablan por sí solos.

Cuando estalló la guerra en 1914, Asquith era Primer Ministro. Era un antisionista. Los banqueros internacionales decidieron que el gobierno de Asquith tenia que irse y ser reemplazado por un gobierno de coalición en el cual David Lloyd George y Winston Churchill tendrían gran influencia. Lloyd George había sido durante años Procurador del movimiento Sionista planeado y financiado por los Rothschilds. Winston Churchill había sido partidario del sionismo político desde que entró en política.

En 1917, los banqueros internacionales apoyaban tanto al movimiento bolchevique como al sionista. Parece increíble que el Gabinete británico no supiera lo que estaba pasando, sobre todo cuando el Gobierno británico había tenido que intervenir para conseguir la liberación de Trotsky y sus líderes revolucionarios después de haber sido detenidos en Halifax cuando se dirigían de Nueva York a Rusia.

El derrocamiento del Imperio Ruso iba a provocar la retirada de los poderosos ejércitos rusos de la guerra del lado de las potencias aliadas. Los ejércitos alemanes, que habían participado en el frente oriental, quedarían libres para reforzar a los ejércitos que luchaban contra las fuerzas aliadas en el frente occidental.

A pesar de este conocimiento, no se hizo nada para impedir que los planes de los Financieros Internacionales llegaran a su madurez.

El Gobierno británico era consciente de las graves condiciones que se estaban gestando en relación con Rusia. Esto queda demostrado por el hecho de que el asunto fue discutido por el gabinete y se llegó a la decisión de enviar a Lord Kitchener a Rusia con el propósito de reorganizar las fuerzas militares rusas. Lord Kitchener zarpó de Scapa Flow a bordo del H.M.S. Hampshire. Fue misteriosamente hundido durante la noche del 5 de junio de 1916. Lord Kitchener se perdió con toda la tripulación excepto una docena. Los supervivientes llegaron a la costa en una balsa salvavidas. El gobierno británico anunció que el H.M.S. Hampshire había sido hundido por un submarino o una mina alemanes. Se ha demostrado que es mentira.

Investigué este incidente muy a fondo. En un libro anterior Hell's Angels of the Deep publicado en 1932, PROBABA que el H.M.S. Hampshire no había sido hundido por un torpedo o una mina enemigos. El Hampshire fue hundido por un sabotaje o por un error de juicio de su oficial navegante. A juzgar por todas las pruebas disponibles, estaba convencido de que el H.M.S. Hampshire se hundió tras chocar contra las rocas sumergidas de North Shoals. Es difícil creer que un navegante naval experto y experimentado cometiera semejante error de juicio. Sigo creyendo que probablemente un saboteador manipuló los imanes del compás de gobierno. Las brújulas giroscópicas no eran entonces un equipo estándar e incluso los barcos que las tenían encontraban los modelos Sperry muy poco fiables, como sé por experiencia personal.

El General Erich Von Ludendorf (que era Jefe del Estado Mayor y compartía con el General Hindenburg el liderazgo del poderío militar alemán), también estudió las circunstancias que rodearon la pérdida del H.M.S. Hampshire y la muerte de Lord Kitchener. Afirmó positivamente que "la acción de unidades navales alemanas, ya fueran submarinos o cazaminas, no tuvo nada que ver con el hundimiento del barco". Dijo que había llegado a la conclusión de que la muerte de Lord Kitchener fue un acto de Dios, porque si hubiera vivido sin duda habría reorganizado los ejércitos rusos y los habría entrenado hasta convertirlos en la fuerza de combate más formidable. El General comentó entonces

"De haberlo hecho, los bolcheviques habrían entrado en posesión de una de las máquinas de combate más formidables que el mundo haya conocido. Tal fuerza habría permitido al comunismo arrasar el mundo entero".

Sostengo que los banqueros internacionales no podían permitirse reorganizar los ejércitos rusos hasta DESPUÉS del levantamiento menchevique y después de que el gobierno provisional de Kerensky hubiera sido derrocado en 1917. Es muy dudoso que Lenin y Trotsky hubieran podido lograr lo que lograron si Lord Kitchener hubiera podido reorganizar, disciplinar y entrenar a las fuerzas armadas rusas en 1916. La historia también registra que Winston Churchill y Lord Kitchener habían discutido seriamente sobre política militar durante 1914-1916. Lord Kitchener se había opuesto amargamente a la idea de Churchill de enviar la División Naval a Amberes en 1914. También se había opuesto al plan de Churchill de capturar los Dardanelos. Ambas aventuras resultaron ser costosos errores. La aventura de los Dardanelos podría haber tenido éxito y probablemente habría puesto fin a la guerra en 1916, si Churchill hubiera esperado a que tanto el ejército como las fuerzas navales estuvieran preparados para cooperar conjuntamente.

Cuando Churchill insistió en que las fuerzas navales atacaran solas los Dardanelos notificó al enemigo la estrategia prevista. Después de que Churchill cometiera el error inicial se ordenó al ejército que participara. Las objeciones de Lord Kitchener fueron desestimadas. Su consejo fue ignorado. Las fuerzas militares aliadas comprometidas en el asalto a los Dardanelos eran insuficientes en número, mal entrenadas, mal equipadas para tal tarea y mal apoyadas en cuanto a provisiones, ayuda médica y refuerzos. Se vieron obligados a atacar a tropas de primera clase cuyos líderes habían sido alertados del peligro que corrían. Las fuerzas militares y navales aliadas tuvieron que superar obstáculos militares y navales que no existían cuando Churchill ordenó el primer asalto naval. La campaña de los Dardanelos estaba condenada al fracaso desde el principio.

Cuanto más estudiamos los métodos empleados por los Poderes Secretos detrás de los asuntos internacionales, más obvio resulta ver que hacen que los asesinatos privados parezcan accidentes o suicidios; que el sabotaje parezca descuido, errores de juicio y meteduras de pata involuntarias cometidas debido a circunstancias excusables.

La única consideración posible que podría justificar la política del gobierno de coalición en 1916, con respecto a Rusia, era el hecho de que el gobierno sabía que no podría obtener apoyo financiero o ayuda militar de Estados Unidos hasta DESPUÉS de que el gobierno ruso hubiera sido derrocado. Tal afirmación parece absurda, pero está respaldada por los siguientes hechos:

Los mencheviques iniciaron la Revolución Rusa en febrero de 1917.

El zar abdicó el 15 de marzo de 1917.

Jacob H. Schiff, socio mayoritario de Kuhn-Loeb & Co. de Nueva York, eliminó inmediatamente las restricciones que había impuesto para ampliar la ayuda financiera a los Aliados. Mortimer Schiff recibió entonces la orden de su padre Jacob de telegrafiar a Sir Ernest Cassels: "Debido a las recientes acciones en Alemania y a los acontecimientos en Rusia, ya no nos abstendremos de la financiación gubernamental aliada."

El 5 de abril el gobierno britanico anuncio que mandaba a Rt. Hon. Arthur James Balfour, el Secretario de Asuntos Exteriores, a los Estados Unidos, para notificar a los banqueros americanos que el gobierno britanico estaba dispuesto a apoyar oficialmente sus planes para el sionismo politico siempre y cuando trajeran a America a la guerra del lado de los Aliados. América entró en la guerra. El 7 de junio de 1917, las primeras tropas americanas desembarcaron en Francia.

El 18 de julio de 1917 Lord Rothschild escribió al Sr. Balfour lo siguiente:

> "Estimado Sr. Balfour:
>
> Por fin puedo enviarle la fórmula que me pidió. Si el gobierno de Su Majestad me envía un mensaje acorde con esta fórmula, y ellos y usted la aprueban, la entregaré a la Federación Sionista en una reunión que se convocará a tal efecto."

El proyecto de declaración era el siguiente

"El gobierno de Su Majestad acepta el principio de que PALESTINA debe reconstituirse como un hogar nacional para el pueblo judío.[93]

El gobierno de Su Majestad se esforzará al máximo para asegurar la consecución de este objetivo, y discutirá los métodos y medios necesarios con la organización sionista."[94]

El Sr. Balfour, y el gobierno británico, aceptaron los términos dictados por Lord Rothschild y sus hermanos sionistas. Esto es probado por el hecho que el 28 de agosto. Sir Herbert Samuel, (posteriormente fue nombrado Vizconde), Sir Alfred Mond, (posteriormente fue nombrado Lord), y Lord Rothschild persuadieron el gabinete britanico a enviar Lord Reading a los Estados Unidos como jefe de la Mision Economica. Lord Reading, cuando Sir Rufus Isaacs, se había visto envuelto en el escándalo Marconi.

Los detalles del trato que negoció con el gobierno de EE.UU. en septiembre de 1917 nunca se han dado a conocer. Se sabe, sin embargo, que el trato tenía que ver con el Banco de Inglaterra porque fue completamente reorganizado, bajo supervisión estadounidense, y reconstruido físicamente después de 1919.[95]

En septiembre, Jacob Schiff de Kuhn-Loeb & Co. escribió una larga carta sobre la cuestión sionista a un tal Sr. Friedman. En ella aparecen los siguientes pasajes:

"Creo que podría ser factible asegurar la buena voluntad de América, Gran Bretaña y Francia,[96] en cualquier caso, hacia la

---

[93] Esto se ajustaba al apartado 8 de la trama expuesta en el capítulo 3.

[94] Esta carta fue citada por el Sr. Stokes Esto estaba en consonancia con el párrafo 8 de la trama expuesta en el capítulo 3. Sr. Stokes, diputado en el parlamento británico durante el debate sobre Palestina el 11 de diciembre de 1947.

[95] Leer "Programa para la Tercera Guerra Mundial", por C.H. Douglas, Liverpool, 1944.

[96] El Sr. Cambon, del Ministerio de Asuntos Exteriores francés, aceptó la Declaración Balfour en lo que respecta al apoyo al sionismo en ese momento.

promoción de una gran afluencia, y el asentamiento de nuestro pueblo en Palestina... además podría ser posible obtener de las Potencias la garantía formal a nuestro pueblo de que obtendrá la autonomía en Palestina tan pronto como su número sea lo suficientemente grande como para justificarlo."

26 de septiembre de 1917-Louis Marshall, representante legal de Kuhn-Loeb & Co. escribió a su amigo Max Senior, otro destacado sionista, lo siguiente:

"El Mayor Lionel de Rothschild, de la Liga para los Judíos Británicos, me informa que su organización está de acuerdo con el Comité Judío Americano... La Declaración Balfour, con su aceptación por las Potencias, es un acto de la más alta diplomacia. El sionismo no es más que un incidente de un plan de largo alcance: No es más que una clavija conveniente en la que colgar un arma poderosa. Todas las protestas que puedan hacer (los opositores) serían inútiles. Los sometería individualmente a ejemplos odiosos y concretos de la naturaleza más impresionante. Yo me acobardaría ante las posibilidades que podrían surgir".

Aquí tenemos una admisión contundente de Louis Marshall, que "el sionismo no es más que un incidente de un plan de largo alcance... no es más que una clavija conveniente en la que colgar un arma poderosa". El plan de largo alcance al que se hace referencia no puede ser otra cosa que el Plan de Largo Alcance al que ya se ha hecho continua referencia. Se trata de un plan mediante el cual los financieros internacionales pretenden hacerse con el control definitivo e indiscutible de la riqueza, los recursos naturales y la fuerza humana de todo el mundo.

Algunos de los acontecimientos históricos más importantes que confirman esta afirmación son los siguientes: El 28 de enero de 1915, el Sr. Asquith, Primer Ministro de Inglaterra escribió en su diario:

"Acabo de recibir de Herbert Samuel un memorándum titulado El futuro de Palestina... Cree que podríamos plantar en este territorio unos tres o cuatro millones de judíos europeos. Se lee casi como una nueva edición de Tancredo puesta al día. Confieso que no me atrae esta propuesta de adición a nuestras responsabilidades",

etc. Así, Asquith demostró ser antisionista.

Prominentes sionistas poseían la mayoría, si no todas, las principales industrias de guerra británicas. Sin ninguna buena razón, en 1915-1916, Gran Bretaña se encontró de repente escasa de productos químicos necesarios para la fabricación de explosivos. Las armas y municiones que se habían prometido a nuestros aliados rusos no se materializaron. Los proyectiles para nuestros cañones eran tan escasos que tuvieron que ser racionados. El gobierno de Asquith fue acusado de malversar los esfuerzos de guerra. Pero examinemos los hechos.

Sir Frederick Nathan se encargó de la producción química. A los Sres. Brunner & Mond se les atribuye el mérito de haber hecho todo lo posible para corregir la crítica situación que se había creado. Con fondos públicos construyeron una gran fábrica química en Silvertown. Sir Alfred Mond fue nombrado Comisario de Obras de Su Majestad. Despues fue jefe de la agencia judaica en Palestina.

Las obras de la fábrica se aceleraron. La fábrica entró en producción en un tiempo récord. Se repartieron ramos de flores y se concedieron honores a los ricos financieros sionistas que supuestamente estaban haciendo tanto por el esfuerzo de guerra británico. PERO TAN PRONTO COMO LA FÁBRICA DE SILVERTOWN ENTRÓ EN PRODUCCIÓN EXPLOTÓ CON LA PÉRDIDA DE CUARENTA VIDAS. Más de ochocientos edificios y casas fueron demolidos.[97]

Debido a que Gran Bretaña no entregó armas y municiones a Rusia como había prometido, se produjeron graves reveses militares en el frente oriental. Los periódicos informaban de que las tropas rusas luchaban con palos y puños desnudos hasta ser masacradas por tropas alemanas bien armadas. Una carta escrita por el profesor Bernard Pares, (el profesor Pares fue nombrado caballero posteriormente) a Lloyd George indicaría que las armas y municiones prometidas al gobierno imperial ruso fueron deliberadamente retenidas para crear condiciones favorables para la revolución que entonces planeaban en Ginebra y Nueva York los banqueros internacionales. La carta del profesor Pares, escrita en 1915, dice en parte:

---

[97] Para más detalles sobre este aspecto de la guerra, lea "The Brief for the Prosecution", de C.H. Douglas.

"Tengo que presentar mi firme opinión de que el desafortunado fracaso de Messrs. Vickers-Maxim & Co. en el suministro a Rusia de municiones que debían haber llegado al país hace cinco meses, está poniendo en grave peligro las relaciones de los dos países, y en particular su cooperación en los trabajos de la presente guerra.... SE ME HA INFORMADO DEFINITIVAMENTE DE QUE HASTA AHORA NO HA LLEGADO A RUSIA NINGÚN SUMINISTRO PROCEDENTE DE INGLATERRA ".

David Lloyd George, en el momento en que la carta fue escrita era canciller de Hacienda y responsable de la financiación de la guerra. Los Sres. Vickers-Maxim & Co. estaban controlados por Sir Ernest Cassels, socio comercial de Kuhn-Loeb & Co. de Nueva York, que a su vez estaba afiliado a los Rothschild y a los banqueros internacionales de Inglaterra, Francia, Alemania, etc.

Cuando la carta del profesor Pare fue discutida por el gabinete, Lloyd George habría defendido la política del gobierno diciendo

"La caridad debe empezar en casa. Nuestros soldados británicos que luchan en Francia sólo tienen cuatro ametralladoras por batallón. Deberían estar mejor armados antes de que exportemos armas a Rusia".

Se dice que Lord Kitchener respondió.

"Considero que más de cuatro ametralladoras por batallón es un lujo cuando nuestro fracaso a la hora de entregar las armas que prometimos a Rusia ha provocado que los rusos sólo dispongan de UN fusil por cada seis hombres".

Los agentes de los conspiradores internacionales recibieron la orden de desprestigiar a Lord Kitchener y difundieron por todo el mundo la historia de que Lord Kitchener había declarado que consideraba un lujo más que cuatro ametralladoras para un batallón de soldados británicos que luchaban en Francia. Esta calumnia y falsedad ha continuado hasta nuestros días. Apareció en la biografía de David Lloyd George publicada recientemente. Apareció en una reseña de la biografía que apareció recientemente en el Toronto Star Weekly. Envié al editor del Star Weekly la verdad sobre este importante acontecimiento histórico. Me contestó que era demasiada dinamita para él. Me informó de que había entregado mi correspondencia al Daily Star. Ni que decir tiene que la VERDAD nunca se publicó.

Este es un ejemplo típico de cómo los conspiradores internacionales manchan la reputación de hombres honrados, incluso muertos, para encubrir sus propias fechorías. Ilustra perfectamente cómo sus agentes utilizan la prensa del mundo para desinformar al público, de modo que éste culpe a hombres inocentes, e incluso a sus propios gobiernos, del daño causado como resultado de sus maquinaciones.

Para probar que Vickers-Maxim & Co. estaban bajo la influencia de Kuhn-Loeb & Co. en ese momento, Boris Brazel [Brasol] dice:

> "El 4 de febrero de 1916 el Partido Revolucionario Ruso de América celebró una reunión en Nueva York a la que asistieron 62 delegados.... Se reveló que informes secretos acababan de llegar al Partido desde Rusia designando el momento como favorable... se aseguró a la asamblea que amplios fondos serían proporcionados por personas que simpatizaban con la liberación del pueblo de Rusia. A este respecto se mencionó repetidamente el nombre de Jacob Schiff.[98]

Jacob Schiff era en aquel momento socio principal de Kuhn-Loeb & Co. de Nueva York. Aproximadamente 50 de las 62 personas que asistieron a la reunión del 4 de febrero de 1916 eran hombres que habían tomado parte activa en la Revolución Rusa de 1905. Una vez más iban a ser utilizados para fomentar la acción revolucionaria, pero Jacob Schiff había planeado que los frutos de la victoria fueran usurpados por Lenin, en interés de los banqueros internacionales.

La Enciclopedia del Conocimiento Judío dice del sionismo:

> "La Guerra Mundial obligó a abandonar Berlín como centro de la organización y toda la autoridad se transfirió al Comité Provisional de Emergencia Sionista establecido en Nueva York bajo la dirección del juez L.D. Brandeis".

Jacob de Haas escribe en su libro "*Louis Dembitz Brandeis*":

> "El Departamento de Transferencia (Sionista)... sus ramificaciones se extendieron a través de todas las zonas de guerra ocupadas por

---

[98] Boris Brazel fue el autor de "El mundo en la encrucijada", véase p. 69.

los Aliados, y a través de Turquía, Siria, Palestina, hasta Trans-Jordania y Bagdad; prácticamente ni un centavo de los millones manejados se perdió... Comenzando por utilizar los buenos oficios del U.S.A. Dept. of State (Foreign Office) como medio de comunicación y depósito, llegó a tener tanto éxito y ser tan fiable, que fue empleado por el Tesoro de los EE.UU. para entregar dinero y mensajes que el gobierno no podía manejar con éxito... Las embajadas en las capitales europeas adelantaron dinero en efectivo a requerimiento del Secretario Ejecutivo (sionista) en Nueva York."

L. Fry dice lo siguiente en "Waters Flowing Eastward", p. 51:

"A partir de entonces su influencia se hizo sentir cada vez más en los círculos POLÍTICOS de Europa y América. En particular, el Departamento de Transferencias Sionistas, como se le llamaba, estaba en condiciones de transmitir fondos, e información, a elementos subversivos en países enemigos."

A continuación encontramos de nuevo a las Logias del Gran Oriente en el cuadro de la W.R.M. M. Erzberger dice en pp. 145- 146 de "Mi Experiencia en la Guerra Mundial":

"El 16 de marzo de 1916, la Alianza Israelita pagó al Gran Oriente de París la suma de 700.000 francos, y en los archivos del Gran Oriente de Roma se puede probar que el 18 de marzo de 1916 se efectuó la transferencia de un millón de liras al Gran Oriente de Roma. No soy tan ingenuo como para imaginar que la "Alianza Israelita" se sirve de dos Grandes Orientes con el único fin de enviar un millón de liras a los judíos italianos."

Hablando de acontecimientos DESPUÉS de que Asquith hubiera sido depuesto en 1916, A.N. Field dice en "All These Things", p. 104: "La influencia judía en la política británica se hizo pronunciada después del ascenso del Sr. Lloyd George". L. Fry en la pagina 55 de "Water Flowing Eastward" dice:

"La primera reunión oficial londinense del... Comité Político tuvo lugar el 7 de febrero de 1917, en casa del Dr. Moses Gaster. Estaban presentes Lord Rothschild, James de Rothschild, (hijo de Edmund de Rothschild de Paris, antiguo propietario de las colonias Rothschild en Palestina) Sir Mark Sykes; - (cuya casa en Buckingham Gates estaba totalmente equipada como cuartel general para la Causa Sionista con aparatos telegráficos, etc.), Sir Herbert Samuel, Herbert Bentwich, (más tarde Fiscal General para

Palestina) Harry Sacher, Joseph Cowen, Chaim Weizmann, y Nahum Sokolov.[99] Se discutió en detalle el programa sionista que debía servir de base a las negociaciones oficiales sobre los futuros mandatos de Palestina, Armenia, Mesopotamia y el reino del Hedjaz."

J.M.N. Jeffries op. cit. p. 139 aporta esta información adicional

"Las actas de esta reunión fueron comunicadas inmediatamente en clave a la organización sionista de los Estados Unidos... De ahora en adelante la organización política sionista de los Estados Unidos comenzó a tomar parte en la configuración de la política británica, y en el ordenamiento de los asuntos británicos."

Para ilustrar el poder que los banqueros internacionales ejercen sobre los asuntos del gobierno británico se cita a Samuel Landman.[100] El dice

"Despues de que se habia llegado a un acuerdo entre Sir Mark Sykes, Weizmann, y Sokolov, se resolvio enviar un mensaje secreto al Juez Brandeis que el gabinete britanico ayudaria a los judios a ganar Palestina a cambio de simpatia judaica activa, y de apoyo en los E.E.U.U. para la Causa Aliada para provocar una tendencia Pro-ally radical en los Estados Unidos. Este mensaje fue enviado en clave a traves del Ministerio de Asuntos Exteriores Britanico. Tambien se enviaron mensajes secretos a los lideres sionistas en Rusia a traves del General MacDonogh... El Dr. Weizmann (uno de los fundadores del sionismo político) pudo conseguir del gobierno el servicio de media docena de jóvenes sionistas para trabajar activamente en favor del sionismo. En aquella época estaba en vigor el servicio militar obligatorio, y sólo podían ser eximidos del servicio activo en el frente los que realizaban trabajos de importancia nacional. Recuerdo que el Dr. Weizmann escribió una carta al general MacDonogh (director de Operaciones Militares) e invocó su ayuda para obtener la exención del servicio activo de Leon Simon, Harry Sacher, Simon Marks, Hyamson, Tolkowsky y yo mismo. A petición del Dr. Weizmann fui transferido de la Oficina de Guerra

---

[99] Este es el Sokolov que después escribió "Historia del sionismo".

[100] Escribió "World Jewry" (Londres) el 22 de febrero de 1936. Se verá que una situación muy similar fue creada por la intriga internacional al comienzo de la Segunda Guerra Mundial.

(M.I.9)... al Ministerio de Propaganda... y más tarde a la oficina sionista... hacia diciembre de 1916. A partir de ese momento, y durante varios años, el sionismo fue considerado un aliado del gobierno británico... Las dificultades de pasaporte y viaje no existían cuando un hombre era recomendado por nuestra oficina. Por ejemplo, un certificado firmado por mí fue aceptado por el Ministerio del Interior de que un judío otomano debía ser tratado como un extranjero amistoso y no como un enemigo, que era el caso de los súbditos turcos."

El estudio de la vida de Disraeli revela que pasó muchas tardes de domingo con los Rothschild de Londres. Se revela que mientras Kuhn-Loeb & Co. de Nueva York financiaban a los revolucionarios judíos en Rusia, los Rothschild londinenses eran los gestores de la administración zarista en Londres.

También aprendemos que los Rothschild de Londres eran liberales y que desde 1840 hasta 1917 la prensa liberal controlada por los Rothschild fue sistemáticamente antirrusa. Disraeli nos informa que en Alemania los jefes de la politica y las finanzas, eran considerados reaccionarios porque no permitian a los banqueros internacionales hacer exactamente lo que ellos querian. El Barón von Bleichroeder de Berlín y los Warburgs de Hamburgo eran los representantes de los Rothschild en Alemania. En Rusia, los Weinstein de Odessa ayudaban a los Ginzberg de San Petersburgo a velar por los intereses de los Rothschild.

Otro hombre muy activo por parte de los banqueros internacionales fue Otto Kahn. Ocultó hábilmente sus verdaderos colores, como revolucionario mundial, tras las banderas nacionales de los diversos países en los que vivió y fingió ser un ciudadano patriota. El Sr. Otto Kahn nació en Alemania. Emigró a Estados Unidos al igual que Paul Warburg. Al igual que Warburg, también se convirtió en socio de Kuhn-Loeb & Co. en. Kahn, al llegar a América, obtuvo un empleo como empleado en Speyer & Co. para no hacer las cosas demasiado evidentes. Más tarde se casó con la nieta del Sr. Wolf, uno de los fundadores de Kuhn-Loeb & Co. Cuando la Sra. Kahn visitó Moscú en 1931, fue recibida oficialmente por el gobierno soviético, que ofreció una gran cena y varias recepciones brillantes en su honor. Los ejércitos rojos de

Stalin se alinearon en las carreteras a su paso, y los soldados presentaron armas a su paso.[101]

El 2 de abril de 1934 apareció un artículo en el Daily Herald en el que el Sr. Hannen Swaffer escribía:

> "Conocí a Otto Kahn, el multimillonario, durante muchos años. Lo conocí cuando era un alemán patriota. Le conocí cuando era un patriota americano. Naturalmente, cuando quiso entrar en la Cámara de los Comunes (británica), se afilió al Partido Patriótico".

El Sr. Otto Kahn se habría convertido en Presidente de la Unión de Habla Inglesa si sus actividades revolucionarias no hubieran quedado accidentalmente al descubierto cuando se demostró que su casa era el lugar de reunión de agentes soviéticos como Nina Smorodin, Claire Sheridan, Louise Bryant y Margaret Harrison.

En el verano de 1917 había que resolver el problema de quién iba a financiar a Lenin y Trotsky durante su esfuerzo revolucionario conjunto en Rusia. Los banqueros internacionales decidieron que sus representantes se reunirían en Estocolmo, Suecia, porque ese país era neutral y estaba comparativamente libre de espías internacionales. Entre los asistentes a la reunión había representantes de los intereses bancarios de Gran Bretaña, Alemania, Francia, Rusia y Estados Unidos. El Sr. Protopopoff, Ministro del Interior ruso, estaba presente, al igual que el Sr. Warburg, de Hamburgo. Era el hermano de Paul Warburg, socio de Kuhn-Loeb & Company de Nueva York, que había redactado la legislación del Sistema de la Reserva Federal en 1910. Se verá que para decidir cómo se debían organizar las finanzas para que Lenin y Trotsky derrocaran al gobierno ruso, asistieron delegados de TODAS las naciones en guerra. Finalmente se decidió que Kuhn-Loeb de Nueva York pusiera 50.000.000 de dólares a crédito de Lenin y Trotsky en el banco de Suecia.

Tanto los oficiales de inteligencia británicos como los estadounidenses informaron de estos hechos a sus respectivos gobiernos en 1917. El comandante E.N. Cromie murió luchando contra una turba revolucionaria que atacó el consulado británico en San Petersburgo.

---

[101] Leer "*All These Things*"-A.N. Field.

Los contuvo para dar tiempo a sus colegas a quemar documentos relacionados con este y otros asuntos.[102]

El gobierno americano transmitió al gobierno británico los informes que habían recibido de sus oficiales de inteligencia. El Sr. Oudendyke, Ministro de los Países Bajos en Petrogrado (que velaba por los intereses británicos en Rusia tras el asesinato del Comandante Cromie) también advirtió al gobierno británico. Su advertencia fue publicada en abril de 1919 como parte de un Libro Blanco sobre la Revolucion Bolchevique publicado por la Imprenta del Rey.

Los planes que Jacob Schiff había hecho para permitir a Trotsky, y a su banda de líderes revolucionarios, regresar a San Petersburgo desde Nueva York se esfumaron cuando Trotsky fue detenido por funcionarios del gobierno canadiense en Halifax, Nueva Escocia, mientras estaba de camino. El poder que los banqueros internacionales ejercen sobre los gobiernos constitucionales queda plenamente ilustrado por el hecho de que inmediatamente protestaron ante los gobiernos en cuestión, Trotsky y toda su banda de gángsters revolucionarios, fueron liberados y se les dio salvoconducto a través de la Zona de Bloqueo británica.

Otra prueba de la complicidad de los políticos británicos en la Revolución Rusa de 1917 fue obtenida por D. Petrovsky, quien explica el papel desempeñado por Sir G. Buchanan, el embajador.[103] Petrovsky demuestra que, a pesar de estar plenamente informado de todo lo que ocurría entre bastidores, el gobierno de Lloyd George ayudó a los banqueros internacionales a introducir a Trotsky y a sus líderes revolucionarios en Rusia, mientras que, al mismo tiempo, el Alto Mando alemán ayudó a los banqueros internacionales a llevar a Lenin y a su banda de líderes revolucionarios de Suiza a Petrogrado. A Lenin y sus seguidores se les proporcionó un vagón de ferrocarril privado para su viaje a través de Alemania.

---

[102] El comandante Cromie sirvió en los submarinos británicos al mismo tiempo que el autor. Sus hazañas en favor de los rusos se recogen en "By Guess and by God", libro publicado por el autor en 1931.

[103] Leer La *Russie sous les Juifs*, pp. 20-28 y 34-35.

El Sr. Petrovsky revela que Milioukoff, que había sido nombrado Ministro de Asuntos Exteriores por el gobierno republicano ruso en la primavera de 1917, fue el hombre que negoció esta intriga que implicaba a ambas naciones beligerantes. También consta que, en agradecimiento por la cooperación prestada por el Estado Mayor alemán, el gobierno de Gran Bretana accedio a la petición de Milioukoff de que M.M. Litvinov fuera puesto en libertad. Había sido detenido por los servicios de inteligencia británicos como espía de Alemania. La identificación de M.M. Litvinov resulta de gran interés. Nació de padres cuyo apellido era Finklestein. Cuando se unió al Movimiento Revolucionario Mundial cambió su nombre por el de Meyer Wallach. Cuando se asoció estrechamente con Lenin y su Partido Bolchevique, volvió a cambiar su nombre por el de Maxim Litvinov. Es el mismo hombre al que se refiere como Litvinov el espía alemán y es el mismo hombre que había sido arrestado cuando intentaba cobrar los billetes de quinientos rublos que Stalin había obtenido cuando bombardeó, y robó, el banco Tifilis.

Tras ser liberado por las autoridades británicas, Litvinov regresó a Rusia. Ayudó a Lenin a derrocar el Gobierno Provisional de Kerensky y el Soviet menchevique establecido en San Petersburgo antes de octubre de 1917. Litvinov fue Comisario de Asuntos Exteriores de Stalin de 1930 a 1939. Fue nombrado miembro del Comité Central del Partido Comunista en 1935. Su habilidad como asesino, receptor de dinero robado, espía, gángster internacional y líder de los esfuerzos revolucionarios en varios países fue aclamada por las naciones del mundo cuando fue nombrado Presidente del Consejo de las Naciones Unidas. Sólo un grupo internacional, como los banqueros internacionales, podría haber salvado la vida de este hombre, y haberle asegurado su libertad cuando estaba llevando a cabo los aspectos criminales de la intriga internacional. Sólo el poder y la influencia de los banqueros internacionales podrían haber hecho que fuera elegido presidente del Consejo de las Naciones Unidas. Esto ilustra el hecho de que los Illuminati controlan a los que controlan las Naciones Unidas.

Existen otras pruebas que demuestran que los banqueros internacionales del Reino Unido, Estados Unidos, Alemania y Rusia trabajaron juntos incluso después de que Alemania y Gran Bretaña estuvieran en guerra. Está contenida en un panfleto titulado Trotsky (Defender Publishers, Wichita, Kansas) que cita una carta escrita por J.M. Dell a Lloyd George, personalmente. Pero para qué seguir. Se necesitarían volúmenes para citar todas las pruebas que demuestran que los banqueros internacionales organizaron, financiaron y dirigieron la Revolución Rusa con el fin de obtener el control de un vasto territorio para que los Illuminati pudieran probar sus ideas de totalitarismo. Sólo experimentando en un área tan vasta como la llamada U.S.S.Rs podrían descubrir errores y debilidades por el proceso de ensayo y error. Hasta que ellos hubieran realizado este experimento, que costó millones y millones de vidas humanas, habría sido una gran estupidez por su parte intentar gobernar el mundo entero. El suyo ha sido un Plan a Largo Plazo. *Comenzó hace 3.000 años. Fue revisado en la reunión de la Orfebrería Bauer en Frankfort en 1773.* A menos que se tome una acción unida, es probable que termine cuando tomen el control económico y político después de la Tercera Guerra Mundial

Así se verá que el Gobierno de Coalición que se hizo cargo de la guerra de manos del Primer Ministro Asquith, en diciembre de 1916, no hizo ningún esfuerzo para impedir que los banqueros internacionales siguieran adelante con sus planes para la Revolución Rusa, incluso cuando sabían que su éxito provocaría la retirada de los ejércitos rusos de la guerra. La prueba que los Sionistas tanto en Bretaña como en los Estados Unidos estaban de acuerdo que el gobierno Imperial Ruso debería ser derrocado, se encuentra en el hecho que inmediatamente Lenin anuncio que había establecido su dictadura en Noviembre 1917, Lloyd George también anuncio que la política del gobierno británico seria apoyar el plan de Rothschild para el establecimiento de un hogar nacional para el pueblo Judío en Palestina. Esto demuestra que Lloyd George no guardaba ningún resentimiento hacia los banqueros internacionales por haber sacado a Rusia de la guerra como aliada de Gran Bretaña.

Los revolucionarios mencheviques de Rusia, dominados por judíos, habían luchado contra la revolución abortada de 1905. También iniciaron la revolución en febrero de 1917. Una vez más tuvieron un gran éxito durante las primeras etapas del esfuerzo revolucionario. Llegaron a establecer un Soviet en Petrogrado. A los banqueros internacionales no les importaba quién llevaba el balón hasta que estaba cerca de la portería, pero en cuanto el portador del balón se colocaba en posición de marcar, intervenían y se hacían cargo del juego. Su objetivo era instaurar una dictadura totalitaria basada en el principio de la sociedad anónima: Lenin fue nombrado dictador. Permanecieron detrás de la escena. Culparon a la "mafia" comunista de sus crímenes contra la humanidad.

El 17 de julio de 1917, los bolcheviques de Lenin iniciaron una agitación antigubernamental en Rusia. El resultado fue un levantamiento de miles de obreros y soldados enardecidos. Esta revuelta abortada se conoce como "Los días de julio". Kerensky abordó la situación con firmeza. Se disparó contra las turbas, murieron varios centenares de personas, pero se restableció el orden. Los líderes bolcheviques huyeron. Algunos fueron detenidos. Lenin y Zinoviev se escondieron en Sestroretsk. Trotsky, Kamenev y Lunarcharsky fueron algunos de los detenidos. Stalin, que en aquel momento era director de *Pravda*, no fue molestado. Tras la revuelta, el príncipe Lvov dimitió y Kerensky, el Napoleón judío, se convirtió en Primer Ministro. Kerensky era un gran orador. Intentó despertar el entusiasmo de los soldados y los trabajadores por el esfuerzo bélico. Todos los esfuerzos oratorios de Kerensky fracasaron.

La influencia de Kerensky comenzó a declinar constantemente. Lenin estaba ocupado. Convocó el VI Congreso del Partido Obrero Socialdemócrata Ruso, que se celebró del 8 al 16 de agosto. Salió de él como líder de los grupos revolucionarios unificados. En el plazo de un año el partido revolucionario unificado se llamó a sí mismo EL PARTIDO COMUNISTA. En el congreso se formó un comité secreto llamado Comité Central de Octubre. Estaba formado por 26 miembros que debían planificar la Revolución de Octubre y dirigir el esfuerzo revolucionario en todas sus fases. Stalin alcanzó por fin el grado. Fue elegido miembro del presidium del VI Congreso del Partido. La mayoría de los estudiantes creen que Stalin ni siquiera habría sido convocado si muchos de los otros dirigentes revolucionarios experimentados no hubieran estado en la cárcel, pero la verdad es que Lenin actuaba como agente en jefe de los "poderes secretos de ". Tenían planes de utilizar a Stalin para suplantar a otros.

La idea del Comité Central de organizar la Revolución de Octubre era anticiparse a la intención del Gobierno Provisional de convocar unas elecciones generales en las que se utilizaría el voto secreto para elegir un gobierno constitucional representativo que gobernara el Imperio Ruso. Lenin pensó que si quería triunfar en su intento de alcanzar el poder tenía que hacerlo antes de que la Asamblea Constituyente se reuniera en enero para organizar las elecciones a escala nacional. Si estas elecciones llegaban a celebrarse, el pueblo tendría sus propios representantes en el gobierno. Pensó que sería más difícil conseguir el apoyo necesario para derrocar a un gobierno popular que para derrocar al Gobierno Provisional. En esto demostró tener razón.

Por extraño que pueda parecer, a la luz de los acontecimientos futuros, Kámenev fue liberado de prisión el 17 de agosto, y Trotsky exactamente un mes después. El 24 de septiembre, Trotsky fue elegido presidente del Soviet de Petersburgo en lugar de Cheidze. El 26 de septiembre el Soviet de Petersburgo votó transferir todo el poder militar a un Comité Militar Revolucionario bajo la dirección de Trotsky. La verdadera revolución de Lenin estaba ya a sólo unos días de distancia en. Lenin estaba demostrando lo que una planificación adecuada y un calendario preciso, respaldados por una ayuda financiera ilimitada, podían lograr. Sabía cómo utilizar ventajosamente el elemento sorpresa. Convenció rápidamente a muchos dirigentes de otros grupos revolucionarios de que él era el hombre que debía dirigir la guerra revolucionaria. Pronto tuvo a todo el mundo bajo disciplina. Los líderes debían obedecer las órdenes con eficiencia y sin cuestionarlas.

Los dirigentes revolucionarios hicieron circular la orden de que el segundo Congreso Panruso de los Soviets se reuniría el 7 de noviembre. Se trataba de una pista falsa para hacer creer a la opinión pública que no había ninguna acción revolucionaria pendiente en un futuro inmediato. El 4 de noviembre, sin embargo, el Comité Militar Revolucionario organizó grandes reuniones de masas preparatorias de la revuelta real. Al día siguiente, 5 de noviembre, la guarnición de Pedro y Pablo se declaró en alianza con los bolcheviques. El 6 de noviembre Kerensky hizo un esfuerzo desesperado por detener la revolución ordenando el arresto del Comité Militar Revolucionario. Prohibió todas las publicaciones bolcheviques. Ordenó que tropas frescas sustituyeran a la guarnición de Pedro y Pablo. Pero Lenin había organizado demasiado bien su Quinta Columna, Las órdenes de Kerensky nunca se llevaron a cabo. Los funcionarios en los que confiaba le defraudaron.

Lenin salió a hurtadillas de su escondite. Se unió al Comité Militar Revolucionario en el Instituto Smolny en cuanto supo que las medidas contrarrevolucionarias de Kerensky habían fracasado. El Instituto sirvió de cuartel general revolucionario. A las 2 de la madrugada del 7 de noviembre se dio la orden de iniciar el esfuerzo revolucionario organizado. Al mediodía, San Petersburgo estaba en gran parte en manos de Lenin. A las 3 de la tarde pronunció un encendido discurso ante el Soviet de San Petersburgo. A las 9 de la noche, las tropas bolcheviques sitiaban la sede del Gobierno Provisional en el Palacio de Invierno. A las 11 de la noche se reunió el II Congreso de los Soviets de toda Rusia y los bolcheviques obtuvieron una clara mayoría. El Congreso se convirtió así en el gobierno oficial de Rusia.

Kamenev fue elegido primer presidente. Lenin se convirtió en Primer Ministro. Trotsky se convirtió en Comisario de Asuntos Exteriores. El 21 de noviembre, un judío llamado Sverdlov sucedió a Kámenev. Sólo llevaba seis meses en el Partido Bolchevique y se le consideraba una figura muy menor pero, tras ser elegido presidente, asumió rápidamente el control absoluto de la economía rusa. Era un experto financiero especialmente entrenado y agente de los banqueros.

En los círculos revolucionarios ocurren muchas cosas que nunca salen a la luz. Sverdlov murió, muy joven, sólo dos años después de haber reorganizado la economía interna rusa. Había cumplido su propósito. Sabía demasiado, así que murió. Así se repite la historia.

Las sangrientas batallas, que podrían describirse mejor como masacres al por mayor, y el despiadadamente dirigido "Reino del Terror" demostraron la teoría de que la crueldad absoluta y el terror organizado, en el que los sufrimientos físicos se combinan con la angustia mental y la degradación moral, tienen un valor económico definitivo, porque los bolcheviques obtuvieron el control indiscutible de Petersburgo en pocos días. Lenin no permitió que el éxito se le subiera a la cabeza. El Imperio Ruso era grande. Astutamente permitió que las elecciones, para las que el Gobierno Provisional había establecido la maquinaria, se celebraran el 25 de noviembre.

El Gobierno Provisional había previsto que la convocatoria de la Asamblea de representantes libremente elegidos fuera organizada por una comisión especial. Lenin dejó que todo transcurriera según lo previsto y luego arrestó a los miembros de esta comisión especial. La sustituyó por un "Comisario para la Asamblea Constituyente". La única diferencia entre una y otra era que los bolcheviques encabezados por Uritzky dominaban la que Lenin había formado. Con esta medida, los bolcheviques estaban en condiciones de ejercer su autoridad sobre la recién elegida Asamblea en cuanto ésta se reuniera. Cuando por fin se reunió la Asamblea, Sverdlov se hizo cargo de los procedimientos AUNQUE NO ERA DELEGADO. Los bolcheviques presentes recurrieron a tácticas que mantuvieron a los delegados en un constante alboroto. Crearon una confusión total.

Después de diez horas todos los bolcheviques salieron de repente. Entraron tropas bolcheviques. Expulsaron a los delegados que quedaban y cerraron las puertas del edificio. Este fue el fin del régimen constitucional en Rusia.

En marzo de 1918, los bolcheviques, que se autodenominaban "Partido Laborista Socialdemócrata Ruso", se trasladaron a Moscú y cambiaron su nombre por el de Partido Comunista. El segundo Congreso Panruso de los Soviets se convirtió en el órgano de gobierno oficial.

El Partido Social Revolucionario, dirigido por judíos, no quería a Lenin como hombre número uno en Rusia. El 30 de agosto de 1918 dos miembros judíos de este grupo intentaron asesinarlo. Lenin resultó herido y Uritzky, a quien Lenin había nombrado jefe de su organización Cheka, fue asesinado.

Este incidente dio a Lenin la excusa para tirar de todas las armas. Activó el terrorismo a toda máquina. Las redadas nocturnas se convirtieron en algo habitual. Nadie sabía, cuando se iba a la cama, si estaría vivo por la mañana. David Shub, en su libro pro-marxista "Lenin", dice: "En estas redadas nocturnas se perdía poco tiempo tamizando pruebas o clasificando a las personas detenidas.... Los prisioneros eran generalmente conducidos a la vieja comisaría, cerca del Palacio de Invierno, y fusilados". Asesinatos, torturas, mutilaciones, violaciones, incendios; estos y todos los demás ultrajes contra los sentimientos humanos y la decencia, fueron las rocas inexpugnables sobre las que se fundó la llamada República Socialista Soviética. Millones de ciudadanos rusos murieron. Se calcula que más de 12.000.000 de otros fueron condenados a servir al Estado en Trabajos Forzados hasta ser liberados por la muerte.

Y mientras los aliados luchaban sin entusiasmo contra el bolchevismo en cuatro frentes, Lenin reorganizó la W.R.M. En marzo de 1919, convocó la III Internacional. La presidió. Zinóviev fue elegido presidente. El objetivo de la reunión era consolidar los partidos revolucionarios en todos los países del mundo y organizar la prestación a los dirigentes de asesoramiento, ayuda financiera y cualquier otra asistencia que se considerara necesaria para el éxito de la Revolución Popular Mundial.[104]

---

[104] Se puede obtener mucha más información sobre el punto de vista ruso leyendo "Behind Communism" de Frank Britton.

Capítulo 10

El Tratado de Versalles

Ya se ha dicho que el Tratado de Versalles fue uno de los documentos más inicuos jamás firmados por los representantes de las llamadas naciones civilizadas. La injusticia perpetrada contra el pueblo alemán por los términos del Tratado de Paz hizo inevitable otra guerra mundial.[105]

Hay que entender las circunstancias que rodearon la firma del Armisticio el 11 de noviembre de 1918. El Alto Mando alemán no pidió el Armisticio porque sus ejércitos estuvieran en peligro de ser derrotados. Cuando se firmó el Armisticio los ejércitos alemanes nunca habían sido derrotados en el campo de batalla. El Alto Mando alemán pidió el armisticio para poder dedicar sus esfuerzos a impedir una revolución comunista. Rosa Luxemburg [Luxemburgo], y su Spartacus Bund, dominado por judíos, habían planeado duplicar en Alemania lo que Lenin había logrado en Rusia exactamente un año antes.

El Armisticio se firmó *como preludio de una Paz negociada*. Es de suma importancia recordar este hecho porque un Armisticio firmado en esas condiciones es muy diferente de una rendición incondicional.

Los acontecimientos que hicieron que el Alto Mando alemán se diera cuenta del peligro que corrían en el frente interior fueron los siguientes:

Los revolucionarios de Rosa Luxemburg se infiltraron en la flota alemana de alta mar. Se volvieron muy activos en 1918. Hicieron correr el rumor de que los barcos y sus tripulaciones iban a ser sacrificados en

---

[105] La injusticia perpetrada en Versalles sólo fue superada por los acuerdos celebrados posteriormente en Teherán, Potsdam y Yalta. Se demostrará que las mismas influencias malignas actuaron en todas las negociaciones.

una batalla sin cuartel contra las armadas combinadas británica y estadounidense. Los propagadores de rumores afirmaban que el propósito de la batalla era paralizar las flotas aliadas combinadas hasta tal punto que fueran incapaces de defender las costas británicas contra una invasión militar planeada para traer la Victoria a los Señores de la Guerra alemanes. Las "células" comunistas exhortaron a los marineros alemanes a amotinarse porque afirmaban que la invasión planeada de Gran Bretaña estaba condenada al fracaso debido a que los científicos británicos habían desarrollado un arma secreta. Según los rumores, las naves invasoras podían ser rodeadas por un mar de llamas mediante el uso de, productos químicos disparados desde cañones en tierra o lanzados desde aviones. El fuego, el calor y la falta de oxígeno crearían unas condiciones en las que nada humano podría sobrevivir. Los subversivos sostenían que la única manera de evitar ese destino era provocar una revolución que pusiera fin a la guerra. Los marinos alemanes se amotinaron el 3 de noviembre de 1918.

El 7 de noviembre, un gran número de marines desertó cuando se dirigía al frente occidental. Se les había dicho que iban a ser utilizados como "punta de lanza" en la rumoreada invasión de Gran Bretaña.

Mientras tanto, los levantamientos habían provocado cierres en muchos centros industriales alemanes. Los subversivos hablaban de derrotismo. Las condiciones se deterioraron hasta que, el 9 de noviembre, el Kaiser abdicó.

El Partido Socialdemócrata forma inmediatamente un gobierno republicano. El armisticio se firmó el 11 de noviembre de 1918. Los dirigentes comunistas del Spartacus Bund habían colocado a sus "células" en puestos clave del nuevo gobierno y en las fuerzas armadas. Sus esfuerzos combinados crearon condiciones caóticas en todas partes. Rosa Luxemburg jugó entonces su baza. Obligó al gobierno socialista a ordenar la desmovilización inmediata de las fuerzas armadas alemanas. Esta acción impidió que el Alto Mando alemán utilizara sus bien disciplinadas tropas para impedir la revolución pendiente que estalló en enero de 1919.

Antes de usurpar el poder en Alemania, a Rosa Luxemburg se le prometió la misma ayuda financiera y militar que los banqueros internacionales habían dado a Lenin y Trotsky un año antes. Las fases iniciales de su esfuerzo revolucionario fueron financiadas por el fondo que pusieron a su disposición a través del embajador soviético Joffe. El esfuerzo revolucionario sólo no logró lo que Lenin había conseguido en Rusia cuando la ayuda prometida no se materializó después de que Rosa hubiera lanzado su embestida inicial. Entonces se dio cuenta de que su Spartacus Bund judío había sido traicionado por los mismos hombres que ella consideraba sus amigos y partidarios. Este incidente por sí solo debería demostrar que "El Poder Secreto", detrás del movimiento revolucionario mundial, no se preocupa por el bienestar de los judíos más de lo que se preocupa por los gentiles. La mayoría de los Directores de la W.R.M. son hombres que descienden de los Khazars, Tártaros, y otras razas Mongoles-Asiáticas no-semitas. Adoptaron la religión judía para satisfacer sus propios propósitos egoístas entre los siglos VII y VIII.[106] Han utilizado a los judíos exactamente como han utilizado a los gentiles como "Peones en el Juego".

El propósito de la doble traición era doble. Los hombres que tramaron y planearon el Movimiento Revolucionario Mundial no querían que Alemania se sovietizara hasta después de haber utilizado al pueblo alemán para librar otra guerra contra Gran Bretaña. Calculaban que una Segunda Guerra Mundial dejaría a ambos Imperios tan completamente exhaustos que entonces podrían ser fácilmente subyugados por los recursos de la U.R.S.S. que controlaban bajo la dictadura de Lenin. Para iniciar una Segunda Guerra Mundial, consideraron necesario crear en Alemania un intenso odio antisemita con el fin de dividir Europa en dos campos opuestos: el fascista y el antifascista. El plan exigía que todos los países comunizados se mantuvieran neutrales, en un sentido militar, mientras sus agentes hacían todo lo posible por agravar las condiciones adversas que las mentes maestras habían creado.

Después de que la revolución dominada por los judíos se derrumbara por falta de ayuda, el pueblo ario alemán se vengó a manos llenas del pueblo judío. Miles de judíos, hombres, mujeres y niños, fueron detenidos durante la noche y ejecutados. Rosa Luxemburg, y su mano derecha hombre Karl Liebknecht, fueron capturados y fusilados en la cabeza como perros rabiosos por un teniente alemán. Así, una vez más, un gran número de judíos tuvieron que pagar la pena por los crímenes

---

[106] Ver el telón *de acero sobre América* por Pro. John Beaty. Wilkinson Publishing Co., Dallas, Texas. pp. 15-16.

de un pequeño grupo de gángsters internacionales que los utilizaron como peones en el juego de la intriga internacional.

Para prolongar e intensificar el odio del pueblo alemán hacia los judíos, la propaganda culpó a los judíos de provocar la derrota militar de las fuerzas armadas alemanas y de las condiciones injustas y humillantes impuestas por el Tratado de Versalles. La propaganda reforzó la tendencia hacia el nacionalsocialismo en Alemania representando a Gran Bretaña, Francia y Estados Unidos como países capitalistas egoístas influidos y controlados por los banqueros judíos internacionales. Así se preparó el camino para el advenimiento de Hitler.

Poco después de la firma del armisticio, los banqueros internacionales dieron instrucciones a Lenin para que consolidara la victoria comunista y se preparara para defender a los Estados soviéticos contra la agresión capitalista. Lenin anunció ésta como su política. Trotsky discrepó amargamente. Abogaba por la revolución inmediata en todos los países europeos que quedaban por subyugar. Quería ayudar al Spartacus Bund alemán para mantener vivo el espíritu revolucionario.

Lenin insistió en que su primer deber era establecer la esfera de influencia comunista en todos los países del mundo situados entre los paralelos 35 y 45 de latitud en el hemisferio norte. Lenin declaró que sólo consentiría la acción revolucionaria en los países situados dentro de esos límites. Los países más importantes eran España, Italia, Grecia, ciertas secciones de Asia Menor, incluida Palestina; ciertas secciones de China, y la zona a ambos lados de la frontera de Canadá y Estados Unidos. Lenin advirtió a la III Internacional que era deber de los dirigentes revolucionarios de todos esos países organizar sus partidos para estar preparados para tomar el poder de sus gobiernos cuando fuerzas exteriores crearan condiciones favorables a la revuelta. El fracaso de Rosa Luxemburg fue citado como ejemplo de lo que ocurriría si la acción revolucionaria se emprendiera de forma independiente.

El plan estratégico de Lenin se conoce en los círculos militares como "El plan del buey almizclero" porque estos animales del norte han sido capaces de sobrevivir contra los ataques de todos sus enemigos por el simple expediente de formar un círculo con sus cabezas apuntando hacia fuera y sus colas hacia dentro. Las crías se colocan dentro del círculo. Los lobos y los osos no podían atacar al rebaño por el flanco o por la retaguardia. Si atacaban de frente, morían corneados o despedazados por las pezuñas afiladas de los bueyes.[107]

Lenin se justificó por haber abandonado a Rosa Luxemburg alegando que así había podido organizar los ejércitos soviéticos para resistir el ataque combinado de los países capitalistas de 1919 a 1921. En 1921 Lenin informó a los miembros de la III Internacional de que España iba a ser el nido país sovietizado. Culpó a Rosa Luxemburg de ser la responsable de la ola de antisemitismo que había arrasado Alemania. La III Internacional envió entonces a Karl Radek a dirigir el comunismo en Alemania. Se le ordenó que utilizara su propia iniciativa en lo referente al reclutamiento, organización y formación del partido, pero se le advirtió que no emprendiera acciones revolucionarias hasta que se lo ordenara la Comintern. La Comintern estaba bajo el control de Lenin y, por tanto, de los banqueros internacionales.

Después de haber arreglado las condiciones internas en Alemania para adaptarlas a sus planes a largo plazo, los gángsters internacionales dirigieron su atención a Palestina. Palestina ocupaba una posición geográfica central en sus planes generales de conquista mundial. Además, sabían que los geólogos de fama mundial[108] habían localizado vastos depósitos de riqueza mineral en la zona alrededor del Mar Muerto. Por lo tanto, decidieron patrocinar el sionismo político para promover su doble propósito.

Uno. Obligar a las naciones del mundo a hacer de Palestina un Hogar Nacional para los judios, de modo que tuvieran un estado soberano que controlarian en razon de su riqueza y poder. Si sus planes a largo plazo maduraran hasta el punto de una tercera guerra mundial podrian utilizar su estado soberano para extender el control que ejercian sobre las naciones comunizadas a todo el mundo. Una vez logrado esto, podrían coronar al jefe del grupo "Rey del Universo" y "Dios en esta Tierra".[109]

---

[107] El tiempo ha demostrado hasta qué punto ha madurado este plan de largo alcance, y explica por qué China fue entregada a los comunistas.

[108] Se trataba de Conningham-Craig, mencionado anteriormente.

[109] Los planes a largo plazo publicados en el capítulo 3 así lo demuestran.

Dos. Tenían que asegurarse el control de la riqueza mineral por valor de cinco billones de dólares que sabían que se ocultaba en las orillas del Mar Muerto y sus alrededores. Los acontecimientos mostrarán cómo llevaron a cabo su doble propósito. Después de que Gran Bretaña, Francia y Estados Unidos, se comprometieran a formar un hogar nacional para los judíos en Palestina, mediante la Declaración Balfour en abril de 1917, Lord Allenby recibió la orden de expulsar a los turcos de Asia Menor y ocupar Tierra Santa. El hecho de que Palestina iba a ser entregada a los judíos no se dio a conocer hasta después de que los árabes hubieran ayudado a Allenby a llevar a cabo esta tarea. La impresión general era que Palestina sería un protectorado británico.

Inmediatamente despues de la entrada triunfante de Lord Allenby en Jerusalem los banqueros internacionales 'persuadieron' los gobiernos aliados a nombrar sus emisarios politicos como una Comision Sionista. Oficialmente, los miembros de esta comision fueron enviados a Palestina para actuar como enlace entre la Administracion militar y los judios. Su verdadero propósito era "aconsejar" al general Clayton para que su administración militar impulsara sus planes secretos. La Comisión Sionista entró en vigor en marzo de 1918.

Entre los miembros de la Comisión Sionista se encontraba el Mayor Ormsby-Gore. Posteriormente se convirtió en Lord Harlich. Fue director del Midland Bank, del Standard Bank de Sudáfrica y de la Union Corporation.[110]

Mayor James de Rothschild, hijo de Edmund de Rothschild de París, antiguo propietario de las colonias Rothschild en Palestina. Posteriormente, el comandante de Rothschild se convirtió en miembro liberal del Parlamento británico. Desempeñó este cargo de 1929 a 1945. Fue nombrado secretario parlamentario del gobierno de coalición Churchill-Labour.

El teniente Edwin Samuel fue posteriormente Censor Jefe del gobierno británico durante la Segunda Guerra Mundial. Fue nombrado Director

---

[110] Los directivos del Standard Bank contribuyeron a provocar la guerra de los bóers para hacerse con el control de los yacimientos de oro y diamantes de África.

Jefe de la Radiotelevisión Palestina tras la creación del Estado de Israel en 1948.[111]

El Sr. Israel Sieff era director de Marks and Spencers, los grandes almacenes británicos. Era un estrecho colaborador de todos los banqueros internacionales. Fue nombrado Presidente del Comité de Planificación Política y Económica. Fue miembro permanente del "Brain Trust" que "asesoró" a los sucesivos gobiernos británicos. Su posición en Gran Bretaña era muy similar a la de Bernard Baruch en los Estados Unidos de América desde 1918 hasta la fecha. El Sr. Sieff prestó a los banqueros internacionales un servicio tan destacado que fue nombrado comandante de la Orden de los Macabeos.

Leon Simon: Posteriormente fue nombrado caballero y puesto al frente de la Oficina General de Correos británica. Controlaba todas las instalaciones de telégrafo, teléfono y cable. El resto de los miembros de la comisión eran el Dr. Elder, el Sr. Joseph Cowen y el Sr. Chaim Weizmann, todos ellos amigos íntimos de los sionistas ricos de Estados Unidos.[112]

Sir R. Storrs dice que la Comisión Sionista fue enviada a Palestina antes de que comenzara la Conferencia de Paz, con el fin de crear una atmósfera favorable al establecimiento de un hogar nacional para los judíos; y también para estimular a sus partidarios financieros.

Los banqueros internacionales dominaron la conferencia que culminó en el Tratado de Versalles. Prueba de ello es que en enero de 1919 el Sr. Paul Warburg (que elaboró el sistema de la Reserva Federal en EE.UU.), llegó a París para encabezar la delegación estadounidense. Su

---

[111] Hubiera sido más acertado darle el título de Director Jefe de Propaganda de los Banqueros Internacionales.

[112] La importancia de Palestina en los planes de quienes dirigen el Movimiento Revolucionario Mundial es tal que se han escrito varios libros sobre el tema. Las personas que deseen estar mejor informadas deberían leer: Palestina, la realidad, de J.M.N. Jeffries; *El complot de Palestina*, de B. Jensen; *Sionismo y Palestina*, de Sir Ronald Storrs (que fue el primer gobernador de Jerusalén); *Ginebra contra la paz*, del Conde de St. Aulaire (que fue embajador en el Palacio de St. James, Inglaterra); La Conferencia de Paz de París, del Dr. Dillon, Londres, 1919; Brief for Prosecution, del Mayor C.H. Douglas.

hermano Max llegó para encabezar la delegación alemana. Comte de St. Aulaire dice: "Aquellos que buscan la verdad en otro lugar que no sean los documentos oficiales saben que el presidente Wilson, cuya elección había sido financiada por el Gran Banco de Nueva York (Kuhn-Loeb & Co.) rindió una obediencia casi completa a su entera disposición."

El Dr. Dillon afirma

> "La secuencia de expedientes elaborados y aplicados en esta dirección fueron inspirados por los judíos (es decir, los representantes de los banqueros internacionales) reunidos en París con el propósito de realizar sus programas cuidadosamente pensados que lograron hacer ejecutar sustancialmente."

El Mandato de Palestina fue redactado por el Profesor Felix Frankfurter, el eminente sionista americano, que más tarde se convirtió en Consejero Jefe en la Casa Blanca del Presidente Roosevelt. Fue asistido por el Honorable Sir Herbert Samuel, Dr. Jacobson, Dr. Fiewel, Sr. Sacher, Sr. Landman, Sr. Ben Cohen, y Sr. Lucien Wolfe que ejerció tremenda influencia sobre Sr. David Lloyd George.[113] Se decía que poseía todos los secretos del Ministerio de Asuntos Exteriores británico.[114] En las conferencias preliminares M. Mandel (cuyo nombre verdadero era Rothschild) era secretario privado de Sr. Clemenceau de Francia. Henry Morgenthau formaba parte de la delegación de los Estados Unidos en calidad de supervisor general. Era el padre del hombre que más tarde se convirtió en Secretario Financiero del Presidente Roosevelt. Otro hombre afiliado con los banqueros internacionales era Sr. Oscar Strauss que toma una parte principal en la formación de la Liga de Naciones y moldeando sus políticas de modo que encajaran con el Plan de Largo Alcance de los Gángsters Internacionales para la dominación final del mundo.

El Sr. Lucien Wolfe dice en la página 408 de sus "*Ensayos de Historia Judía*" "Un pequeño grupo de otros judíos distinguidos aparecen como

---

[113] El Sr. L. Wolfe publicó *Ensayos de historia judía* en 1934.

[114] Véase Jewish Guardian, número de junio de 1920. También *The Surrender of an Empire* de Nesta H Webster, p. 357, 1933; y *The Palestine Plot* de B. Jensen, p, 60.

firmantes del Tratado de Paz. El Tratado de Versalles es firmado para Francia por Louis Klotz. (Posteriormente se vio implicado en turbias transacciones financieras y se retiró de la vida pública. Ed.) el barón Somino por Italia, y Edwin Montague por la India".

El Sr. Harold Nicolson, autor de "Peace Making 1919-1944" p. 243 afirma, que Wolfe le sugirió que todos los judíos deberían tener protección internacional mientras conservaban todos los derechos nacionales de explotación. M. Georges Batault dice en "Le Problème Juif", p. 38, "Los judíos que rodearon a Lloyd George, Wilson y Clemenceau tienen la culpa de haber creado una "paz judía"". Una vez más se culpa a la raza judía de los pecados de unos cuantos financieros despiadados.

En la primavera de 1919, Béla Kun usurpó el poder en Hungría. Intentó poner en práctica las ideas de Lucien Wolfe. La dictadura de Béla Kun sólo duró tres meses, pero durante ese tiempo decenas de miles de cristianos fueron desposeídos y asesinados sin piedad. Entre las víctimas había trabajadores, oficiales del ejército, comerciantes, terratenientes, profesionales, sacerdotes y laicos.

El "Nuevo Anuario Internacional de 1919" dice en parte:

> "El gobierno de Béla Kun estaba compuesto casi exclusivamente por judíos, que ocupaban también los cargos administrativos. Los comunistas se habían unido primero con los socialistas, que no eran del partido extremadamente radical, sino que se parecían en algo a los partidos laboristas, o grupos sindicales, de otros países. Sin embargo, Béla Kun no seleccionó a su personal entre ellos, sino que recurrió a los judíos y constituyó prácticamente una burocracia judía."

La historia cuenta que, tras tres meses de saqueos sistemáticos, violaciones y asesinatos al por mayor, Béla Kun fue depuesto. En lugar de ser ejecutado, fue internado en un manicomio. Su liberación fue organizada por agentes del poderoso grupo al que tan bien había servido. Regresó a Rusia y fue puesto al mando de la Cheka, que aterrorizó a los ucranianos hasta someterlos cuando Stalin recibió la orden de colectivizar la agricultura en los soviets. Cinco millones de campesinos murieron de hambre por negarse a obedecer los edictos. Más de cinco millones más fueron enviados a realizar trabajos forzados en Siberia.

Cuando Stalin intentó convertir España en una dictadura comunista en 1936, Béla Kun fue elegido para organizar el Reinado del Terror en España.

El poder de los banqueros internacionales queda bien ilustrado por un incidente ocurrido durante las conferencias preliminares celebradas en París en 1919. Las negociaciones tendían a desviarse de la política fijada por los banqueros internacionales. Entonces, Jacob Schiff, de Nueva York, envió al presidente Wilson, que asistía a la conferencia de París, un telegrama de dos mil palabras. Daba 'instrucciones' al presidente de los Estados Unidos sobre lo que debía hacer con respecto al Mandato de Palestina, las Reparaciones Alemanas, la Alta Silesia, el Sarre, el Corredor de Danzing y Fiume. El cablegrama estaba fechado el 28 de mayo de 1919. Schiff lo envió en el nombre de la Asociación de la Liga de las Naciones Libres. [115]

Al recibir el cablegrama, el Presidente Wilson cambió inmediatamente el rumbo de las negociaciones. De este incidente el Conde de St. Aulaire dijo: "El Tratado de Versalles sobre estas cinco cuestiones fue dictado por Jacob Schiff y sus correligionarios".[116] Hay que señalar de nuevo que las bases del pueblo judío no tuvieron absolutamente nada que ver con la elaboración de la política que los banqueros internacionales insistieron en que llevaran a cabo Lloyd George, el presidente Wilson y el primer ministro Clemenceau.

Tan pronto como los gobiernos aliados fueron "persuadidos" de hacer de Palestina un Protectorado Británico, (como se pedía en el cable), los banqueros internacionales instruyeron a sus agentes que los términos del Tratado de Paz debían ser tan severos que sería imposible que el pueblo alemán los tolerara por mucho tiempo. Esto formaba parte del plan para mantener al pueblo alemán odiando a los británicos, franceses, americanos y judíos, de modo que estuvieran dispuestos a luchar de nuevo para recuperar sus derechos legales.

Inmediatamente después de la firma del Tratado de Versalles, comenzó la falsa guerra capitalista-bolchevique. Esta guerra permitió a Lenin

---

[115] Esta liga estaba financiada, y dominada, por cinco banqueros estadounidenses.

[116] Véase *Ginebra contra la paz*, p. 90.

justificar su política, por la que abandonó a su suerte a los revolucionarios alemanes para consolidar las conquistas que ya había logrado en Rusia. Nunca se permitió que la guerra contra el bolchevismo pusiera en peligro la dictadura de Lenin. Terminó en 1921. El resultado neto fue que los bolcheviques ganaron una enorme cantidad de prestigio, mientras que los países capitalistas perdieron una cantidad similar. Esto allanó el camino para que los agentes de los banqueros internacionales sugirieran, en interés de la PAZ permanente, que los Estados soviéticos fueran admitidos como miembros de la Sociedad de Naciones.

El gobierno británico, siempre obediente a los "deseos" de los banqueros internacionales, fue el primero en acceder a la nueva "petición". Francia siguió su ejemplo el 28 de octubre de 1924. Después de que el infame Litvinov trabajara sobre Henry Morgenthau y Dean Acheson (ambos dominados por Felix Frankfurter y Louis D. Brandeis), el presidente Roosevelt reconoció a los soviéticos el 16 de noviembre de 1933. La Sociedad de Naciones aceptó a los Estados soviéticos como miembros. A partir de ese día, la Sociedad de Naciones no fue ni más ni menos que un instrumento en manos de Stalin. Sus agentes moldearon su política y sus actividades, para adaptarlas a los Planes a Largo Plazo de quienes dirigen el Movimiento Revolucionario Mundial.[117]

Una vez admitidos los países comunistas en la Sociedad de Naciones, los masones del Gran Oriente, que eran delegados o formaban parte del personal, se hicieron cargo.[118]

Wickham Steed, antiguo director del Times de Londres, era uno de los hombres mejor informados del mundo. En más de una ocasión discutió el hecho de que los banqueros internacionales dominaban los asuntos

---

[117] Para más detalles, lea Moscow's *Red Letter Day in American History*, de Wm. La Varre, en la edición de agosto de la revista American Legion Magazine. También el libro de Trotsky titulado *Stalin*.

[118] Lea *La mano oculta*, página 28, del coronel A.H. Lane. Nahun Sokolov, que fue Presidente del Comité Ejecutivo del Congreso Sionista, dijo el 25 de agosto de 1952: "La Sociedad de Naciones es una idea judía".

internacionales. Hizo esta afirmación definitiva justo después de la firma del Tratado de Versalles:

"Insist[ía] en que [, desconocidos para él,] los principales impulsores (para hacer que las potencias aliadas reconocieran la dictadura bolchevique) eran Jacob Schiff, Warburg y otros financieros internacionales, que deseaban sobre todo reforzar a los bolcheviques judíos a fin de asegurar un campo para la explotación alemana y judía de Rusia.[119]

Leo Maxse, escribiendo en el número de agosto de la "National Review" de 1919, declaró: "Quienquiera que esté en el poder en Downing Street, ya sean Conservadores, Radicales, Coalicionistas o Pseudobolcheviques, los judíos internacionales gobiernan el gallinero. He aquí el misterio de la 'Mano Oculta' del que no ha habido ninguna explicación inteligente". Una vez más la palabra 'judío' debería haber sido 'banquero' o 'gángster'. Seria igual de razonable culpar a todos los Catolicos Romanos por los crimenes de unos pocos Jefes de la Mafia Romana que habían abandonado la práctica de su religión por muchos años.[120]

Cuando el Sr. Winston Churchill visitó Palestina en marzo de 1921, se le pidió que se reuniera con una delegación de dirigentes musulmanes. Estos protestaron porque el objetivo último del sionismo político era entregar los recursos naturales de Palestina a los judíos. Señalaron que los árabes habían ocupado Palestina durante más de mil años. Pidieron a Churchill que utilizara su influencia para corregir lo que consideraban una gran injusticia. Churchill respondió:

"Me piden que rechace la Declaración Balfour y que detenga la inmigración (judía). Esto no está en mi mano... y no es mi deseo... Creemos que es bueno para el mundo, bueno para los judíos, bueno

---

[119] Leído *a lo largo de treinta años* por Wickham Steed, Londres. Vol. 2, pp. 301-302.

[120] Fueron las referencias a El Poder Secreto y La Mano Oculta de Steed, De Poncin, Mrs. Webster, Maxse y otros las que me hicieron investigar el asunto en un esfuerzo por encontrar la verdadera respuesta. Autor.

para el Imperio Británico y bueno también para los árabes... y pretendemos que así sea[121]

Cuando Churchill dio su respuesta a los Arabes estaba probablemente pensando en la amenaza lanzada por Chaim Weizmann que habia sido un agente de los banqueros internacionales durante muchos anos. Justo un ano antes de la visita de Churchill a Palestina, Weizmann habia hecho una declaracion oficial de politica que fue publicada en 'Judische Rundschau', No. 4, 1920: Dijo

> "Nos estableceremos en Palestina, os guste o no... Podéis acelerar nuestra llegada o retrasarla. Sin embargo, es mejor que nos ayudéis para evitar que nuestros poderes constructivos se conviertan en un poder destructivo que derroque al mundo."

La declaración de Weizmann debe ser estudiada en conjunción con otra declaración hecha por un banquero internacional a una reunión de sionistas en Budapest en 1919. Cuando discutía las probabilidades de un supergobierno fue citado por el Conde de St:

> "En la gestión del Nuevo Mundo damos prueba de nuestra organización tanto para la revolución como para la construcción mediante la creación de la Sociedad de Naciones, que es nuestra Obra. El bolchevismo es el acelerador, y la Sociedad de Naciones es el freno del mecanismo del que suministramos tanto la fuerza motriz como el poder guía... ¿Cuál es el fin? Eso ya está determinado por nuestra misión".[122] Un gobierno mundial.

Las dos declaraciones combinadas muestran el alcance internacional de sus ambiciones secretas. Ocho años después de haber terminado este

---

[121] La plena importancia de esta declaración no fue apreciada ni siquiera por el autor hasta 1954, cuando el Primer Ministro Churchill (durante su visita a Bernard Baruch) declaró: "Soy sionista y siempre he promovido el sionismo". Luego siguió esta declaración abogando enérgicamente por la "coexistencia pacífica con las naciones comunistas". Como los Estados comunistas son en realidad dictaduras financieras internacionales, hay que suponer que tanto en 1921 como en 1954 Churchill creía secretamente que eran los más aptos y capaces para gobernar en las condiciones actuales.

[122] *Ginebra contra la paz*, p. 83.

capítulo del manuscrito original, el siguiente informe llegó a mis manos a través del Servicio de Inteligencia Canadiense.

Dado que las declaraciones hechas en la Conferencia celebrada en Budapest el 12 de enero de 1952 apoyan mis argumentos de 1944 y confirman las conclusiones a las que había llegado en 1924, inserto aquí textualmente el informe del discurso pronunciado en 1952. fue originalmente puesto a disposición de una publicación americana "Common Sense" por el Sr. Eustace Mullins, una autoridad en la conspiración marxista. [123]

"Un informe de Europa lleva el siguiente discurso del Rabino Emanuel Rabinovich ante una reunión especial del Consejo de Emergencia de Rabinos Europeos en Budapest, Hungría, el 12 de enero de 1952:

Saludos, hijos míos: Habéis sido convocados aquí para recapitular los principales pasos de nuestro nuevo programa. Como sabéis, habíamos esperado tener veinte años entre guerras para consolidar los grandes logros que obtuvimos de la Segunda Guerra Mundial, pero nuestro creciente número en ciertas áreas vitales está despertando oposición contra nosotros, y ahora debemos Trabajar con todos los medios a nuestro alcance para precipitar la Tercera Guerra Mundial dentro de cinco años.

El objetivo por el que nos hemos esforzado con tanto ahínco durante tres mil años está por fin a nuestro alcance, y como su cumplimiento es tan evidente, nos corresponde multiplicar por diez nuestros esfuerzos y nuestra cautela. Puedo prometerles con seguridad que antes de que pasen diez años, nuestra raza ocupará el lugar que le corresponde en el mundo, con cada judío como rey y cada gentil como esclavo. (Aplausos de la concurrencia). Ustedes recuerdan el éxito de nuestra campaña de propaganda durante la década de 1930, que despertó pasiones antiamericanas en Alemania al mismo tiempo que nosotros despertábamos pasiones antialemanas en Estados Unidos, campaña que culminó en la Segunda Guerra Mundial. Una campaña de propaganda similar se está llevando a cabo ahora intensamente en todo el mundo. En Rusia se ha desatado una fiebre

---

[123] El Sr. E. Mullins es autor de *"La conspiración de la Reserva Federal"*. Publicado por "Common Sense", Nueva Jersey, EE.UU. y reeditado por Omnia Veritas Ltd, www.omnia-veritas.com.

de guerra mediante un incesante bombardeo antiamericano, mientras que en Estados Unidos se extiende por todo el país un miedo anticomunista. Esta campaña está forzando a todas las naciones más pequeñas a elegir entre la asociación con Rusia o una alianza con los Estados Unidos.

'Nuestro problema más acuciante en este momento es inflamar el rezagado espíritu militarista de los norteamericanos. El fracaso de la Ley de Entrenamiento Militar Universal fue un gran revés para nuestros planes, pero estamos seguros de que una medida adecuada será aprobada por el Congreso inmediatamente después de las elecciones de 1952. Los rusos, así como los pueblos asiáticos, están bien controlados y no ofrecen objeciones a la guerra, pero debemos esperar para asegurar a los americanos. Esto esperamos hacerlo con el tema del antisemitismo, que tan bien funcionó para unir a los americanos contra Alemania. Contamos mucho con los informes sobre los ultrajes antisemitas en Rusia para ayudar a despertar la indignación en Estados Unidos y crear un frente de solidaridad contra el poder soviético. Simultáneamente, para demostrar a los americanos la realidad del antisemitismo, adelantaremos a través de nuevas fuentes grandes sumas de dinero a elementos abiertamente antisemitas en América para aumentar su eficacia, y escenificaremos brotes antisemitas en varias de sus ciudades más grandes. Esto servirá al doble propósito de exponer a los sectores reaccionarios en América, que pueden ser silenciados, y de soldar a los Estados Unidos en una unidad antirrusa devota.

'Dentro de cinco años, este programa alcanzará su objetivo, la Tercera Guerra Mundial, que superará en destrucción a todas las contiendas anteriores. Israel, por supuesto permanecerá neutral, y cuando ambos bandos estén devastados y exhaustos arbitraremos, enviando nuestra Comisión de Control a todos los países destrozados. Esta guerra pondrá fin para siempre a nuestra lucha contra los gentiles.

Revelaremos abiertamente nuestra identidad con las razas de Asia y África. Puedo afirmar con seguridad que la última generación de niños blancos está naciendo ahora. Nuestras Comisiones de Control, en interés de la paz y para acabar con las tensiones interraciales, prohibirán a los blancos aparearse con blancos.

Las mujeres blancas deben cohabitar con miembros de las razas oscuras, los hombres blancos con mujeres negras. Así desaparecerá la raza blanca, pues mezclar lo oscuro con lo blanco significa el fin del hombre blanco, y nuestro enemigo más peligroso se convertirá sólo en un recuerdo. Nos embarcaremos en una era de diez mil años de paz y abundancia, la Pax Judaica, y nuestra raza gobernará indiscutiblemente el mundo. Nuestra inteligencia superior nos permitirá fácilmente mantener el dominio sobre un mundo de pueblos oscuros".

Pregunta de la asamblea:

"Rabinovich, ¿qué pasa con las distintas religiones después de la Tercera Guerra Mundial?

Rabinovich:

No habrá más religiones. No sólo la existencia de una clase sacerdotal seguiría siendo un peligro constante para nuestro dominio, sino que la creencia en una vida después de la muerte daría fuerza espiritual a elementos irreconciliables en muchos países, y les permitiría resistirnos. Sin embargo, conservaremos los rituales y costumbres del judaísmo como marca de nuestra casta gobernante hereditaria, reforzando nuestras leyes raciales de modo que a ningún judío se le permitirá casarse fuera de nuestra raza, ni ningún extraño será aceptado por nosotros.

Puede que tengamos que repetir los sombríos días de la Segunda Guerra Mundial, cuando nos vimos obligados a dejar que los bandidos hitlerianos sacrificaran a parte de nuestro pueblo, para poder disponer de la documentación y los testigos adecuados para justificar legalmente nuestro juicio y ejecución de los líderes de América y Rusia como criminales de guerra, después de que hayamos dictado la Paz. Estoy seguro de que necesitará poca preparación para tal deber, ya que el sacrificio siempre ha sido la consigna de nuestro pueblo, y la muerte de unos pocos miles de judíos a cambio del liderazgo mundial es, de hecho, un pequeño precio a pagar.

'Para convencerte de la certeza de ese liderazgo, permíteme señalarte cómo hemos convertido todos los inventos del hombre blanco en armas contra él. Sus imprentas y radios son las portavoces de nuestros deseos, y su industria pesada fabrica los instrumentos que envía para armar a Asia y África contra él.

Nuestro interés en Washington es ampliar en gran medida el Programa Punto Cuatro para desarrollar la industria en las zonas atrasadas del mundo, de modo que después de que las plantas industriales y las ciudades de Europa y América sean destruidas por la guerra atómica, los blancos no puedan ofrecer resistencia contra las grandes masas de las razas oscuras, que mantendrán una superioridad tecnológica indiscutible.[124]

'Y así, con la visión de la victoria mundial ante vosotros, volved a vuestros países e intensificad vuestro buen trabajo, hasta esa Luz que se aproxima cuando Israel se revelará en todo su glorioso destino como la Luz del Mundo.' Illuminati significa 'Poseedor de la Luz'".

Este discurso también confirma lo que he sostenido con respecto a la manera en que los Poderes Secretos han agitado deliberadamente el antisemitismo para satisfacer sus propósitos y también el anticomunismo. Prueba mi afirmación de que los Illuminati han utilizado el comunismo, el sionismo y el fascismo para promover sus ambiciones secretas. Y, si pueden, utilizarán la Democracia Cristiana contra el Comunismo para llevar a cabo la siguiente fase de su plan a largo plazo... La Tercera Guerra Mundial. Pero la característica más esclarecedora del discurso es el hecho de que revela la manera en que los Illuminati utilizan a un rabino judío para convencer a otros correligionarios de que ellos serán la clase gobernante en el Nuevo Orden Mundial -un hecho que la historia pasada indicaría que es muy dudoso. El Satanismo, no los Judíos gobernarán.

En virtud del Tratado de Versalles de 1919, los banqueros internacionales obtuvieron el control sobre el rearme militar de Alemania y su recuperación económica. Una vez logrado esto, firmaron el Abmachungen (acuerdo) con el Alto Mando alemán. Acordaron que los soviéticos suministrarían en secreto a los generales alemanes todas las armas y municiones que necesitaban para un ejército moderno de varios millones de soldados. También se comprometieron a que el dictador soviético pusiera a disposición de los alemanes instalaciones completas de entrenamiento para que pudieran formar el número de oficiales y suboficiales que necesitarían para dirigir el nuevo ejército

---

[124] Estudia esta declaración en relación con la reunión de dirigentes de todas las razas "oscuras" y "negras" que se celebró en Bandung en abril de 1956 y la política de envío de armas a Israel y Egipto.

que planeaban crear cuando consideraran que había llegado el momento.

Los grandes proyectos de construcción necesarios para poner en práctica las condiciones de los Abmachungens fueron financiados por los banqueros internacionales. [125] De este modo, tanto los países comunistas como los fascistas pudieron desarrollar su economía y su potencial bélico. Los banqueros internacionales permitieron al Alto Mando alemán eludir todas las restricciones militares impuestas por el Tratado de Versalles.[126]

Las vastas fábricas de municiones y armamento de Krupp construidas en los soviéticos detrás de los montes Urales recibieron el nombre de "Manych". Las empresas alemanas de armamento obtuvieron todas las concesiones que solicitaron. Una intriga internacional a tal escala sólo podía significar una cosa. Los implicados se preparaban para la Segunda Guerra Mundial. Los gobiernos de las llamadas naciones aliadas estaban perfectamente informados de lo que ocurría entre bastidores, como pude comprobar cuando visité Londres durante la conferencia sobre desarme naval de 1930. Esto no es más que otra prueba de que Disraeli dijo la verdad cuando afirmó

"Los gobiernos elegidos no gobiernan".

Así la historia revela que de 1920 a 1934 el Poder Secreto dirigió la intriga internacional de tal manera que los líderes del comunismo ALLEGADAMENTE judío dominado en RUSIA trabajaban mano a mano con los líderes del nazismo ALLEGADAMENTE ario dominado en Alemania. Esta fase de la historia es de lo más complicada. Es difícil de entender para el ciudadano medio.[127]

---

[125] Esto fue antes de la llegada de Hitler.

[126] Se demostrará que los Generales Alemanes, y los oficiales de alto nivel que negociaron las Abmachungen fueron los condenados a muerte en los Juicios de Nuremberg como Criminales de Guerra. Sabían demasiado.

[127] Sin embargo, el Sr. Cecil F. Melville, que estudió a fondo esta fase particular del Movimiento Revolucionario Mundial y escribió *The Russian Face of Germany*, ha arrojado mucha luz sobre este tema.

El comunismo y el nazismo tienen varias cosas en común: ambos son credos ateos que niegan la existencia de Dios Todopoderoso. Ambos abogan por la guerra, el odio y la fuerza; en oposición a la política de Cristo de paz, amor y enseñanza. Por lo tanto, los líderes de ambas ideologías ateo-materialistas DEBEN ser agentes del Diablo. Ellos promueven la conspiración diabólica para ganar las almas de los hombres lejos de la lealtad y la obediencia a Dios Todopoderoso. Ambos utilizan una forma de masonería del Gran Oriente con fines proselitistas.[128] El jefe del Consejo de los Treinta y Tres es el presidente del consejo de altos ejecutivos de los Trece, al que se hizo referencia anteriormente. Debido a que las ceremonias de iniciación de TODAS las logias del Gran Oriente requieren que el candidato jure que no reconocerá a ningún otro mortal por encima de la cabeza de la organización esa cabeza es automáticamente Dios en la Tierra. Los banqueros internacionales siempre han sido los altos ejecutivos de la Masonería del Gran Oriente desde 1770. Los Señores de la Guerra Arios siempre han sido los altos ejecutivos de las Logias Alemanas. Ellos seleccionan a sus propios sucesores.

Un repaso a la historia, 1914-1934, indica:

1. Que los banqueros internacionales fomentaron la Primera Guerra Mundial para crear condiciones favorables a la acción revolucionaria y permitirles así obtener el control indiscutible del Imperio Ruso.

2. Eliminar a los Jefes Coronados de Europa. Estos gobernantes tenían que ser destituidos antes de que cualquiera de los dos grupos pudiera lograr sus ambiciones totalitarias.

3. Obligar a los gobiernos británico y francés a acordar el establecimiento de un Hogar Nacional para los judíos en Palestina.

El gobierno de Gran Bretaña se vio obligado a ayudar a los banqueros internacionales a planear la revolución bolchevique en Rusia en 1917 para obtener su promesa de que llevarían a Estados Unidos a la guerra

---

[128] NOTA: Las logias alemanas del Gran Oriente nunca han admitido judíos como miembros por la razón obvia de que los poderes secretos nunca podrían haber puesto en marcha un complot internacional de la naturaleza y proporciones de los Abmachungen, si su política hubiera sido otra.

del lado de los aliados. Se puede suponer que el S.S. Lusitania fue hundido para proporcionar el incidente necesario para justificar el cambio de la política estadounidense, al igual que Pearl Harbour se utilizó como excusa para que Estados Unidos entrara en la Segunda Guerra Mundial.

El borrador original del mandato sobre Palestina dice: "CONVERTIR PALESTINA EN UN HOGAR NACIONAL PARA LOS JUDÍOS". Fue alterado en el último minuto para que dijera "establecer un Hogar Nacional para el Judío EN PALESTINA". Esto se hizo para ocultar las ambiciones secretas de los sionistas.

Los banqueros internacionales ocultaron deliberadamente la verdad sobre los vastos yacimientos minerales que los geólogos habían descubierto en Palestina hasta DESPUÉS de que los gobiernos de Gran Bretaña, Francia y Estados Unidos hubieran aceptado su Mandato de Palestina.[129]

Los banqueros internacionales utilizaron el Sionismo para obtener el control de un Estado Soberano centralizado desde el cual podrían extender el control que ahora ejercen sobre la URSS para cubrir todo el Mundo.

Los conspiradores gestionaron los asuntos internacionales entre 1921 y 1934 para que Europa se dividiera en dos bandos -fascista y antifascista- en preparación para la Segunda Guerra Mundial.

---

[129] NOTA: La verdad sobre el valor de los recursos minerales no se filtró hasta que las Naciones Unidas dividieron Palestina en 1948, de tal manera que ahora se sabe que en el Estado de Israel hay minerales por valor de más de cinco billones de dólares. El conde Bernadotte de Suecia propuso que los judíos cedieran todo el sur y recibieran Galilea Occidental en el norte. Su plan fue rechazado y en septiembre de 1947 el conde Bernadotte fue asesinado por extremistas judíos.

Capítulo XI

Stalin

Stalin nació como Joseph Vissarionovich Djugashvili, en el pueblo de montaña de Gori, en la provincia de Georgia, en 1879. Su padre era un campesino del pueblo de Dido-Lilo. Su madre, Ekaterina Geladze, era una devota religiosa cuyos antepasados habían sido siervos en el pueblo de Gambarouli.

No se sabe mucho sobre el padre de Stalin, salvo que a veces trabajaba como obrero y otras como zapatero en una fábrica de calzado de Adelkhanov. Se dice que era una persona despreocupada a la que le gustaba mucho beber. La madre de Stalin, sin embargo, era una madre abnegada y trabajaba duro. Lavaba ropa para ganar dinero extra para su familia. Su ambición era que Stalin llegara a ser sacerdote. Escatimó y ahorró para proporcionarle la educación necesaria. El joven Stalin asistió a la escuela primaria de Gori durante cuatro años y ganó una beca que le permitió asistir al Seminario Teológico de Tiflis. Pero Stalin no estaba hecho para la vida religiosa. Se metía continuamente en problemas con las autoridades del seminario. Fue expulsado tras cursar cuatro años de estudios. Entonces se unió a un grupo de jóvenes revolucionarios.

Stalin se casó primero con Ekaterina Svanidze, que le dio un hijo, Yasha-Jacob Djugashvili. Este niño nunca fue muy brillante. Incluso después de que su padre se convirtiera en dictador, trabajó como electricista y mecánico.

La segunda esposa de Stalin fue Nadya Allilyova que le dio dos hijos, Vasili, un hijo, y Svetlana, una hija. Vasili llegó a ser general de división de las Fuerzas Aéreas soviéticas. Solía dirigir las demostraciones de vuelo en ocasiones especiales de Estado después de que su padre se convirtiera en dictador. Fue arrojado al descarte tras la muerte de su padre.

Stalin y su segunda esposa no parecen haberse llevado muy bien. Stalin tuvo un romance con una hermosa judía, Rosa Kaganovich. Se dice que vivía con Stalin cuando su segunda esposa, Nadya, se suicidó.

Se cree que, además de las aventuras amorosas de Stalin, Nadya se deprimía cada vez más como consecuencia de la forma despiadada en que Stalin masacraba a tantos correligionarios suyos a los que acusaba de diversionistas.

El hermano de Rosa, Lazar Kaganovich, era un gran amigo de Stalin. Fue nombrado miembro del Politburó de y conservó su cargo hasta la muerte de Stalin. Kaganovich demostró su capacidad como Comisario de Industria Pesada cuando explotó los yacimientos petrolíferos de la cuenca de Donetz y construyó el metro de Moscú. El hijo de Kaganovich, Mihail, se casó con la hija de Stalin, Svetlana.[130] Qué fue del primer marido de Svetlana sigue siendo un misterio. Al parecer, el primer marido de Svetlana se retiró, o fue retirado, para permitir que el hijo de Kaganovich se casara con la hija de Stalin, al igual que la segunda esposa de Stalin se retiró, o fue retirada, para permitir que Stalin se casara con la hermana de Kaganovich, Rosa. Se dice que Stalin se casó con Rosa después del suicidio de su esposa.

Molotov, viceprimer ministro de Stalin, estaba casado con una judía, hermana de Sam Karp, propietario de Karp Exporting Co. de Bridgeport, Connecticut. La hija de Molotov se comprometió con el hijo de Stalin, Vasili, en 1951, por lo que el Politburó era hasta cierto punto "un pacto familiar".

Como se ha mencionado anteriormente, Stalin sólo llegó a ser miembro de la corteza superior del partido revolucionario ruso porque, durante las fases preliminares de la Revolución Rusa, muchos de los líderes más conocidos estaban en la cárcel. Stalin nunca ascendió a ninguna posición muy exaltada en el Partido Comunista durante la dictadura de Lenin. Fue durante la última enfermedad de Lenin cuando Stalin se disputó la posición, y luego se puso al frente, para eliminar a Trotsky y

---

[130] El matrimonio de Svetlana Stalin con Mihail Kaganovich se publicó en Associated Press el 15 de julio de 1951.

a otros contendientes judíos. Una vez que asumió el liderazgo, nunca lo abandonó hasta su muerte.

Cómo llegó Stalin al poder es una historia interesante. Lenin sufrió una apoplejía paralítica en mayo de 1922, que afectó a su habla y a sus reflejos motores. En diciembre de ese año nombró un triunvirato compuesto por Zinoviev, Kamenev y Stalin para repartirse los problemas del gobierno. Poco después Lenin sufrió otro ataque y murió. Trotsky ha sugerido, y sus seguidores creen, que Stalin ayudó a provocar la muerte de Lenin porque estaba irritado por la incapacidad y la prolongada enfermedad de Lenin.

Cuando el triunvirato empezó a funcionar en Moscú, el Politburó estaba formado por Lenin, Zinóviev, Kámenev, Trotski, Bujarin, Tomski y Stalin. Zinóviev y Kámenev habían sido la mano derecha de Lenin desde el día en que se convirtió en dictador. Naturalmente, se consideraban los miembros más antiguos del triunvirato y, lógicamente, sus sucesores. Zinóviev trataba a Stalin de forma circunspecta condescendiente y Kámenev lo trataba con un toque de ironía. [131]

Zinoviev y Kamenev consideraban a Trotsky como su verdadero competidor por la dictadura tras la muerte de Lenin. En el libro de Trotsky "Stalin" recoge que Stalin fue utilizado tanto por Zinoviev como por Kamenev como contrapeso contra él (Trotsky) y en menor medida también por otros miembros del Politburó. Ningún miembro del Politburó pensaba entonces que Stalin se alzaría algún día por encima de sus cabezas.

Zinóviev era considerado miembro superior del triunvirato cuando fue delegado para pronunciar el discurso de apertura del XII Congreso del Partido, una función que Lenin siempre se había reservado para sí mismo en ocasiones anteriores. Zinóviev no salió muy bien parado. Stalin no tardó en aprovecharse. Antes de que terminara el congreso, Stalin se había asegurado el control de la maquinaria del Partido Comunista y ocupaba una posición dominante en el triunvirato. Esta era la situación cuando Lenin murió en 1924.

---

[131] Nota: "Stalin", de Trotsky, página 337 (ibid página 48).

En abril de 1925, Stalin destituyó a Trotsky como comisario de guerra. Entonces rompió relaciones con Zinóviev y Kámenev y se alió con Bujarin, Rykov y Tomsky. Zinóviev, Kámenev y Trotski unieron entonces sus fuerzas en oposición a Stalin, pero habían actuado demasiado tarde. En febrero de 1926, Stalin expulsó a Zinóviev del Politburó, luego de la presidencia del Soviet de Petersburgo (Leningrado) y finalmente de la presidencia de la III Internacional. En octubre de 1926, Stalin expulsó a Kámenev y Trotski del Politburó. Al año siguiente, Stalin expulsó a sus tres enemigos del Comité Central del Partido Comunista y poco después los expulsó del partido.

En 1927 Trotsky intentó iniciar una revuelta contra Stalin alegando que se estaba apartando de la ideología marxista y sustituyendo una auténtica Unión de Repúblicas Socialistas Sovietizadas por una dictadura totalitaria imperialista. De lo que todo el mundo parece no haberse dado cuenta es del hecho de que Stalin había sido designado para gobernar los soviets por los banqueros internacionales. Tenía que purgar Rusia de todos los hombres que pudieran obstruir sus planes a largo plazo.

Durante la purga, varios millones de personas fueron asesinadas y un número similar enviadas a trabajos forzados. Muchos hombres que habían sido líderes del movimiento revolucionario, desde que se formó la Primera Internacional, fueron perseguidos hasta la muerte o encarcelados. Entre los líderes purgados por Stalin estaban Trotsky, Zinoviev, Kamenev, Martynov, Zasulich, Deutch, Parvus, Axelrod, Radek, Uritzky, Sverdlov, Dan, Lieber y Martov. Los únicos judíos cercanos a Stalin en el momento de su muerte eran Kaganovich, su cuñado, y Rosa, su tercera esposa.

Stalin continuó desarrollando la política de Lenin de establecer la esfera de influencia comunista entre los paralelos 35 y 45 de latitud alrededor del hemisferio norte. Muchos dirigentes revolucionarios de otros países se convencieron de que Stalin había desarrollado ideas imperialistas personales y pretendía convertirse en el gobernante de una dictadura totalitaria mundial. Tenían razón. Stalin recibió sus órdenes, como Lenin había hecho, de los hombres que son "EL PODER SECRETO" detrás del Movimiento Revolucionario Mundial, hasta 1936 y entonces empezó a ignorar sus mandatos, como se demostrará.

Stalin no quería implicar a sus fuerzas armadas en guerras con otras naciones. Su política consistía en alimentar el fuego revolucionario en todos los países situados al sur entre los paralelos 35 y 45 de latitud. Su política dio excelentes resultados. En el momento de su muerte, el control comunista se había establecido sobre la mitad del territorio del hemisferio norte. Cerca de la mitad de la población mundial había sido subyugada. Lenin había declarado en 1921 que España sería el próximo país sovietizado. A su muerte, Stalin aceptó la subyugación de España como un legado piadoso. Una vez que España se hubiera convertido en una dictadura proletaria, sería fácil subyugar a Francia y Gran Bretaña. Alemania estaría entonces entre la espada y la pared. Si por alguna casualidad la subyugación de España en no llegara a materializarse, entonces el incidente podría utilizarse para ayudar a provocar la Segunda Guerra Mundial.

Mientras se preparaba para la revolución española, los banqueros internacionales ordenaron a Stalin que participara activamente en una guerra económica planeada para 1918, inmediatamente después de la firma del armisticio. En general, la gente que no había participado en la lucha real se volvió próspera durante la Primera Guerra Mundial. Cuando terminó la lucha, la gente de los países aliados disfrutó de dos años de auge. Después, cuando las inversiones especulativas estaban a punto de alcanzar su punto álgido, se retiraron de la circulación enormes cantidades de dinero. Se restringieron los créditos. Los préstamos se cancelan. En 1922-25 se produjo una pequeña depresión. [132] Este malabarismo económico fue un experimento preliminar antes de que las potencias provocaran la gran depresión de 1930.

Después de 1925 se invirtió la política financiera y las condiciones mejoraron constantemente hasta que la prosperidad en Estados Unidos, Gran Bretaña, Canadá y Australia alcanzó un récord histórico. La especulación con acciones, bonos y bienes inmuebles se disparó. Entonces, hacia finales de 1929, se produjo el crac repentino y la mayor depresión jamás conocida se instaló en el mundo libre. Millones de personas cayeron en la miseria. Miles de personas se suicidaron. Se culpó al desgobierno del trastorno económico que convirtió en pobres a decenas de millones de personas, y en trillonarios a trescientos que ya eran millonarios. En 1925 Stalin inició sus planes industriales quinquenales para aumentar la recuperación interna de los llamados países sovietizados. El plan consistía en explotar los recursos naturales,

---

[132] Esto se explica en los capítulos 1 y 2 de "La niebla roja".

transformar las materias primas en productos útiles y modernizar la maquinaria industrial y agrícola. Este vasto Plan Quinquenal se financió con préstamos de los banqueros internacionales. Este programa, sumado al desarrollo del potencial bélico ruso y alemán en el marco de los Abmachungen (acuerdos) antes mencionados, dio un gran impulso a la economía soviética. El hecho de que los gobernantes de Rusia pudieran utilizar a millones de hombres y mujeres como esclavos dio a quienes los esclavizaban una ventaja adicional sobre las naciones que emplean mano de obra asalariada y mantienen un alto nivel de vida.

El siguiente paso fue la colectivización de las granjas. Durante siglos, los siervos rusos habían sido poco más que esclavos de los terratenientes. Lenin se había ganado su apoyo prometiéndoles concesiones aún mayores que las que se les habían otorgado bajo el benévolo gobierno del premier Pedro Arkadievich Stolypin de 1906 a 1914, cuando más de 2.000.000 de familias campesinas se separaron del mir aldeano y se convirtieron en propietarios individuales de la tierra. El 1 de enero de 1916, el número había aumentado a 6.200.000 familias. Pero, para asegurar los préstamos que habían concedido para las Abmachungen y los programas de desarrollo industrial, los banqueros internacionales insistieron en controlar el comercio de importación y exportación de las naciones sovietizadas. También exigieron la colectivización de las granjas como único medio de obtener un gran aumento de la producción agrícola.

La historia registra lo que ocurrió cuando Stalin hizo cumplir los edictos. Siempre se le ha culpado personalmente de las atrocidades inhumanas que hicieron que los campesinos cumplieran las leyes. Se han dado muchas versiones de lo ocurrido. La verdad, tal y como la conté en a los periódicos estadounidenses en 1930, nunca se ha publicado hasta la fecha. Se reconoce que más de 5.000.000 de campesinos fueron ejecutados o murieron sistemáticamente de hambre porque se negaron a obedecer o intentaron eludir los edictos. Más de 5.000.000 más fueron enviados a realizar trabajos forzados en Siberia. Lo que generalmente no se conoce es el hecho de que el grano confiscado a los campesinos rusos se juntó con una enorme cantidad de grano comprado por los agentes de los banqueros internacionales en otros países, excepto Canadá y Estados Unidos. Además de este acaparamiento de grano, los banqueros internacionales compraron enormes cantidades de carne procesada y congelada en Argentina y otros países productores de carne. Canadá y Estados Unidos no encontraban mercado para su ganado ni para sus cereales.

Durante el periodo 1920-1929 los banqueros internacionales subvencionaron el transporte marítimo en la mayoría de los países excepto Gran Bretaña, Canadá y Estados Unidos. Como resultado de esta piratería comercial, a los buques británicos, canadienses y estadounidenses les resultó imposible competir con los de otros países. Miles de barcos quedaron inmovilizados en sus puertos de origen. El comercio de exportación cayó a mínimos históricos.

La caída de las exportaciones de las naciones aliadas se vio acompañada por el aumento de las importaciones de productos manufacturados baratos procedentes de Alemania, Japón y los países centroeuropeos. Para disfrutar de una prosperidad razonable, cinco de cada ocho asalariados en Canadá deben obtener su salario directa o indirectamente como resultado del comercio de exportación. Cuando el comercio de exportación cae, se produce inmediatamente una recesión, debido a la pérdida de poder adquisitivo de cinco octavos de la población. Esto afecta inmediatamente a los que se ganan la vida prestando servicios de un tipo u otro. Si las exportaciones siguen cayendo, la recesión se convierte en depresión.

Para asegurarse de que las estructuras económicas de los países aliados quedaban completamente destruidas, los hombres que habían acaparado el grano y la carne empezaron a vender sus suministros en los mercados del mundo a precios inferiores al coste de producción en Canadá, América y Australia. Esta acción provocó una situación en la que los graneros de los países aliados en la Primera Guerra Mundial estaban repletos de grano que no podían vender, mientras que la población de otros países se moría de hambre por falta de pan y carne. Gran Bretaña necesita ganar 85.000.000 de libras al año de sus servicios oceánicos para compensar cada año su desfavorable balanza comercial anual. La economía británica sufrió una fuerte sacudida cuando la competencia desleal le impidió ganar ese dinero. El pueblo británico se vio obligado a comprar el pan y la carne en los mercados más baratos. Este desbarajuste económico producido artificialmente fue utilizado por los hombres que dominan las intrigas internacionales para provocar graves malentendidos entre las distintas unidades de la Mancomunidad Británica de Naciones y debilitar así los lazos del Imperio.[133]

---

[133] Esta fase de la historia se trata más extensamente en otro lugar.

Como resultado de esta guerra económica, las actividades navieras, industriales y agrícolas de los países aliados o capitalistas quedaron prácticamente paralizadas, mientras que los Estados Soviéticos y las Potencias del Eje trabajaban a pleno rendimiento. Una vez más hay que recordar que los hombres que traman y planifican el Movimiento Revolucionario Mundial trabajan siempre sobre el principio fundamental de que las guerras ponen fin a las depresiones y allanan el camino para la acción revolucionaria en los países que aún quedan por someter. Siendo esto un hecho, era esencial para el avance de sus Planes de Largo Alcance arreglar los asuntos internacionales de modo que pudieran provocar la Segunda Guerra Mundial cuando lo desearan. Como Lenin y Stalin habían indicado que España ocupaba una posición clave, a continuación estudiaremos la manera en que se utilizó a España.

Capítulo 12

La Revolución Española

El plan a largo plazo para la subyugación definitiva de España comenzó, como en otros países, poco después de la muerte de Cristo. En un intento de aplastar el poder de la Iglesia Cristiana en España, los prestamistas infiltraron a sus agentes en las congregaciones y los hicieron pasar por cristianos.[134] Esto les colocó en posiciones para destruir las organizaciones eclesiásticas desde dentro. Esta conspiración se hizo evidente, y en el siglo XIII el Papa Inocencio III instituyó la Inquisición. El objetivo de la Inquisición era descubrir e interrogar a los infieles sospechosos de hacerse pasar por cristianos. España había sido excepcionalmente amable con los judíos. Se les permitía ejercer cargos públicos y actuar como recaudadores de impuestos.

Pero, como ocurrió en todos los demás países de Europa, los crímenes de los prestamistas ateos, y de sus agentes, fueron imputados a toda la población judía. Entre 1475 y 1504, durante el reinado de Isabel y Fernando, la Inquisición se utilizó ampliamente para localizar y destruir a todos los traidores que conspiraban para derrocar el poder de la Iglesia y el Estado. Los inquisidores bajo Torquemada descubrieron que la clandestinidad subversiva estaba tan extendida y bien organizada que en 1492 España siguió el ejemplo de otros países europeos y expulsó a todos los judíos. Esta tarea brindó la oportunidad a algunos extremistas de organizar la violencia popular contra los judíos y se produjeron varias masacres extensas y lamentables. Estas matanzas ilegales fueron condenadas públicamente por las autoridades eclesiásticas de Roma.

---

[134] Se refiere al consejo enviado por el Sanedrín de Constantinopla a Chemor, rabino de Arles en Provenza, en 1489, mencionado anteriormente.

Después de que los banqueros internacionales se reorganizaran durante el siglo XVII, sus agentes se infiltraron en el Ministerio de Hacienda español. Fueron excepcionalmente activos durante las revoluciones inglesa y francesa, intentando destruir la economía española para preparar el camino a los esfuerzos revolucionarios también en ese país.

Merece la pena estudiar la intriga política que tuvo lugar en España de 1839 a 1939 porque ofrece una imagen clara del patrón de la subyugación final de todos los países. Hay tres pasos en todos los esfuerzos revolucionarios.

Primero: Infiltración por parte de los agentes del partido revolucionario en el gobierno, los servicios civiles, las fuerzas armadas y las organizaciones sindicales con el fin de estar en posición de destruir el gobierno desde dentro cuando se dé la orden de revuelta.

Segundo: La afiliación del partido revolucionario al partido socialista o liberal de centro izquierda para derrocar al gobierno establecido independientemente de que sea una monarquía o una república.

Tercero: Actividades subversivas para provocar la anarquía con el fin de desacreditar al Gobierno del Frente Popular y proporcionar la excusa para formar una dictadura proletaria. Una vez establecida, las purgas la convertirán en una dictadura totalitaria, como ocurrió en Rusia en 1917.

Los agentes de Karl Marx organizaron la primera Huelga Política General de España en 1865. En 1868 los directores del Movimiento Revolucionario Mundial (M.R.M.) enviaron al señor Fanelli a España para afiliar a los anarquistas con los revolucionarios marxistas. Fanelli era amigo íntimo de Bakhunin, que a su vez era estrecho colaborador de Marx y Engels. En 1870, Bakhunin se enemistó con Marx a causa de la política. Fue expulsado de la Primera Internacional de la W.R.M. [135]

---

[135] Para más detalles, véase Bakhunin, del profesor E.H. Carr.

En 1872, Bakhunin influyó en los líderes revolucionarios españoles para que formaran la Alianza Socialista-Demócrata.[136] El gobierno español decretó ilegales las organizaciones extremistas de Bakhunin, pero éstas siguieron existiendo en la clandestinidad en. Las logias del Gran Oriente formaron cuarteles generales convenientes. En un congreso celebrado en Zargoza, la sección española de la Internacional Marxista acordó aliarse con la Internacional Anarquista. Tras su afiliación, ambos grupos se concentraron en organizar los diversos Grupos Laboristas en una vasta "Carnorra". Coronaron sus esfuerzos combinados con una revolución que produjo la primera República española en 1873.

El esfuerzo de los líderes revolucionarios fue acompañado del habitual Reinado del Terror. La anarquía se desbocó. Se producen todo tipo de excesos. Finalmente, el general Pavia da un golpe de Estado y los revolucionarios vuelven a la clandestinidad.

Para salir de nuevo a la luz, los miembros de la clandestinidad revolucionaria apoyaron a los líderes de un movimiento "liberal" suave para obtener el poder político. Los líderes revolucionarios aprovecharon la disputa existente entre los que reclamaban que los descendientes de Don Carlos ocuparan el trono y los que reclamaban que los descendientes de Isabel de reinaran, para iniciar una Guerra Civil. Esta guerra terminó con la derrota del Grupo Carlista en 1876. [137]

Los trabajadores españoles deseaban realmente organizarse para su propia protección, pero la mayoría no estaba de acuerdo con la política extrema defendida por los anarquistas. Los antirrevolucionarios organizaron, pues, la "Asociación Obrera". Estos moderados fueron inmediatamente perseguidos tanto por los revolucionarios como por los patronos.[138] Esta persecución continuó hasta 1888 cuando, a sugerencia

---

[136] Para más detalles sobre este periodo de la Historia de España, léase *La Quiebra Fraudulenta de la República*, de C. Domi.

[137] Este es un ejemplo típico de cómo se aprovecha cualquier situación para dividir a los ciudadanos de una nación y hacer que se enfrenten entre sí partiendo del principio de que todas las guerras allanan el camino a la revolución.

[138] Este es un ejemplo típico de cómo los agentes de los Banqueros Internacionales se colocan en la empresa privada y responsable con el propósito de ayudar a sus líderes

de Pablo Iglesias, el grupo moderado adoptó el nombre de "Unión General de Trabajadores", que pasó a conocerse en España como U.G.T. Los miembros de esta organización no obtuvieron mucho apoyo hasta después de que el gobierno ilegalizara la Federación Anarquista Ibérica.

Los elementos sindicalistas colaboraron con el partido republicano radical hasta 1908. formaron entonces la "Solidaridad Obrera", y, dos años más tarde, en 1910, constituyeron la Federación Regional del Trabajo conocida en España como C.R.T. Inmediatamente después formaron la Federación Nacional del Trabajo (C.N.T.).

En 1913, tanto la C.R.T. como la C.N.T. fueron suspendidas como resultado de una serie de huelgas. El gobierno no se opuso a los principios de la negociación colectiva, pero sí a la política extremista y a las acciones revolucionarias de los dirigentes. De este modo, los trabajadores legítimos, que luchaban por la justicia social, vieron prohibidas sus organizaciones porque el elemento radical siempre parecía capaz de abrirse camino hasta los puestos ejecutivos de los sindicatos.

La reacción fue la que esperaban los conspiradores de la revolución mundial. Su movimiento sindicalista revolucionario aumentó enormemente su poder y actuó contra todos los partidos políticos y contra el propio Estado. La política de estos extremistas era la "acción directa", defendida con el mayor calor y violencia. En 1916 la C.R.T. fue reorganizada por Angel Pestana y Salvador Segui. En 1918 estos dos líderes obreros consiguieron formar en Barcelona el "Sindicato Único", conocido generalmente como "El Gran Sindicato Único".

Durante la Primera Guerra Mundial, España, como país neutral, ganó una gran cantidad de dinero pero, en términos generales, las clases trabajadoras no recibieron nada parecido a una parte justa de la prosperidad nacional. Este hecho fue quizás el factor decisivo que hizo que la mayoría de las clases trabajadoras abandonaran las organizaciones obreras moderadas y se echaran en brazos de los líderes revolucionarios de los grupos obreros extremistas. Sin embargo, los

---

revolucionarios a derrocar a los líderes moderados que no pueden comprar o controlar de otra manera.

líderes obreros más moderados y sensatos no abandonaron la lucha contra los grupos radicales y, como resultado de sus esfuerzos, en 1920 crearon un nuevo grupo obrero conocido como "El Sindicato Libre". Durante los tres años siguientes hubo continuas luchas entre las organizaciones sindicales de derecha y de izquierda. Huelgas locales, huelgas generales, destrucción de propiedades, asesinatos privados para destituir a los líderes sindicales, asesinatos al por mayor para reducir la fuerza de las organizaciones contrarias. Todos estos crímenes se cometían en nombre de la libertad. En 1923 la situación se volvió caótica. Para evitar que el Partido Comunista provocara otra revolución, el rey de España pidió al general Franco que se convirtiera en dictador militar.

Uno de los primeros resultados de la dictadura de Primo de Rivera fue la finalización con éxito de la Guerra de Marruecos. Fue durante las etapas finales de esta guerra cuando el general Francia se distinguió enormemente en el campo de batalla. Convirtió lo que parecía una completa derrota militar en una brillante victoria. Atemperando la justicia con la misericordia, se ganó la admiración y la lealtad de muchos de los nativos marroquíes. Fue así como llegó a oídos del público en general en España, Rivera es acusado por el General sus enemigos de hacer todo lo que un hombre no debe hacer. Es justo señalar que restableció la ley y el orden; llevó a cabo una serie de reformas sociales; cooperó con Largo Caballero para mejorar las condiciones de trabajo. Trabajó tan duro que sólo su quebranto de salud en 1929 puede explicar los errores de juicio que cometió durante 1930.

Cansado y agotado, y como si tuviera prisa por liberarse de las responsabilidades del cargo, llamó a dos líderes socialistas, Besteiro y Saborit. Les encomendó la tarea de reorganizar la maquinaria electoral de la nación para que el pueblo decidiera si quería una monarquía o un gobierno republicano. Probablemente nunca se sabrá por qué De Rivera nombró a Besteiro y Saborit para reorganizar la maquinaria electoral de España.

Los dos socialistas amañaron tan bien la maquinaria electoral que estaba asegurado un Gobierno socialista-republicano. Sólo en Madrid el número de votantes ficticios superó los 40.000.[139] En todos los grandes centros de población existía una corrupción similar.

Para asegurar el fin de la monarquía en España Las Logias del Gran Oriente organizaron una especial "Unión Fraternal Militar" mediante la cual obtuvieron la promesa de veintiuno de los veintitrés generales españoles de apoyar la Causa Republicana. El general Mola, que fue Jefe de la Seguridad Interior española, en su libro Tempestad Calma Intriga Y Crisis nos informa de que los generales fueron iniciados en el Gran Oriente y se les colocó un millón y medio de pesetas en su haber, para ayudarles a escapar al extranjero si fracasaba el movimiento republicano. Franco fue uno de los dos generales que se negaron a ingresar en la "Unión Fraternal Militar ". En apoyo de la declaración de Mola, Cano López se pronunció en el pleno de las Cortes españolas:

> "Desde 1925 la masonería agrupa bajo el epígrafe 'Unión Fraternal Militar' a la mayoría de los altos mandos del ejército. Entre sus miembros figuran Cabanellas, Sanjurjo, Goded, Mola, López, Ochoa, Queipo de Llana y otros... De veintitrés generales de división, veintiuno eran masones... Todos habían prestado el juramento del Gran Oriente". (Juro obediencia sin limitación al Jefe del Consejo de los Treinta y Tres... Juro no reconocer a ningún mortal por encima de él"). López añadió: "Tanto en 1929, para la abolición de la dictadura de Rivera, como en 1931, para la abolición de la monarquía, el Gran Oriente emitió las órdenes que la mayoría de los demás generales obedecieron.[140]

El general Mola cuenta cómo él, y la mayoría de los demás generales, rompieron su juramento al Gran Oriente cuando se convencieron de que estaban siendo utilizados para favorecer los planes secretos de Stalin de convertir España en otra dictadura comunista. [141]

---

[139] Véase The Spanish Arena, p. 56.

[140] Véase Jean Dauraya L'Œuvre Latine, enero de 1937.

[141] Lo que dijo el general Mola fue confirmado por una emisión de radio desde Moscú el 13 de marzo de 1938. El locutor explicaba por qué la Guerra Civil no iba a favor de los comunistas (leales). Decía: "La gran obra en España se vio seriamente

Los banqueros internacionales ayudaron a financiar el esfuerzo revolucionario en España sin implicarse ellos mismos. En febrero de 1932 Le Journal informa de que Stalin prometió 200.000 dólares para ayudar a financiar las Escuelas de Formación Revolucionaria en España.

Los estados financieros presentados al congreso de 1931 de la internacional comunista revelan el hecho de que se habían recibido 240.000 libras (dinero inglés) para ayudar a los revolucionarios españoles. [142]

Además de lo anterior, se dispuso de dos millones y medio de pesetas para la compra de armas y municiones.

El general Mola afirma que en 1938 más de doscientos dirigentes revolucionarios habían llegado a España tras formarse en el Instituto Lenin de Moscú.

Desde 1930 hasta la fecha de las elecciones se llevó a cabo una campaña de *L'Infamie* contra el rey de España y la familia real exactamente igual que contra Luis XVI y María Antonieta. Una de las mentiras más ridículas jamás inventadas afirmaba que un soldado español moría desangrado cada día para mantener con vida al Príncipe de Asturias. Se sabía que padecía hemofilia. Otras calumnias acusaban al rey de libertino, al igual que se había acusado falsamente a la emperatriz de Rusia de ser amante de Rasputín.

Los votos tapados en los grandes centros industriales aniquilaron el fuerte voto rural a favor de la monarquía. Después de que las elecciones se declararan favorables a la forma republicana de gobierno en, el rey Alfonso XIII de España emitió su última proclama pública. Decía lo siguiente:

---

comprometida por los malvados generales que rompieron su palabra empeñada al Gran Oriente".

[142] En otros lugares se aportan pruebas de que los líderes revolucionarios suministraban billetes ingleses falsos para financiar los esfuerzos revolucionarios en otros países.

"Las elecciones celebradas el domingo me han demostrado que ya no tengo el cariño y el afecto de mi pueblo. Mi conciencia me dice que esta condición no será permanente porque siempre me he esforzado por servir a España, y a mi pueblo, con toda mi devoción. Un rey puede equivocarse. Sin duda yo lo he hecho en alguna ocasión, pero sé que nuestra patria siempre se ha mostrado generosa con las faltas ajenas cometidas sin malicia.

"Soy el rey de todos los españoles, y soy español. Podría encontrar amplios medios para mantener mis prerrogativas reales en resistencia efectiva a quienes las asaltan, pero prefiero mantenerme resueltamente al margen antes que provocar un conflicto que podría enfrentar a mis compatriotas entre sí en una Guerra Civil y una contienda parricida.

"No renuncio a uno solo de mis derechos que, más que míos, son un legado acumulado de la historia de cuya custodia habré de rendir estricta cuenta algún día. Esperaré la verdadera y plena expresión de la conciencia colectiva y, hasta que la nación hable, suspendo deliberadamente el ejercicio de mis reales potestades y abandono España, reconociendo así que ella es la única dueña de sus destinos. También ahora creo que cumplo con el deber que me dicta el amor a mi patria. Pido a Dios que todos los demás españoles sientan y cumplan su deber tan sinceramente como yo[143]

Muchos de los socialistas que formaron el gobierno republicano español en 1931 eran sinceros en sus creencias. No querían saber nada del comunismo "rojo" ni del nazismo "negro". Pero se demostraron impotentes para impedir que los comunistas y los anarquistas pusieran en práctica la segunda parte de su programa revolucionario.

La táctica empleada por los dirigentes revolucionarios consistía en traicionar a los socialistas en cada oportunidad. Las células rojas dentro del gobierno hicieron que éste cometiera algunos errores tontos. Los rojos de fuera condenaron entonces al gobierno como un montón de

---

[143] Este documento demuestra que la Prensa Internacional mintió a sus lectores cuando informó de que el Rey de España había abdicado. El Rey de España nunca abdicó. Franco mantiene el control del Gobierno porque los conspiradores internacionales siguen empeñados en convertir España en una Dictadura Totalitaria al servicio de sus fines.

papanatas incompetentes, corruptos e ineficaces. Los comunistas, y los anarquistas, afirmaban que sólo una dictadura del proletariado podía establecer un gobierno estable. Los agentes de Moscú cometieron todo tipo de delitos imaginables para desacreditar también a los responsables de la seguridad interna.

El general De Rivera había utilizado mucho a Largo Caballero para limar asperezas entre obreros y patronos durante los años que había sido dictador. Con la llegada del movimiento republicano, Largo Caballero mostró su verdadera cara. En 1935 Caballero se jactaba abiertamente de haber colocado "Decenas de miles de células comunistas por toda España".

En el Undécimo Pleno del Ejecutivo de la Internacional Comunista, los delegados españoles fueron colmados de felicitaciones porque "Las condiciones previas de una crisis revolucionaria se están creando a un ritmo acelerado en España."[144] En el Duodécimo Pleno, el texto de las felicitaciones a los delegados españoles fue el siguiente:

> "En España, en particular, hemos podido observar tales luchas huelguísticas revolucionarias desarrollándose ininterrumpidamente durante un período de muchos meses como el proletariado español nunca había experimentado antes. Lo que está ocurriendo en estas luchas es, ante todo, el desarrollo ulterior de una Revolución Española."

Hay un viejo refrán que dice: "Cuando los ladrones no se ponen de acuerdo, la verdad sale a la luz". Eso es exactamente lo que ocurrió en España. Los tres líderes de la resistencia de Moscú en España eran Joaquín Maurin, Víctor Serges y Andrés Ninn. Todos ellos eran hombres jóvenes. Todos habían recibido formación especial en actividades revolucionarias en el Instituto Lenin de Moscú antes de que se les confiara la dirección en España. Maurin había estado mezclado en el movimiento separatista de Cataluña desde que tenía dieciséis años. A la madura edad de diecisiete años, este pensador intelectual se había propuesto enseñar al pueblo español la solución soviética a los problemas económicos del mundo. A los veintiún años fue elegido jefe

---

[144] Véase la edición inglesa del informe del Undécimo Pleno, p. 11, y del Duodécimo Pleno, p. 37.

de los anarquistas. Predicó y practicó la religión del odio y la violencia. En 1914 fue condenado a veinte años de prisión, pero no tenía edad legal para tal pena. Maurin fue delegado al Tercer Congreso de la Internacional Comunista celebrado en Moscú en 1921. Atrajo una atención favorable.

Con la caída de Primo de Rivera, Maurin regresó a España. Había estado escondido en Francia y Moscú. Había vivido una vida agitada. Había entrado y salido de la cárcel; se había fugado de prisión; había sido herido en 1925; confinado en la Ciudadela Montjuich, etc., etc. Se dice que el único periodo de paz que disfrutó en su vida fueron los tres años que él y su joven esposa pasaron en París, 1927-30.

Maurin escribió un libro en 1936. Victor Serges escribió el prefacio del mismo. En este libro *Hacia la Segunda Revolución* expuso el hecho de que Stalin se había apartado de la ideología marxiana y le acusó de utilizar las fuerzas del comunismo para impulsar sus propias ambiciones imperialistas totalitarias secretas. [145]

Incluso después de que Maurin, Serges y Ninn rompieran abiertamente con Stalin en 1936, su poder e influencia entre las clases trabajadoras era tan grande que Stalin ordenó que se les permitiera vivir hasta que hubieran cumplido su propósito. Stalin los utilizó hasta el comienzo de la Guerra Civil en España. Entonces ordenó su liquidación. Ordenó que "Sus muertes en se llevaran a cabo de tal manera que pareciera al público que los tres habían muerto como mártires de la causa comunista." Maurin fue traicionado por las fuerzas de Fraco y tras ser juzgado fue ejecutado. Se dice que Serges fue fusilado por los leales mientras luchaba en, y Ninn también fue eliminado. Sus muertes fueron atribuidas a viva voz a actos de violencia de los enemigos del comunismo.

Victor Serges escribió

"La evolución del comunismo soviético se completó en 1936... del internacionalismo revolucionario a un nacionalismo de gran poder militar servido, en varios países, por partidos a los que

---

[145] Ni siquiera Maurin y Serges sospecharon que Lenin y Stalin sólo cumplían las órdenes de los banqueros internacionales, que a su vez obedecen a los Illuminati.

subvencionaba. Después de julio de 1936 los estalinistas formaron el Partido Socialista unificado afiliado a la III Internacional... y el objeto del estalinismo es establecer el nuevo poder de carácter fascista para cercar a Francia, probable aliado de Rusia, EN LA GUERRA QUE SE PREPARA."

Entonces Maurin dice:

"La política tradicional de Inglaterra consiste en arruinar a sus adversarios, para luego erigirse en Protectora e imposibilitar el renacimiento del vasallo conquistado. España es en primer lugar la víctima de Inglaterra y, a continuación, de Francia. Cuando España vacila Inglaterra y Francia la atacan con fuerza. Si se inclina por Inglaterra, Francia aumenta la persecución. Mientras Francia e Inglaterra sean países capitalistas no tendrán que ser el aliado natural para España.[146] La línea lógica sería la curva a través de Portugal, Alemania, Italia y Rusia. Un bloque de esta naturaleza neutralizaría a Francia e Inglaterra.[147]

Serges explicó cómo tanta propaganda lealista llegó a la prensa universal, mientras que se dio tan poco espacio a los comunicados franquistas. Serges escribió:

"Nunca se han puesto en juego, los unos contra los otros, métodos tan bajos y desmoralizadores como los utilizados por Stalin y su instrumento, la Tercera Internacional, en una corriente continua de propaganda a larga distancia y sin atender a la verdad. El método de la repetición y el cinismo se han vuelto casi mecánicos... La burocracia soviética está tramando este procedimiento a escala internacional. Cada infamia vertida por un corresponsal de Izvestia en Valentia es inmediatamente retomada a coro por los periódicos especiales de París, Estocolmo, Oslo, Bruselas, Londres, Nueva York, Melbourne y Buenos Aires... Millones de ejemplares de

---

[146] He aquí de nuevo un ejemplo típico de lo bien que los Banqueros Internacionales guardaban su secreto. Maurin culpó a los Gobiernos de Inglaterra y Francia de los crímenes internacionales perpetrados contra la humanidad por los Banqueros, bajo la dirección de los Illuminati.

[147] Esto confirma lo que se ha afirmado anteriormente, que una vez establecida la Esfera de Influencia entre el paralelo 35 y el 45, los países dentro del círculo serían subyugados.

infames mentiras circulan, son la única información que reciben millones de trabajadores soviéticos. Periódicos ingleses, norteamericanos, chinos y neozelandeses reproducen estas mentiras (por encargo). Los intelectuales avanzados, que se creen antifascistas, aparentan creerlas. Se ve que funciona en el universo una formidable empresa de desmoralización, y encuentro despiadadamente justas, las palabras de Trotsky, de que la propaganda estalinista de la Comintern es una sífilis del movimiento obrero.[148]

Lo que Maurin y Serges escribieron en 1336 no hace sino confirmar lo que el Papa Pío XI dijo en su encíclica "Divini Redemptoris", publicada en marzo de 1937. Uno de los capítulos de este famoso documento dice así:

"Hay otra explicación para la rápida difusión de las ideas comunistas... Una propaganda verdaderamente diabólica que el mundo tal vez nunca haya presenciado antes. Está dirigida desde un centro común; está astutamente adaptada a las diversas condiciones de los diversos pueblos; tiene a su disposición vastos recursos financieros, innumerables organizaciones, congresos internacionales; e innumerables trabajadores capacitados; hace uso de periódicos, y panfletos, cine, teatro, radio, y escuelas e incluso universidades. Poco a poco penetra en las mentes de todas las clases del pueblo. Otro factor poderoso es la supresión y el silencio por parte de una gran parte... de la prensa del mundo... decimos supresión porque es imposible explicar de otro modo cómo una prensa, normalmente tan ansiosa por explotar incluso los pequeños incidentes cotidianos de la vida, ha podido permanecer en silencio durante tanto tiempo sobre los horrores perpetrados en Rusia, en México, e incluso en gran parte de España; y que tenga tan poco que decir sobre una organización mundial tan vasta como el comunismo ruso. El silencio se debe en parte a una política miope y está favorecido por diversas fuerzas ocultas que desde hace mucho tiempo trabajan por el derrocamiento del orden social cristiano. "Los lamentables efectos de esta propaganda están ante nuestros ojos. El comunismo se ha esforzado, como alardean abiertamente sus paladines, en destruir la civilización cristiana y la religión cristiana, desterrando todo recuerdo de ellas del corazón de los

---

[148] Victor Serges en *Révolution et Contre-Révolution en Espagne* de Maurin.

hombres, especialmente de los jóvenes...". En España, en la medida de lo posible, se destruyeron todas las iglesias y monasterios y se erradicó todo vestigio de la religión cristiana. La teoría no se ha limitado a la matanza indiscriminada de obispos, y miles de sacerdotes y religiosos de ambos sexos; busca sobre todo a aquellos que han estado dedicando su vida a las clases trabajadoras y a los pobres. La mayoría de las víctimas han sido laicos de toda condición y clase... con un odio y una barbarie salvaje que no se hubieran creído posibles en nuestra época. Ningún hombre de buen sentido, ni estadista consciente de su responsabilidad, puede dejar de estremecerse al pensar que lo que hoy sucede en España pueda repetirse mañana en otros países civilizados. Para el hombre es necesario algún freno, como individuo o en sociedad... Pero arrancad la idea de Dios del corazón de los hombres, y se verán impulsados por sus pasiones a cometer las más atroces barbaridades."

Procederemos a repasar las condiciones en España sobre las que el Papa Pío XI intentó llamar la atención del mundo cristiano a principios de 1937, y fracasó.

Capítulo 13

La Guerra Civil en España

dijo el General Mola:

> "Tras la elección del gobierno socialista en España, y la retirada del rey del país, se produjo una avalancha absoluta de funcionarios públicos que se apresuraron a acudir a las logias del Gran Oriente para solicitar su ingreso. Pensaban librarse así de la persecución que habían practicado la mayoría de los masones del gobierno. Su propósito era dar pruebas de su republicanismo y evitar la certeza de ver arruinadas sus carreras."

Inmediatamente después de que el rey se hubiera marchado, Franco se lo comunicó a la Academia Militar, de la que entonces era responsable,

> "La república ha sido proclamada en España. Es deber de todos en el momento presente cooperar con su disciplina y lealtad para que reine la paz y se permita a la nación dirigirse por los cauces naturales de la justicia. Hasta ahora, en la Academia ha habido siempre disciplina y exacto cumplimiento del deber. Hoy estas cualidades son aún más necesarias; el Ejército necesita, serenamente, y con espíritu unido, sacrificar todo pensamiento de ideología al bien de la nación y a la tranquilidad de la patria."

La redacción de esta proclama demuestra que Franco era cualquier cosa menos un nazi "negro", como la propaganda comunista quería hacer creer a la opinión pública.

Pero los Poderes Secretos no estaban dispuestos a dar al gobierno republicano la oportunidad de funcionar de forma eficiente y democrática. Churchill escribió:

> "Los comunistas ayudaron a montarlo para poder derribarlo de nuevo y crear más caos político y económico, hasta que tuvieron al país, y a la gente, en tal estado que los líderes podían defender con

razón, que sólo una dictadura proletaria podría restaurar la ley y el orden y salvar el día."

Una vez derrocada la monarquía en España, el siguiente paso lógico era atacar la religión del pueblo. Se introduce el laicismo en las escuelas. Se lanzó una campaña para destruir la autoridad paterna y la de la Iglesia. Una vez creados miles de jóvenes bolcheviques antirreligiosos y antisociales, sólo había que esperar la oportunidad de soltar a las masas contra las fuerzas del orden en una revuelta bien planeada.

El 14 de mayo de 1931 se celebró una reunión en el Ateneo Club, en Madrid, para discutir el nuevo programa político. Sus ocho puntos eran:

1. Creación de una dictadura republicana.

2. Castigo inmediato a todos los responsables de actos ilegales bajo la dictadura.

3. Disolución de la Guardia Civil, el Ejército, la policía, etc., y sustitución por republicanos armados elegidos entre las clases trabajadoras y los Clubes Republicanos.

4. Confiscación de bienes de órdenes religiosas.

5. Nacionalización de la tierra.

6. Supresión de todas las agencias de prensa hostiles a la causa republicana.

7. Utilización de escuelas técnicas y otros edificios para el bien público.

8. Aplazamiento de las Cortes hasta la realización de este programa.

Azana, liberal intelectual, Prieto, socialista, y Caballero, comunista, eran tres de los líderes políticos más destacados de la época. Azana, con la lengua en la mejilla, se opuso públicamente a tales sugerencias radicales, aunque las aprobaba en secreto. *Cuando fue elegido para el poder, puso en práctica el programa.*

A su debido tiempo se eligieron las "Cortes Constituyentes". Con la excusa de la "Ley para la defensa de la República", se instauró una dictadura despiadada, cuyo único rasgo democrático era su nombre "República de los Trabajadores". Un revolucionario formado en Moscú,

Jiménez Asúa, redactó la nueva Constitución.[149] Azana concentró ahora todos sus esfuerzos en la destrucción de las iglesias y la persecución de las órdenes religiosas. En diciembre de 1932 creó la "Liga del Ateísmo". Financió su revista "Sin Dios" con fondos públicos. Todo ello en nombre de la democracia. Los líderes decían a la gente que se estaban liberando del control de las órdenes religiosas y del clero que, según decían, estaban aliados con el feudalismo y los monarcas tiranos.

En Cataluña estallaron de nuevo las actividades revolucionarias que el General Prime, de Rivera había sometido. En enero de 1933, el corresponsal del London *Morning Post* informaba

> "Enormes reservas de bombas, fusiles y municiones están siendo encontradas por la policía en toda España. Se está gastando una enorme cantidad de dinero para fomentar la causa revolucionaria. Muchos de los detenidos, aunque aparentemente no estaban bien pagados, llevaban maletines llenos de billetes de banco"[150]

A continuación se organizó un levantamiento en Asturia, y el 14 de septiembre de 1934 se emitió un informe que implicaba a oficiales de guerra y del ejército en la venta de Armas.

El general Franco hizo un esfuerzo desesperado para intentar reorganizar el ejército español y poner fin a la anarquía, pero obtuvo poco apoyo de las autoridades gubernamentales. Para demostrar lo bien organizada que estaba la resistencia comunista, más de trescientas iglesias fueron incendiadas exactamente al mismo tiempo en cien ciudades y pueblos diferentes. El asesinato de individuos que los revolucionarios querían destituir se hizo tan común que los "Pistoleros Profesionales" se convirtieron en competidores. Era posible liquidar a un enemigo por 50 pesetas (algo más de 5 dólares americanos). Los agentes de Moscú aprovecharon las confusas condiciones existentes en

---

[149] Exactamente igual que los agentes de la W.R.M. redactaron la legislación bancaria de la Reserva Federal en los EE.UU. 1910 y 1913 y el "Mandato de Palestina" en Inglaterra en 1916.

[150] La policía se incautó de 90.000 rifles, 33.000 revólveres, 500.000 cartuchos y una enorme cantidad de dinero falso.

España para llevar a cabo el mandato de Lenin: "El código legal comunista es basar el terrorismo en principios fundamentales"[151]

La tortura, la mutilación, la violación, las quemas, el derramamiento de sangre y la muerte fueron los métodos con los que el comunismo intentó obtener el poder. Las condiciones fueron empeorando. A principios de 1936 todo el país estaba sumido en el caos. El presidente Alcalá Zamora disolvió las Cortes. El 16 de febrero se celebraron elecciones generales. Gil Robles, y Calvo Sotelo, sellaron el país con una papeleta anticomunista directa. La propaganda electoral bolchevique fue emitida por "Los Amigos de Rusia".

Largo Caballero estaba en la cárcel por su participación en un levantamiento revolucionario. Fue entrevistado por Edward Knoblaugh, que más tarde escribió "Corresponsal en España".

dijo Caballero:

> "Ganaremos al menos 265 escaños. Todo el orden existente será derrocado. Azana hará de Kerensky para mi Lenin. Dentro de cinco años la república estará tan organizada que será fácil para mi partido utilizarla como trampolín hacia nuestro objetivo. Una unión de las Repúblicas Ibéricas... ese es nuestro objetivo. La Península Ibérica volverá a ser un solo país. Portugal entrará pacíficamente, esperamos, pero por la fuerza si es necesario. DETRÁS DE ESTAS REJAS ESTÁ EL FUTURO GOBERNANTE DE ESPAÑA. Lenin declaró que España sería la segunda República Soviética de Europa. La profecía de Lenin se hará realidad. Yo seré el segundo Lenin que la hará realidad".

Después de las elecciones más completamente deshonestas que España haya soportado jamás, el Presidente Zamora escribió:

> "El Frente Popular se alzó con el poder el 16 de febrero, gracias a un sistema electoral tan absurdo como injusto, que da una ventaja extraordinaria a una mayoría relativa aunque absolutamente sea minoritaria. Así, en cierta circunscripción, el Frente Popular, con 30.000 votos menos que la oposición, pudo sin embargo obtener diez escaños de trece, aunque en ninguna parte de la circunscripción

---

[151] Véase *The Bolshevik*, número de octubre de 1930.

el número de votos superó al de su principal adversario en más de un 2%. Casos paradójicos de este tipo fueron bastante frecuentes".

A pesar de los medios ilegales empleados, el primer recuento sólo dio al Frente Popular 200 escaños de 465 posibles. Se convertía así en el grupo minoritario más numeroso del parlamento, pero no tenía suficientes escaños para formar gobierno. El siguiente paso fue que los miembros del Frente Popular unieran fuerzas con los vascos y otros grupos minoritarios. Eligieron un Comité para verificar los resultados electorales en cada circunscripción. Se aseguraron de que los resultados finales fueran favorables al Frente Popular. En varios casos, los candidatos de la derecha fueron descalificados y los candidatos del Frente Popular fueron elegidos diputados en su lugar. Cuando el "amaño" terminó,, el Frente Popular tenía los 265 escaños que Caballero predijo que tendría... Pero incluso después de todo esto, el desglose final de los votos mostró:

Para los partidos de centro y derecha..........4.910.000

Para el "Frente Popular".......................4.356.000

Mayoría "Centro Derecha":.........................554.000

Debe entenderse que los candidatos del Frente Popular elegidos para las Cortes españolas representaban a todo tipo de individuos, desde el socialista más suave hasta el bolchevique más.

Los estalinistas crearon tal caos que se desataron condiciones infernales en toda España. Antes de las elecciones de febrero de 1936, el balance gubernamental en España era el siguiente:

Desde el final de la dictadura del presidente de Rivera en 1931 había habido una revolución con 2.500 muertos, siete revueltas, 9.000 huelgas, cinco prórrogas de los presupuestos, dos billones de pesetas de aumento en las tasas, 1.000 ayuntamientos suspendidos, 114 periódicos prohibidos, dos años y medio de "Estados de Excepción" (equivalente a nuestro estado de ley marcial). Después de seis semanas de gobierno frentepopulista bajo Azana, Caballero y Prieto el acta rezaba:

Agresiones y robos:

En sedes políticas, 58;
En establecimientos públicos y privados, 105;
En iglesias, 36.

Incendios:

En sedes políticas, 12;
Establecimientos públicos y privados, 60;
Iglesias, 106.

Disturbios:

Huelgas generales, 11;
Sublevaciones y revueltas, 169;
Personas muertas, 76;
Heridos, 346.

Caballero, hablando en Zaragoza, dijo:

"España debe ser destruida para rehacerla nuestra. El día de la venganza no dejaremos piedra sobre piedra".

Caballero también declaró:

"Antes de las elecciones pedimos lo que queremos. Después de las elecciones tomaremos lo que queremos por cualquier medio. La derecha no debe esperar piedad de los trabajadores. No perdonaremos otra vez la vida a nuestros enemigos".

Azana declaró feliz: "España ha dejado de ser católica".

La líder comunista, Marguerita Nelken, anunció

"Exigimos una revolución. Pero ni siquiera la rusa nos servirá. Necesitamos llamas que se vean en todo el planeta, y olas de sangre que enrojezcan los mares".

El corresponsal *del Times* informó de las condiciones en Barcelona. En febrero de 1936, dijo: "Un comité de vigilancia advirtió el 20 de febrero a varios altos funcionarios que abandonaran sus puestos. El comité fue obedecido". Un mes después escribió: "La Dictadura del Proletariado es ahora el objetivo abierto de todos los rojos". Un poco más tarde escribió:

"El socialismo español había ido derivando hacia el comunismo. Es entre la generación más joven donde Marx y Lenin han ganado la mayoría de sus discípulos. Estos jóvenes creen que la conquista del poder es la exigencia inmediata del socialismo español; la violencia, el medio último de conseguirlo; y la dictadura del proletariado, el único medio de conservarlo. La doctrina subversiva se predica incansablemente".

En marzo de 1936 informó: "*Los diputados de las Cortes* (Parlamento español) *con los puños cerrados, en saludo comunista, cantaron el himno nacional soviético, L'Internationale, en la propia Cámara."*

¿Por qué la juventud española se ha pasado en masa al comunismo? Si se comprende la técnica utilizada por los que dirigen el W.R.M. hay que encontrar la respuesta, porque es de las clases trabajadoras, y de la juventud de la nación, de donde los dirigentes revolucionarios sacan sus tropas de choque.

La investigación revela que Azana se representaba a sí mismo como un intelectual que creía sinceramente en el socialismo. Era abiertamente antirreligioso. Protestó, sin embargo, que no estaba de acuerdo con el terrorismo defendido y llevado a cabo por los anarquistas y los comunistas. Sin embargo, una vez que obtuvo el poder político necesario, lo utilizó para que el gobierno republicano aboliera las órdenes de enseñanza religiosa de las escuelas. Contrató a Francisco Ferrer para instaurar el laicismo en las escuelas. En lugar de abrir la jornada escolar con una oración a Dios Todopoderoso, los nuevos profesores laicos abrían las clases haciendo cantar a los alumnos:

> "Somos los hijos de la revolución
> Somos los hijos de la libertad
> Con nosotros amanece
> De una nueva humanidad".

La traducción de otro "Himno" que se canta al principio y al final de las clases en las escuelas de Barcelona es la siguiente:

> "Lanzad la bomba; colocad bien la mina; empuñad firmemente la pistola,
> Pasad la palabra de la revolución... Ayuda a los anarquistas.
> Mantengan las armas hasta la muerte; con gasolina y dinamita destruyan
> el gobierno".

Los editores de noticias de los periódicos británicos y estadounidenses se negaron a publicar la verdad porque sonaba muy fantástica. Durante 1937-38 se emitieron "Himnos" muy similares en inglés desde Moscú para instrucción de los comunistas ingleses.

La prueba más contundente, que demuestra el método sistemático utilizado para subvertir, y pervertir, a la juventud para convertirla en revolucionaria, la aportó el propio Francisco Ferrer. En una carta a un camarada revolucionario escribió:

> "Para no asustar a la gente y dar al gobierno (republicano) un pretexto para cerrar mis establecimientos, los llamo 'Escuelas Modernas', y no escuelas para Anarquistas. Mi deseo es llevar a cabo la revolución. Por el momento, sin embargo, hay que contentarse con implantar la idea de la revuelta violenta en la mente de los jóvenes. Deben aprender que contra la policía, y el clero, sólo hay un medio de acción... las bombas y el veneno"[152]

Cuando Ferrer fue capturado por las fuerzas de Franco durante la Guerra Civil, fue juzgado como traidor a España. La carta anterior se utilizó como prueba. Fue declarado culpable y ejecutado. El Alto Consejo del Gran Oriente de París protestó ante las logias masónicas de todo el mundo afirmando que Ferrer había sido asesinado por sus actividades anticatólicas.

La investigación sobre el programa de formación de la juventud reveló también los métodos utilizados para corromper la moral de la juventud de una nación. Lenin había dicho: "El mejor revolucionario es una juventud desprovista de moral". Siendo su palabra ley en las organizaciones comunistas, todos los miembros trabajan en secreto para convertir a los jóvenes de ambos sexos en antisociales e inmorales.

A los niños hasta la adolescencia se les enseña a rebelarse contra la disciplina del hogar. A los padres se les presenta como anticuados. Se burlan de la autoridad paterna. Los subversivos sostienen que los padres han mentido a sus hijos desde que tenían edad para escucharles, en lo

---

[152] Moscú suscribió los 200.000 dólares mencionados anteriormente para financiar las "Escuelas de Formación" para jóvenes de Ferrer. En 1954 había en Toronto diecisiete de estas "Escuelas de Formación". En Sudbury había varias. Todas las grandes ciudades las tienen.

que respecta a Papá Noel y a la procedencia de los bebés. Los subversivos afirman que los padres son víctimas de enseñanzas reaccionarias y de la explotación capitalista. Se anima al niño a educar a los padres en lo que respecta a las ideas modernas y progresistas. Se les advierte de que, por su propio bien, deben negarse a ser dominados o disciplinados por sus padres. El propósito de esta campaña subversiva es destruir la santidad y la unidad del hogar, *que es la base sobre la que se fundamenta nuestra civilización.*

Para robar a los niños el respeto por los ministros de la religión, los subversivos primero los representan como elegidos entre los miembros menos inteligentes o físicamente retrasados de las familias. Los ridiculizan como "santones" sin carácter, "bienhechores femeninos" y sirvientes de las clases dominantes. Citando a Marx, se les dice a los niños:

> "La religión es el opio del pueblo, porque enseña a aceptar la pobreza, la enfermedad y el trabajo duro como buenos para el alma".

Al niño cristiano se le envenena contra los ministros de su religión diciéndole las calumnias más fantásticas contra ellos en relación con su vida privada. Se les presenta como "ovejas con piel de lobo"; como "cuervos negros" que se alimentan de la credulidad de sus feligreses. Si, como sucede a menudo, un ministro o sacerdote se ve envuelto en un escándalo, se le da toda la importancia que tiene.

La religión cristiana es ridiculizada de la manera más nauseabunda. Se representa a Cristo como el hijo ilegítimo de María, una joven judía que, en para salvar la cara, engañó a José haciéndole creer que había sido concebida por el Espíritu Santo. De adulto, Cristo es representado como un farsante. Se dice que sus milagros son ilusiones hábilmente realizadas como los hacen los magos hoy en día. Se dice que los doce Apóstoles fueron sus cómplices. El cómic "Mandrake, el mago" se utiliza a menudo para ilustrar cómo un hipnotizador y un mago pueden engañar al público.

Una de las historias favoritas de los niños cristianos es que Cristo era contrabandista desde muy joven. Los subversivos afirman que fingió obrar un milagro en las bodas de Caná para vender su vino de contrabando. Incluso acusaron a Cristo, y a todos los católicos romanos, de ser caníbales. Apoyan sus argumentos con la cita bíblica de que Cristo amonestó a sus seguidores de que, a menos que comieran su carne y bebieran su sangre, no podrían tener vida eterna.

Los jóvenes adolescentes son presentados a compañeros que les enseñan el liberalismo que pronto se convierte en libertinaje. Se les enseña la concepción anarquista de la vida. Cuantas menos leyes, mejor. Haz lo que quieras. Según los maestros subversivos, sólo hay un pecado y es la desobediencia a las órdenes dadas por los líderes autorizados. Sólo hay dos delitos: el incumplimiento del deber y la traición a los secretos del partido.

El siguiente paso es llevar a los jóvenes antisociales a un conflicto real con la policía. Los ponen en contacto con alguna "banda". Los jóvenes líderes comunistas incitan a los demás miembros. Les desafían a hacer cosas fuera de la ley. Les obligan a pelearse para demostrar su valor físico. Los inducen a la pequeña delincuencia y luego los adentran en la jungla del submundo organizado comunista. [153]

La publicación de historietas sobre crímenes y sexo forma parte de la guerra psicológica comunista. Estos cómics están calculados para despertar en los niños tendencias sádicas ocultas y reprimidas y para debilitar la coraza moral de niños que, por lo demás, son normales. Cualquier "profesor" que afirme que los Cómics de Crimen y Sexo no influyen en los niños en el sentido que los Illuminati quieren que sigan es un tonto o un bribón.

Las pistolas de juguete, los soldados, los revólveres, las películas en las que abundan los crímenes y los tiroteos, todo ello está calculado para quebrantar los sentimientos más finos de los niños cristianos normales y aclimatarlos al uso de armas, a las escenas de violencia y a la muerte repentina.

Los libros y revistas pornográficos circulan profusamente a precios bajos, porque esa literatura está calculada para destruir el fino barniz de virtud y respetabilidad que los códigos morales cristianos civilizados nos han hecho desarrollar.

---

[153] En la orgía sexual que tuvo lugar en el Hotel Ford de Toronto, el 23 de octubre de 1954, después del partido de fútbol de la Pluma Roja, participaron docenas de adolescentes de ambos sexos. Fue un ejemplo típico de lo que la influencia comunista, secretamente ejercida, puede tener sobre la juventud de cualquier nación.

Pocas personas se dan cuenta del importante papel que desempeñan las películas modernas en la subversión de los jóvenes, alejándolos de sus hogares, su país y su religión. Muchas películas muestran una hora de película en la que los criminales y los hombres y mujeres malos hacen todo lo que está prohibido por nuestras leyes y código moral y dedican un minuto durante el cual la ley los alcanza, o mueren a causa de sus pecados. En Galveston, Texas, se proyectaron películas tomadas de combates reales durante la revolución mexicana de 1913. El espectáculo de ver a hombres muertos en combate o sacados de sus casas y masacrados por los revolucionarios provocó gritos y desmayos en las mujeres y vómitos en los hombres. La opinión pública prohibió las proyecciones. Hoy en día, estas escenas se muestran en películas anunciadas como "Especiales para niños" para las funciones del sábado por la tarde. Esto es sólo un ejemplo de cómo el público en general, y en particular los niños, han sido sistemáticamente endurecidos para aceptar la visión de la violencia y la muerte sangrienta como algo normal. Apoya el lema revolucionario que "Las reformas tan necesarias sólo pueden realizarse rápidamente mediante la acción revolucionaria."

En todos los países no sometidos hasta la fecha, los directores del Movimiento Revolucionario Mundial han creado agencias cinematográficas privadas que suministran las películas más obscenas imaginables para su presentación en fiestas privadas. Estas películas ilustran todas las formas de depravación sexual conocidas por el hombre. Se utilizan con el fin de desmoralizar a los jóvenes para que puedan ser reclutados en las organizaciones revolucionarias. Esta afirmación queda demostrada por el hecho de que las leyes que las prohíben en la URSS se aplican estrictamente.

Los jóvenes que demuestran ser antisociales, antirreligiosos, endurecidos y embrutecidos son enviados a Moscú y se les enseña "Guerra revolucionaria y el arte de la lucha callejera". Se trata de un curso diferente del que se imparte a los futuros líderes obreros e intelectuales.

La guerra psicológica revolucionaria está cumpliendo su propósito en el mundo occidental como lo hizo en España. Lo prueba el hecho de que ninguna persona pierde el sueño hoy en día cuando lo último que oye antes de acostarse es un recital de detalles de desastres aéreos, accidentes automovilísticos, crímenes y asesinatos brutales. Hace cincuenta años, una gorra nocturna de ese tipo habría sido demasiado fuerte para inducir el sueño.

La opinión pública ya no se moviliza cuando los periódicos informan sin más de que varios miles de judíos fueron sistemáticamente exterminados en cámaras de gas por antisemitas, o de que diez mil cristianos fueron martirizados por sus convicciones anticomunistas por sádicos de Béla Kun o de China. Tales horrores se aceptan ahora como hechos cotidianos. Nos estamos volviendo inmunes a las reacciones que antes experimentábamos cuando la violencia de cualquier tipo llamaba nuestra atención. Ya no nos perturba el derrocamiento por la fuerza de gobiernos establecidos. Si lo estuviéramos, habríamos hecho algo para detener lo que ha estado ocurriendo. La gente escucha a quienes gritan continuamente, como hicieron en España, "el comunismo nunca podrá causar una revolución aquí". Escuchan en a quienes les dan una sensación de falsa seguridad. La mayoría de los ciudadanos son como niños, que esconden la cabeza bajo las mantas cuando temen el peligro. Hay que recordar que taparse la cabeza con las sábanas nunca ha salvado a una persona de un asesino, un violador o la explosión de una bomba.

Unas pocas ilustraciones mostrarán cómo funcionó la guerra psicológica en España. Debemos recordar siempre que Lenin dijo: "Parte del entrenamiento de todos los jóvenes revolucionarios debe consistir en robar un banco, volar una comisaría y liquidar a un traidor o a un espía". Hasta que un joven no ha sido despojado de la leche de la bondad humana y de todo sentimiento de simpatía, no se le considera capacitado para ser miembro del partido. Se trata de un estatus muy diferente al de un "compañero de viaje".

A medida que se acercaba el día elegido para la revuelta en España, los proveedores de literatura pornográfica e imágenes obscenas se volvieron tan audaces que se apostaron a la entrada de las iglesias y ofrecieron sus mercancías a los fieles que entraban y salían. Las portadas de estas publicaciones solían mostrar imágenes de sacerdotes y monjas en pleno acto sexual. El Sr. Edward Knoblaugh, [154], reconocido como una autoridad en la Guerra Civil en España, quedó tan impresionado por esta campaña anticlerical que escribió:

"Ocasionalmente, delegaciones de clérigos protestantes venían a la España Leal para investigar historias que habían leído sobre

---

[154] El Sr. Knoblaugh fue "Corresponsal en España". Publicó un libro con ese título.

actividades anticlericales. Estas delegaciones eran muy bien recibidas. Se hizo todo lo posible para convencerles de que habían sido engañados. Se les asignaron guías especiales. Sólo vieron lo que las autoridades comunistas querían que vieran. Al cabo de uno o dos días, se los llevaron a casa, convenientemente impresionados".

Pero un día hubo un desliz. Una delegación de clérigos se detuvo en un puesto de libros para admirar algunos raros volúmenes antiguos. Antes de que el guía pudiera impedirlo, vieron también ejemplares de "La Traca" y "Bicharracos Clericales". Las portadas retrataban orgías sacerdotales con monjas semidesnudas. Ambas revistas estaban profusamente ilustradas con imágenes obscenas. El Sr. Knoblaugh comentó: "Los delegados se marcharon enfadados".

La situación en España entre 1923 y 1936 era muy similar a la que existe hoy en Canadá entre la población francófona y la anglófona. El pueblo vasco tiene su propia lengua, cultura y tradiciones, que se remontan a la antigüedad. Son profundamente religiosos y muy orgullosos. Como muchos francocanadienses, creían merecer la independencia nacional. Para lograr este objetivo organizaron un movimiento separatista para liberar al pueblo vasco del resto de España. Como era natural, los conspiradores del movimiento revolucionario en España no pasaron por alto tal situación. Los vascos eran devotos católicos romanos. Creían que estaba justificado luchar por la independencia política si era necesario. Sin embargo, la gran mayoría nunca se habría afiliado a sabiendas al Partido Comunista para lograr su objetivo. Sin embargo, eso es exactamente lo que ocurrió. Las "células" marxistas se infiltraron en la sociedad vasca. Ocultaron tan bien su verdadera identidad que se convirtieron en los líderes de los "separatistas". Luego, como la cabra de Judas, llevaron a los vascos al matadero. Actuando bajo las banderas de un intenso patriotismo y fervor religioso, los líderes vascos, el presidente Aguirre, Gird y Negrín, mezclaron y golpearon en una masa increíble, la cruz de Cristo, la pistola del anarquismo y la hoz y el martillo del comunismo. Luego, cuando empezó la revuelta, abandonaron a las masas a su suerte. Aguirre era jefe del Estado vasco y generalísimo de los ejércitos vascos. Sentado en su despacho de Bilbao, mientras cientos de sacerdotes católicos y otros dirigentes de la sociedad vasca eran sistemáticamente asesinados. Su martirio aumentó naturalmente el odio existente entre los vascos y España.

F.J. Olondriz escribió el prólogo del libro La persecución roja en el País Vasco, escrito por José Echeandia. Dijo:

"Llegado el día, los separatistas vascos, ciegos de pasión, muchos de ellos olvidando su fe, y sus sentimientos católicos, se sintieron estrecha y firmemente unidos a los comunistas, a los ateos, y a los anarquistas... y se lanzaron a la guerra, y se hicieron responsables de matanzas, y creyeron que todos los medios eran lícitos, ignorando rebeldemente las perentorias palabras de su líder religioso, el Papa Pío XI, contenidas en su encíclica 'Divini Redemptoris'-"El comunismo es intrínsecamente perverso, y no puede admitirse que aquellos que desean servir a la civilización cristiana puedan de ninguna manera cooperar con él."

Qué bien algunos de nuestros estadistas de alto nivel deberían haber recordado esas palabras de sabiduría cuando trataron de cooperar con Stalin durante la Segunda Guerra Mundial. Otra verdad que los líderes del Gobierno nunca deben olvidar es el hecho de que los comunistas, y todos los demás grupos internacionales, son utilizados por los Illuminati para promover sus propios planes y ambiciones secretas.

Capítulo 14

Franco

Para entender lo que ocurrió en España en 1936, hay que tener al menos una idea general del tipo de hombre que es Franco en realidad. Franco ingresó en el ejército español con la seria intención de hacer de él su carrera. Su vida en el ejército parece un romance. Se distinguió tras ser nombrado miembro de la Legión Española. Convirtió la derrota infligida por los moros al general Silvestre en una victoria final. No sólo dirigió a sus tropas sin miedo, sino que les inspiró gran confianza por su genialidad en materia de estrategia. También se ganó el respeto de sus enemigos por sus progresos militares y su acertada política administrativa en Marruecos. Los moros acabaron por considerarlo casi divino. Llegaron a llamarle "El Victorioso"; "Jefe de Jefes"; "Valiente como un León". Estos hechos explican por qué se unieron a él cuando les pidió lealtad en julio de 1936.

No se dice que Franco fuera popular entre sus hermanos generales. Sin embargo, gozaba del respeto de la mayoría de ellos. Fue este hecho el que impidió que el Gobierno del Frente Popular se convirtiera en una dictadura totalitaria.

Azana, Caballero y Carlos Prieto dominaron el Gobierno del Frente Popular. El Sr. Gil Robles y Calvo Sotelo lideraron la oposición de derechas.

Cuando Sotelo reveló en las "Cortes" que entre febrero y junio de 1936 se habían producido 113 huelgas generales, 218 parciales, 284 edificios, 171 iglesias, 69 clubes y 10 redacciones de periódicos incendiados, y se habían cometido más de 3.300 asesinatos, Casares Quiroga, primer ministro en el momento 298, se puso en pie de un salto y replicó airadamente: "Usted será personalmente responsable de la emoción que cause su discurso."

Dolores Ibarruri, comunista, llamada "Pasionaria" por sus discursos incendiarios y sus acciones fanáticas, era miembro de las Cortes españolas. Se puso en pie de un salto y, señalando con el dedo a Sotelo, gritó literalmente: "Ese hombre ha pronunciado su último discurso". Resultó tener razón. El 13 de julio de 1936, el señor Calvo Sotelo fue sacado a rastras de su casa por quince guardias de asalto al mando del capitán don Ángel Moreno. Lo llevaron a un cementerio cercano y lo asesinaron. Fue este suceso el que provocó que muchos de los generales españoles rompieran su juramento al Gran Oriente y pidieran a Franco que asumiera el liderazgo en España. Dolores Ibarruri era una agente estalinista en España. Se le había confiado la tarea de corromper a los oficiales del ejército, organizar y dirigir asaltos a las armerías del gobierno y armar a las fuerzas revolucionarias en España. Desempeñó sus diversas tareas con gran eficacia.

Los Guardias de Asalto asaltaron las casas de muchos otros anticomunistas destacados tras el asesinato de Sotelo, pero la mayoría de ellos habían sido advertidos y se dieron a la fuga.

El día de las elecciones de febrero de 1936, el general Franco telefoneó al general Pozas, que estaba entonces al mando de la Guardia Civil. Le advirtió de que los comunistas elegidos para las Cortes planeaban incitar a la violencia popular con la esperanza de poder desarrollar un esfuerzo revolucionario con el fin de derrocar al gobierno republicano. El general Pozas informó al general Franco de que creía que sus temores eran exagerados. El General Franco telefoneó al General Molero, Ministro de la Guerra. Le informó del peligro que le amenazaba. Franco sugirió que se le permitiera declarar la Ley Marcial, Franco redactó las órdenes necesarias que le darían autoridad para impedir los excesos y la violencia popular. Sólo eran necesarias las firmas del Consejo de Ministros en para permitirle preservar la ley y el orden, y proteger al gobierno republicano de la acción revolucionaria. Pero Portela, que en ese momento ejercía de Primer Ministro, alegó que era demasiado viejo para poner en práctica la decisión del Consejo de Ministros. Franco replicó: "Vosotros habéis llevado a España a este lamentable trance. Ahora es vuestro deber intentar salvarla".

El general Franco recibió órdenes de dirigirse a las Islas Canarias. La orden significaba en realidad su exilio virtual de España.

Antes de partir, el general Franco se entrevistó con los generales Mole y Varela. Le aseguraron, estaban seguros, que una vez que los otros generales que se habían unido a las Logias Militares del Gran Oriente supieran la verdad, la mayoría de ellos romperían con el Gran Oriente y aceptarían su liderazgo. Antes de que terminara la reunión, se había acordado un medio secreto de comunicación entre Mola y Franco. Inmediatamente después de que Franco partiera hacia las Islas Canarias, los agentes de Stalin reanudaron sus actividades.

El 23 de junio de 1936, Franco escribió una larga carta al ministro de la Guerra en la que volvía a señalar peligros concretos. [155] Pero estas advertencias fueron ignoradas como lo habían sido las otras. Era obvio que los miembros comunistas del gobierno republicano eran capaces de dominar su política y sus acciones.

El asesinato de Calve Sotelo el 13 de julio decidió a Franco. Envió un mensaje codificado a los generales que habían jurado luchar para salvar a España de convertirse en un estado satélite ruso. Entre los que Franco contactó estaban Mola, Goded, Fanjul, Sanjurjo, Saliquet, algunos oficiales de la Armada española y Queipo de Llano. Tras el envío del mensaje, Franco voló desde Canarias a Tetuán, donde sabía que podía contar con la lealtad de las tropas marroquíes.

El 21 de julio de 1936 Franco emitió su proclama, que definía la cuestión en juego con el menor número posible de palabras. Decía: "Es deber de todo hombre entrar en esta lucha definitiva entre Rusia y España". Así comenzó la guerra civil. El profesor Unamuno explicó la cuestión con aún menos palabras. Dijo: "Es una lucha del cristianismo contra la barbarie". Debería haber dicho "Contra el Iluminismo".

Se obtuvieron otras pruebas que demostraban que la Comintern de Stalin tramaba subyugar a España para provocar una guerra total entre Gran Bretaña y sus aliados, por un lado, y Alemania y sus aliados, por otro. Está el informe de la reunión del Secretariado Político de la Comintern que tuvo lugar el 25 de enero de 1938. El objetivo de la reunión era discutir los medios para desarrollar el esfuerzo revolucionario en España y el norte de África. Asistieron a la reunión representantes de la Profintern y de las ramas extranjeras de la G.P.U. (Policía Secreta). Estaban presentes todos los dirigentes revolucionarios

---

[155] Los detalles pueden obtenerse leyendo el *Franco* de Arrara. Publicado por Omnia Veritas Ltd, www.omnia-veritas.com.

más experimentados de Moscú: Iejov, jefe de la sección secreta de la Comintern; Georges Dimitrov, de la infamia del incendio del Reichstag; jefe de la Liga de los Impíos y de la Liga de los Librepensadores; el entonces secretario de la Internacional Comunista; Schick, Manuilsky y Lozovsky, de la Profintern; Popescu, Weintrauben, Gourovitch, Liemann, Turrini, Adami y Valdez, que representaban al Soviet de Asuntos Exteriores en el buró político de la Comintern (estos son los nombres de hombres que tomaron parte activa en la expansión de la esfera de influencia comunista por todo el mundo en años posteriores). Tras la apertura de la reunión, Dimitrov pronunció un encendido discurso. Denunció la falta de vigor misionero entre los enviados militares especiales que habían sido enviados a España para ayudar a corromper al Gobierno del Frente Popular y dirigir la operación militar de los ejércitos leales. Su actuación, dijo:

> "No ha tenido suficiente estímulo, ni elan revolucionario, en las masas europeas en general. Los resultados obtenidos no han justificado los grandes riesgos asumidos. NO SE HA LLEGADO A LA LUCHA PRINCIPAL, QUE ES PROVOCAR UN CONFLICTO ARMADO ENTRE DOS GRUPOS DE ESTADOS CAPITALISTAS". A continuación abogaba por que "El comandante militar soviético en España pase bajo el control de los emisarios de la Comintern, como los embajadores, que saben impregnarle del necesario sentimiento revolucionario[156]

En la Guerra Civil en España la propaganda emitida en la época convenció al ciudadano medio de que un pequeño grupo de generales en España había organizado una revuelta para derrocar al Gobierno Republicano del Frente Popular e instaurar una dictadura militar. Las Fuerzas del Frente Popular se llamaban a sí mismas Lealistas. Las Fuerzas de Franco se llamaban a sí mismas Nacionalistas. Los Lealistas estaban formados por todas las facciones políticas de centro izquierda. Los Nacionalistas contenían todas las facciones políticas de Derecha del Centro.

Los comunistas estaban divididos en dos grupos... los que pretendían convertir la Dictadura Proletaria en un Estado Totalitario Estalinista, y los que deseaban hacer del Soviet Español una unidad en la

---

[156] Publicado en el número de *Gringoire* del 11 de febrero de 1938.

Internacional de Repúblicas Soviéticas como propugnaba la teoría del marxismo. Las Fuerzas Nacionalistas incluían a hombres que habían patrocinado el movimiento carlista que, desde 1837, había tenido como causa la restauración del Trono español a los descendientes de Don Carlos. Los carlistas se encontraban en la provincia de Navarra y apoyaron al Ejército Nacionalista de Franco simplemente porque no pensaban tolerar el comunismo en España.

En la derecha también estaban los falangistas, los ultraderechistas entre los que había sin duda un buen número de nazis de tipo alemán que creían en el uso de la Guerra Total para someter a sus enemigos izquierdistas. Con una situación de este tipo es comprensible que los de la Derecha acusaran a todos los de la Izquierda de ser comunistas, mientras que todos los de la Izquierda acusaban a todos los de la Derecha del centro de ser fascistas. La mayoría de las horribles atrocidades, incluidas torturas, mutilaciones, violaciones y la ejecución de miles de víctimas inocentes, fueron cometidas por los comunistas como parte del modelo aceptado del Reinado del Terror. Algunos extremistas de, el bando franquista, también cometieron atrocidades. Todas las guerras civiles parecen convertir a un gran número de hombres en brutos inhumanos que descienden al nivel de bestias brutas una vez que se ha despertado en ellos la sed de sangre. La guerra civil no puede justificarse. Los partidarios de las guerras revolucionarias deberían ser ejecutados. Las pruebas demuestran que el rey de España en 1931, y el general Franco en 1936, hicieron todo lo posible para evitar una guerra civil.

Franco no hizo un llamamiento a los ciudadanos de España para que se unieran en torno a él hasta que hubo agotado todos los demás medios para impedir el golpe comunista del 26 de julio de 1936. El Ejército profesional en España se había reducido enormemente en número. Había sido sustituido por una Policía Nacional controlada por el gobierno izquierdista. Es extraordinario que el intento de Franco de derrotar el complot comunista no fracasara, porque las investigaciones de posguerra revelaron que en 1936 las fuerzas armadas estaban plagadas de traidores, tanto oficiales como hombres, que habían sido colocados en puestos clave por los agentes de Moscú que trabajaban dentro del Gobierno del Frente Popular en España. El 21 de julio de 1936, la organización dirigida por Moscú para hacerse con el gobierno en España estaba completa.

Franco sabía que en un día Julio Álvarez del Vayo, que era Ministro de Asuntos Exteriores en el gobierno republicano, y Comisario General, nombró a cientos de comisarios políticos para el ejército republicano. La mayoría de estos hombres eran comunistas. Vayo lo hizo sin consultar al Primer Ministro. Los comisarios obligaron a los soldados a afiliarse al Partido Comunista, ofreciéndoles ventajas y ascensos si lo hacían, y amenazaron con perseguirlos por todos los medios a su alcance si no lo hacían. Luis Araqistain, ex-embajador de la República Española en París, publicó este hecho en el *New York Times* el 19 de mayo de 1939. Se demostró que era cierto.

Indalecio Prieto fue diputado socialista español y ministro de Defensa Nacional durante la Guerra Civil española. Ayudó a dirigir la guerra contra Franco. En un informe publicado en París en 1939, titulado: "Cómo y por qué dejé el Ministerio de Defensa Nacional", decía:

> "Es difícil estar en guardia porque hay comunistas que ocupan puestos de confianza y que, para evitar sospechas, reciben órdenes de ocultar su afiliación, y a veces se les ordena que la disimulen afiliándose a otros partidos. El doctor Juan Negrín era uno de ellos. Fue uno de los hombres más poderosos de España durante la Guerra Civil".

Prieto escribió sobre él:

> "Porque me negué a obedecer las órdenes de Moscú, Juan Negrín me expulsó del gobierno que presidía el 5 de abril de 1938. En su gobierno ocupé el cargo de Ministro de Defensa Nacional. Se iniciaron contra mí dos acciones simultáneas; una fue confiada a la policía secreta rusa y a los militares que operaban en nuestro país, y la otra a los comunistas españoles... Los rusos ordenaron y los comunistas españoles obedecieron".

El Dr. Juan Negrín afirma que no era, ni es, comunista, pero fue él quien ordenó que se entregaran 7.000 cajas de oro español a Stalin. Las cajas fueron cargadas en los barcos "Kine", "Neve", y "Volgiles"-Los tres exhibían la bandera soviética. José Velasco, y Arturo Candela, acompañaron los envíos como personas de confianza hasta Odessa. Todo se hizo en secreto y otros miembros del gobierno del Frente Popular no estaban al corriente de la situación. Durante el mandato de Negrín tres comunistas fueron nombrados subsecretarios de Defensa, y así fueron los verdaderos amos del ejército, la marina y la aviación republicanos. [157]

Largo Caballero era comunista pero, al negarse a obedecer la orden que le habían dado los emisarios de Moscú anularon sus órdenes incluso cuando estaba cumpliendo su mandato presidencial. Cuando intentó rectificar sus propios errores, descubrió que ya era demasiado tarde. Cómo consiguen los agentes de Moscú en tierras extranjeras un control tan absoluto de los líderes izquierdistas lo explica Prieto. Escribió:

> "La mayoría de los mandos militares del gobierno del Frente Popular fueron finalmente ocupados por comunistas, y en sus manos estaban las más importantes riendas del poder. ¿Cómo pudo producirse ese fenómeno? A través de un sistema de coacción graduado entre el ascenso personal para los que agachaban la cabeza y el asesinato de los que se rebelaban."

Theo Rogers en su "Spain; a Tragic Journey" hace referencia a la captura de documentos que probaban sin lugar a dudas que se había planeado estallar una revolución a gran escala en julio de 1936. Rogers escribió:

> "El descubrimiento entre militantes comunistas, y anarquistas, de documentos y planes, demostró que se había madurado un complot cuidadosamente tramado para un estallido que trastornaría incluso al gobierno central de Madrid e instauraría una Dictadura Soviética."

La obra de los Illuminati.

Se demostró que la declaración de Roger era cierta. Se presentaron pruebas que demostraban que tanto el general Franco como el general Mola sabían desde abril de 1936 que se había planeado un golpe comunista primero para el 1 de mayo, luego para el 29 de junio y más tarde para el 22 de julio. Los retrasos se ordenaron para dar a los

---

[157] El robo de este oro sigue siendo un problema internacional en 1955. Franco exige que los soviéticos devuelvan el oro.

encargados de poner en marcha el plan de sublevación más tiempo para completar los últimos detalles necesarios.

El mundo entero debería haber sabido del complot dirigido por Moscú contra España porque las órdenes finales fueron interceptadas mientras eran transmitidas por la Comintern a los dirigentes del movimiento revolucionario en España. Los documentos fueron entregados al Eco de París, que los publicó en abril de 1936. El artículo del Eco de París dice así:

"TEXTO DE INSTRUCCIONES PARA LA MILICIA ROJA"

"Estas instrucciones a los jefes de la Milicia Roja española... no emanan de una Organización Central española, sino de los Servicios Técnicos de París, que las enviaron a España en esa fecha. Estos Servicios Técnicos son los del partido comunista francés, que trabajan en estrecha colaboración con la Comintern, y sus delegados en Francia. El documento que publicamos está en manos del Gobierno; no fuimos nosotros quienes se lo comunicamos a. Estamos convencidos de que M. Daladier, Ministro de Guerra y Defensa, ha dado órdenes para que se tomen medidas preventivas de defensa, y protección."

El texto abreviado es el siguiente:

1. Reforzar las tropas de choque y los guardias en los cuarteles y suministrarles pistolas automáticas. Estas tropas de choque y guardias son miembros del partido comunista que sirven en las fuerzas permanentes y las reservas.

2. Estas tropas se pondrán en comunicación con los Grupos que han de irrumpir en los cuarteles. Estos últimos irán de uniforme y estarán a las órdenes de nuestros oficiales, en los que tenemos plena confianza.

3. Cuando comience el combate, nuestros oficiales serán admitidos con sus grupos en secreto. Se pondrán en contacto con los respectivos comités y llevarán a cabo el plan de ataque preestablecido dentro del cuartel.

4. Los comités provisionales, en los cuarteles, renovarán cada dos días sus listas de enemigos, neutrales, simpatizantes y expertos. Cuando los cuarteles hayan sido tomados, los clasificados como

enemigos, incluidos en particular todos los comandantes y oficiales, serán eliminados rápidamente y sin vacilación.

5. A cada miembro de las comisiones se le facilitará una lista con los nombres de las personas a las que deba asesinar personalmente.

6. Una vez eliminados los enemigos, los neutrales serán sometidos a severas teas para matar en ellos cualquier vacilación habitual en tales caracteres indecisos.

7. Los comités que se ocupan de los neutrales tomarán las disposiciones necesarias para que los grupos de vigilancia del exterior entren en los cuarteles con el pretexto de ayudar a sofocar la rebelión.

8. Esto tiene poca importancia.

9. Los encargados de liquidar a los generales de la lista activa constarán de diez hombres con revólveres. Los generales tienen dos ayudantes y un secretario, que deben ser asesinados en sus propias casas. Los encargados de llevar a cabo estos asesinatos no se retirarán ante ningún obstáculo u oposición, y eliminarán a cualquiera que se les oponga, independientemente de su sexo o edad.

10. Los destinados a la eliminación de generales sin mando estarán compuestos por tres grupos de hombres y desempeñarán sus funciones como se indica en el párrafo anterior.

11 y 12. Detalla cómo las casas y los sitios, en posiciones estratégicas, deben ser conseguidos por los militantes comunistas, y armados y fortificados secretamente para emboscar a las tropas que logren escapar de los cuarteles. Las instrucciones dicen: "Como los militares han protegido los coches, grupos de nuestros militantes deben dirigirse a puntos estratégicos, como cruces de caminos, en coches y camiones; armados con ametralladoras para impedir que llegue ayuda a los que están dentro de las ciudades. Los camiones llevarán suministros de granadas".

13. Nuestros militantes se pondrán rápidamente el uniforme obtenido anteriormente y se les servirán fusiles.

14. Cuando estalle la rebelión, nuestros grupos de militantes, con uniformes de la Guardia Civil y de la Guardia de Asalto y equipo ya preparado para ellos, detendrán a todos los jefes de todos los partidos políticos so pretexto de la necesidad de hacerlo para su protección personal. Una vez detenidos se procederá a la eliminación de los generales que no ostenten el mando. Los grupos uniformados también arrestarán y detendrán a los capitalistas importantes cuyos nombres figuran en el apéndice "B" de la Circular N° 32.

15. No se utilizará la violencia contra estos capitalistas salvo si se resisten; sin embargo, se les obligará a entregar el saldo de las cuentas corrientes en los bancos, así como sus valores. En caso de ocultación serán eliminados por completo, incluidas sus familias, sin excepción. Es deseable que las células trabajen en sus plantillas como empleadas domésticas o mecánicas, ya que pueden ser muy útiles. [158]

16. Puede saltarse.

17. Con respecto a los miembros de las fuerzas armadas que se declaren simpatizantes se seguirá la misma táctica que en Rusia. Primero utilizar sus servicios y luego eliminarlos como enemigos. Para que nuestro esfuerzo tenga éxito, y sea permanente, es mejor un oficial u hombre neutral que uno que ha traicionado su uniforme porque su vida estaba en peligro. Es probable que también nos traicionara si se le diera la oportunidad.

18. Deben intensificarse las instrucciones a nuestra milicia sobre movilización, movimientos de transporte, uso de armas y puntería. [159]

19. La milicia apostada en los cruces debe eliminar a todas las tropas derrotadas que intenten escapar.

20. Se colocarán puestos de ametralladoras en locales que cubran la parte delantera y trasera de todas las armerías, comisarías y cuarteles

---

[158] Esta orden protegía a los banqueros y capitalistas que trabajaban como agentes de los Illuminati exactamente del mismo modo en que una orden similar protegía a los Rothschild en la revolución francesa.

[159] En 1946, el autor informó a las autoridades competentes de que se habían importado fusiles a Canadá como chatarra; del mismo modo, los ministros del gabinete canadiense permitieron que se enviaran armas a Oriente Medio como chatarra en 1956.

de bomberos y todos los accesos y salidas de las ciudades, y si, a pesar de ello, el enemigo consigue salir, se le atacará con granadas de mano.

21. Otras milicias se colocarán en camiones blindados en posiciones estratégicas dentro de las ciudades a no más de un kilómetro de distancia, también irán armadas con ametralladoras.

22. El enlace se efectuará mediante coches ligeros y ciclistas, que irán armados con revólveres.

23. No tiene especial importancia.

24. Los detalles más íntimos concernientes a las vidas y caracteres de todos los neutrales y simpatizantes deben ser obtenidos y cuidadosamente registrados, incluyendo sus requerimientos familiares, y la influencia que el amor a sus hijos, y el deseo por estos requerimientos necesarios, puedan ejercer sobre ellos. Si alguno de nuestros milicianos, o cualquiera de los neutrales, y simpatizantes, muestra algún tipo de debilidad, o resistencia a las órdenes, debe ser denunciado al más alto comité de la organización como culpable de complicidad y/o reacción.

25. Nuestra milicia debe ser organizada para trabajar lejos de sus propios hogares y localidades porque la experiencia nos ha enseñado que en el último momento, por sentimentalismo, los hombres que trabajan en sus propias localidades, y entre sus familias, y amigos, han fallado en llevar a cabo nuestro plan con el entusiasmo apropiado.

26. Todos los propietarios de depósitos de bienes y mercancías serán considerados como capitalistas importantes. Estos depósitos deben organizarse para servir al proletariado a través de los grupos administrativos. [160]

---

[160] Esta orden también demuestra que los Illuminati son los verdaderos líderes de un esfuerzo revolucionario. Siempre están en los niveles superiores de los Gobiernos, la Sociedad, la Industria y las Fuerzas Armadas. Los trabajadores, la multitud, son simplemente "peones en el juego". Se les utiliza y luego se les somete. Demuéstrales esto y el complot comunista fracasará. -Autor.

27. Trata de la cuestión del uso de la STARVACIÓN como medio de reducir rápidamente la oposición, y confirma lo que se ha dicho sobre el uso de esta arma en las disputas nacionales, y en la guerra internacional. Dice así: "Durante la primera semana, y hasta que la constitución se normalice se prohíbe el suministro de comida y bebida a los burgueses".

28. Léase - Las existencias de alimentos en los cuarteles y en manos de nuestros enemigos, que no puedan ser capturadas, deben ser inutilizadas mezclándoles parafina u otras sustancias. Desde que se emitieron estas órdenes, los dirigentes revolucionarios de todos los países han recibido instrucciones especiales de hacer planes cuidadosos para tratar con los miembros de la policía y los bomberos, porque la experiencia ha demostrado que la mayoría de estos empleados civiles "permanecen leales a sus jefes burgueses". La acción recomendada es:

1. Infíltrate en las dos fuerzas.

2. Corromper a las bases.

3. Se insta a los miembros del partido a que compren o alquilen propiedades que cubran los accesos tanto de la parte trasera como de la delantera de las comisarías de policía y de los bomberos, para que los miembros puedan ser eliminados cuando cambien de turno. La hora de la revuelta debe coincidir con la del cambio de turno de la policía.

Las órdenes que se dieron a los dirigentes del partido comunista en España detallaban cómo debían hacerse con el control de 11 servicios públicos y de la administración civil. El objetivo era obtener, en el menor tiempo posible, el control total y absoluto de todos los suministros de alimentos y de los sistemas de comunicación.

Las órdenes revolucionarias incautadas en Mallorca en octubre de 1936 fueron traducidas por Jacques Bardoux, que escribió después "Caos en España". Iban dirigidas a los dirigentes revolucionarios españoles.

DOCUMENTO ESPAÑOL

Con el fin de poder controlar los más pequeños detalles del movimiento, a partir del 8 de mayo, sólo los agentes de enlace podrán dar órdenes y se comunicarán entre ellos por medio del

Cypher E.L.M. 54-22. Los líderes locales deberán dar instrucciones verbales al comité con la ayuda del siguiente código:

1.2.1. Orden de inicio de movilización.
2.1.2. Orden de inicio de la revuelta.
2.2.1.1.1. Orden de atacar en puntos predeterminados.
3.3.3. Prever a los contrarrevolucionarios.
2.4.3. Movilización de los sindicatos.
2.5.5. Huelga general.
2.6.5. Actos de sabotaje, como la voladura de vías férreas, etc.
1.3.2. Señal para aplazar la revuelta.
1.1.0. Orden de aprovisionamiento.
1.0.0. La reorganización está lista.
0.0. Cerrar fronteras y puertos.
1.1. Ejecución de aquellos cuyos nombres están en la lista negra.

Todas estas órdenes se darán el día anterior a la revuelta, el 1 de mayo o el 29,[161] a medianoche, desde el transmisor instalado en la Casa del Pueblo de Madrid, cuya longitud de onda es casi la misma que la de la Radio Unión de Madrid.

Organización de Madrid:

Que se dividirá en las siguientes secciones: A.B. Chamartin de la Rosa, H.Q. en la Casa del Pueblo de este distrito.

C.D. Cuatro Caminos, H.Q. en el Club Socialista del distrito.

E.F. Palace District, H.Q. en la imprenta de Mundo Obrero.

G.H. Distrito Universitario, H.Q. en la redacción de El Socialista.

I.J. Distrito de Latina, H.Q. en Casa del Pueblo.

M.N. Distrito de Inclusa, H.Q. en el centro socialista.

N.O. Distrito de Pardinas, H.Q. en Garaje, en Castello 19.

---

[161] Fue después de que se emitieran estas órdenes cuando se cambió la fecha de la revuelta al 22 de julio.

P.Q. Distrito Sur, H.Q. en el Centro Socialista de Vallecas.

R.S. Distrito de Carabanchel, H.Q. en el Club Socialista.

T.U.V. Centro de Madrid, H.Q. en Casa del Pueblo, Secretaría.

X.Y.Z. Oficinas n° 2, 3, 4, 6, 8, 10, 12 (sala del balcón).

Plan de Campaña en Madrid:

La revuelta se anunciará con cinco bombas que estallarán al anochecer. Inmediatamente se fingirá un ataque fascista a uno de los centros de la C.N.T. (del trabajo); luego se declarará la huelga general y los soldados y jefes que nos apoyan se sublevarán. Los grupos entrarán en acción.

Los designados en T.U.V. tomarán la Oficina de Comunicaciones, la Presidencia y el Ministerio de Guerra. Los pertenecientes al distrito atacarán las Comisarías, y los de la Sección X.Y.Z. tomarán la Oficina de Seguridad Pública.

Un grupo especial compuesto exclusivamente por ametralladores con granadas de mano se dirigirá a la sede del gobierno y la atacará por las siguientes rutas: Carretas, Montera, Mayor, Correos, Paz, Alcalá, Arenal, Preciados, Carmen y San Jerónimo. Los grupos, compuestos por cincuenta células de diez hombres cada una, actuarán en calles de segundo y tercer orden, y de dos células sólo en las de primer orden y en las avenidas.

Se ordena la ejecución inmediata de todos los contrarrevolucionarios detenidos. Se pedirá a los republicanos del Frente Popular que apoyen el movimiento, y en caso de negativa serán expulsados de España.

DOCUMENTO FRANCÉS

Secreto. A los Líderes de Grupos y Secciones: Celda de St. George du Bois, Puesto de Vigilancia.

PRIMER GRUPO: H.Q. Ayuntamiento.
Jefe de Grupo, A. Presidente.
Primera Sección: B.

4 voluntarios
5 fusiles, 1 revólver,
70 cartuchos de munición para el rifle,
20 para revólver,
15 granadas.

Segunda Sección: C.

6 voluntarios
4 rifles,
3 revólveres,
70 cartuchos de munición para el rifle,
20 para revólver.

Tercera Sección: D.
Líder, C

4 voluntarios para la distribución de armas y municiones y para la fabricación de municiones.
6 revólveres,
15 latas de gasolina,
25 latas (5 litros cada una) de reserva, entregadas al camarada C.

SEGUNDO GRUPO:
H.Q. Estación de Ferrocarril.
Líder, D.E.P.

7 voluntarios,
8 rifles,
80 cartuchos de munición,
20 cartuchos de dinamita entregados al camarada E.

TERCER GRUPO:
En la Estación.
Líder, F.E.

5 voluntarios (2 expertos),
6 rifles,
1 revólver,
60 cartuchos para el fusil,
20 para revólver, 1.500 metros de cable telefónico aislado entregado al camarada F.

CUARTO GRUPO:
(grupo atacante) H.Q. Sótano del Ayuntamiento, Líder G.

Primera Sección: H.

4 voluntarios,
4 rifles,
50 cartuchos de munición,
10 cuchillos,
12 cuerdas.

Segunda Sección: I.

4 voluntarios,
4 rifles,
50 cartuchos de munición,
10 cuchillos,
10 cuerdas.
Instrucciones especiales.

SEGUNDO GRUPO: Volar convoyes ferroviarios y fascistas

TERCER GRUPO: Enlace inmediato con la central telefónica, la estación de ferrocarril y el ayuntamiento.

A TODOS LOS GRUPOS: Guardar municiones a la espera de la llegada de armas y municiones de la célula de Rochefort. Primer Grupo al comandante todas las provisiones, animales y forraje a la espera de la llegada de instrucciones de Rochefort para su distribución. [162]

CAMARADA PRESIDENTE

Comentario del autor:

La historia reciente ha demostrado que las instrucciones dadas por los Illuminati a través de Moscú para la subyugación de España han sido

---

[162] La información anterior fue puesta a disposición de la "Prensa Libre del Mundo" por escritores y corresponsales acreditados de Free Lance tan pronto como estuvo disponible, pero nunca fue publicada. ¿Por qué?

actualizadas desde entonces, y llevadas a cabo en todos los países de Europa que han sido subyugados desde 1936. *No hay razón para creer que la 5ª Columna en Canadá, y los EE.UU., esté menos minuciosamente organizada. La 5ª Columna está lista para cumplir las órdenes de los Illuminati cuando los que dirigen el movimiento Revolucionario Mundial consideren oportuno el momento.* Hay muchas pruebas que demuestran que los miembros del partido comunista en Canadá, y en los EE.UU., han estado practicando desde 1948 una rápida evacuación de las grandes ciudades y zonas industriales para poder estar en el campo de picnic, y otras excusas razonables, durante las fases iniciales de un bombardeo soviético. Planean regresar y tomar el control mientras las condiciones sean caóticas y los habitantes estén aún en estado de pánico.

Si bien es necesario frenar el Iluminismo en Europa y Asia, será un tremendo y costoso error si no nos damos cuenta de la magnitud del peligro de su 5ª Columna. Debemos eliminar nuestro peligro interno o todos nuestros planes de defensa cívica de emergencia serán inútiles. Debemos ocuparnos primero del enemigo interior, luego nuestros planes de defensa, y otros asuntos, encajarán suavemente en el engranaje sin ser obstaculizados por traidores y saboteadores. El hecho a recordar es que los comunistas son utilizados para iniciar la revuelta. Los que dirigen a los comunistas forman entonces una dictadura del Proletariado, que a su vez es tomada por el agentur de los Illuminati.

Capítulo 15

El Reinado Revolucionario del Terror

El estudio de los métodos empleados por los agentes de los Illuminati en España, es de gran valor para aquellos que quieran proteger a su país del peligro de tribulaciones similares. Los líderes revolucionarios tienen a Cells ocupando posiciones clave en cárceles, prisiones y manicomios. Su propósito es controlar estas instituciones para poder liberar a los elementos antisociales detenidos y utilizarlos como tropas de choque durante la revuelta. En todas las revoluciones hasta la fecha, los presos antisociales y los criminales dementes han sido utilizados para despertar la sed de sangre de la muchedumbre e introducir así el "Reino del Terror" que, según calculan los líderes revolucionarios, hará que el público en general se rinda en el menor tiempo posible. [163]

La política penitenciaria en Madrid estuvo muy influida por los consejos que dio a las autoridades del gobierno del Frente Popular el "general" Kleber, el canadiense-ruso que, tras recibir formación teórica

---

[163] La investigación de los brotes en muchas prisiones, tanto en EE.UU. como en Canadá, indica que estas revueltas, fueron de inspiración comunista. Se necesitaron casi veintitrés años para demostrar que algunos de los funcionarios de la Penitenciaría de Kingston, en la época en que Tim Buck estaba confinado en la institución, eran comunistas. Las pruebas indicarían que le ayudaron a organizar los disturbios de la prisión de Kingston. Yo era un escritor de Free Lance en ese momento. Escribí que todo el asunto olía a gloria como un complot para convertir a Tim Buck en un mártir, con el fin de despertar la simpatía del público, para obtener su liberación. Declaré que, en mi opinión, los guardias y otros funcionarios de prisiones estaban implicados. Mi historia nunca apareció en la prensa. En 1953, uno de los funcionarios de los que sospeché en 1932 que tenía afiliaciones "rojas" se presentó a las elecciones federales de Columbia Británica como candidato laborista progresista. Entre 1939 y 1944 este mismo hombre estuvo a cargo de la formación de personal en la rama de ingeniería de la Marina Real Canadiense. Esta información fue facilitada a las autoridades competentes.

en el Instituto Lenin de Moscú, fue enviado a España para servir a Stalin y obtener experiencia práctica en la guerra revolucionaria.

Tan pronto como el gobierno del Frente Popular tomó posesión en marzo de 1936, los miembros de extrema izquierda insistieron en que se aprobara un proyecto de ley de amnistía que concedía la libertad a todos los que habían participado en la rebelión asturiana. Además de este pequeño ejército de 318 revolucionarios, se concedió la libertad a otros 30.000 que habían sido detenidos por comunistas. Después del 17 de julio, otros 40.000 delincuentes comunes fueron puestos en libertad con la condición de que portaran armas en el ejército lealista. Los líderes revolucionarios liquidan a la mayoría de los delincuentes comunes una vez que han cumplido su propósito. Al hacerlo, convencen a mucha gente de que las atrocidades cometidas durante la revolución fueron crímenes de irresponsables que actuaron por iniciativa propia, y no de acuerdo con un plan preconcebido de terrorismo.

Éstas eran las condiciones existentes cuando el general Franco decidió que intentaría salvar a España de la tiranía comunista. Se han escrito muchos libros que cuentan cómo Franco, y un puñado de generales españoles, consiguieron finalmente derrotar el complot comunista. Es una historia apasionante de valor, fortaleza y gran fe en su cruzada cristiana. Tan pronto como Franco emitió su proclama, los subsecretarios rojos del Ejército, la Armada y el Aire ordenaron a las células comunistas liquidar a todos los oficiales catalogados como enemigos. Esta tarea se llevó a cabo con gran minuciosidad. Se habían colocado células comunistas en las ramas de mecánica, comunicaciones y señales de los servicios. Esto demostró que los organizadores seguían el modelo establecido para las revueltas inglesa, francesa, rusa y alemana.

Tomados por sorpresa, casi dos tercios de los oficiales fueron asesinados a sangre fría durante las fases iniciales del ataque. Los amotinados intentaron convencer a otros rangos y grados de que estaban cumpliendo las órdenes del gobierno y ejecutando a oficiales que habían sido condenados como enemigos del gobierno del Frente Popular.

Muchos hombres no creían lo que les decían. Al poco tiempo, no era raro ver a un buque de guerra disparando a escasos metros de otro. En un caso, la torreta de proa estaba tripulada por rojos y la torreta de popa del mismo barco por antirrojos. Las masacres que comenzaron a bordo de los barcos se extendieron a los astilleros y a las ciudades en las que se encontraban.

Podría haber habido alguna excusa para la drástica acción tomada contra los oficiales que se podía esperar que tomaran partido por Franco, pero es imposible excusar el terrorismo que los comunistas, actuando como soldados y policías del gobierno del Frente Popular infligieron a la población desarmada y desprevenida. La imposición del terrorismo demostró, a costa de cientos de miles de vidas inocentes, que la política de Lenin había sido aceptada. Dictaminó que el terrorismo tenía que acompañar a todo esfuerzo violento por derrocar a un gobierno porque el terrorismo era el método más económico de subyugar a las masas de forma rápida y completa.

Hay que recordar que los dirigentes de una revolución no consideran el esfuerzo totalmente baldío si no termina en una dictadura proletaria. Los que traman y planifican los esfuerzos revolucionarios consideran que toda revuelta contra el gobierno constituido y la autoridad legítima es un paso en la dirección correcta. Si el esfuerzo no tiene éxito, es malo, pero no desesperado. No importa cuántas personas mueran. No son más que peones en el juego. Son prescindibles. Es extraordinario cómo pocos de los líderes revolucionarios de alto nivel mueren durante una rebelión.[164] Se acepta como buena técnica revolucionaria, sacrificar a las masas y preservar a los miembros de los Illuminati, ya que ellos van a gobernar el nuevo orden. Incluso en las huelgas ordinarias, los rojos suelen provocar los problemas y luego se escabullen. Dejan que los demás trabajadores luchen con la policía o la milicia.

Los siguientes hechos demuestran que durante una revolución todo aquel que no sea miembro del partido o compañero de viaje no puede esperar misericordia de ningún tipo. Incluso los compañeros de viaje son liquidados después de haber sido utilizados con ventaja.

Antes de julio de 1936, los directores del W.R.M. habían inundado literalmente Madrid de agentes. Moses Rosenberg llegó como embajador de Moscú a Madrid. Anteneff Avseenko llegó a Barcelona. Dimitrov llegó para dirigir personalmente las persecuciones religiosas

---

[164] Es un hecho histórico que han muerto diez veces más dirigentes revolucionarios durante las Purgas del Partido que durante la propia guerra revolucionaria.

planeadas para seguir al Golpe Comunista. Durante la Guerra Civil, Rosenberg gobernó como zar de Madrid. Avseenko asumió el mando del Ejército Rojo catalán. Rosenberg organizó las chekas en España y se ocupó de que llevaran a cabo su labor de espionaje de más y más víctimas.

Los agentes de Moscú organizaron "Escuadrones de Purificación". Oficialmente su deber era buscar fascistas, pero en secreto liquidaban a todos aquellos que habían sido previamente incluidos en listas de reaccionarios al plan de los Illuminati para subyugar a España. Estas listas habian sido compiladas por espias comunistas que habian trabajado en el Sindicato de Conserjes; (conserjes de casas y apartamentos) los departamentos de impuestos, los Servicios Postales, y otras oficinas publicas. Las listas de los que iban a ser liquidados eran muy completas porque los espías de Moscú, algunos disfrazados de afiladores de tijeras y cuchillos, habían recorrido todos los distritos, calle por calle y casa por casa. Todos los ciudadanos figuraban en una lista según su posición política, laboral, social y religiosa y sus afiliaciones a. Cuando se dio la orden de iniciar el Reinado del Terror, los comunistas trabajaron con la seguridad, la ferocidad y la minuciosidad de brutos hambrientos. Stalin había declarado una vez: "Es mejor que mueran cien inocentes a que escape un reaccionario". Obedecieron esta orden con una persistencia endiablada.

Para que otros que viven en países aún no sometidos puedan entender lo que ocurre durante un reinado del terror, se describirán algunas atrocidades reales.

El 17 de julio de 1936, un grupo de comunistas vestidos con uniformes de las tropas gubernamentales hizo una llamada al convento de las Dominicas de Barcelona. El jefe informó a la madre superiora de que, como se temía la violencia de las turbas, tenía órdenes de escoltar a las hermanas a un lugar seguro. Las hermanas recogieron sus pocas pertenencias y, sin sospechar nada, acompañaron a los soldados que las llevaron a las afueras, donde las asesinaron a todas. El líder comentó cruelmente después: "Necesitábamos el edificio. No queríamos estropearlo antes de ocuparlo[165]

---

[165] Registradas en los informes oficiales "Atrocidades comunistas en España". Partes primera, segunda y tercera. Las investigaciones fueron llevadas a cabo por un comité

El señor Salvans era un conocido anticomunista. Los escuadrones de depuración visitaron tres veces su casa de Barcelona. Cuando la tercera visita no produjo ninguna información sobre su paradero, los rojos asesinaron a toda la familia, compuesta por ocho personas. Este vil acto se llevó a cabo de conformidad con los apartados 15 y 16 de las instrucciones ya mencionadas.

Uno de los actos de violencia más insensatos jamás cometidos en nombre de la "Libertad... Igualdad... Fraternidad", fue el asesinato de dieciséis hermanos laicos que trabajaban voluntariamente como enfermeros en el mayor hospital de Barcelona. Su único delito era pertenecer a una orden religiosa. El hecho de que atendieran a todos los enfermos, sin distinción de clase, color o credo, no supuso ninguna diferencia para quienes ordenaron su "liquidación". E.M. Godden, que publicó Conflicto en España, en la página 72 informó:

> "La matanza de los vivos fue acompañada por el escarnio de los muertos. Durante la última semana de julio de 1936, los cuerpos de las monjas fueron exhumados de sus tumbas y colocados fuera de los muros de sus conventos. Se pegaron pancartas obscenas y ofensivas a sus cuerpos".

Mi primo, Tom Carr, fue Ingeniero de Minas en España desde 1919 hasta 1938. Estaba casado con la hija del Sr. Allcock, el cónsul americano de Huelva. Uno de los quintacolumnistas de Caballero había sido elegido alcalde de Huelva. Cuando Moscú dio la orden, entregó la administración cívica a los comunistas. Su primer acto fue torturar y luego asesinar a todos los sacerdotes. Las monjas fueron desnudadas y sacadas de los conventos a las calles para que sirvieran de deporte a los revolucionarios[166]

Godden afirma también que entrevistó a dos mujeres inglesas que sólo escaparon a los abusos porque eran extranjeras. Estas dos mujeres contaron a Godden que habían sido obligadas a presenciar cómo una

---

compuesto por hombres de diferentes nacionalidades. La edición corrió a cargo de Arthur Bryant, periodista y escritor de fama internacional.

[166] Esta afirmación de mi primo fue confirmada en la página 238 de la *Arena Española*, escrita por William Fees y Cecil Gerahty, y también por Arthur Bryant que investigó las Atrocidades Comunistas en España.

turba de hombres y mujeres actuaban como derviches fanáticos. En el primer caso, los rojos torturaron y se burlaron de un sacerdote antes de colgar su cuerpo desmembrado y sus miembros de una estatua de la Virgen. En el segundo caso, la turba agujereó el cuerpo de un joven sacerdote y luego, mientras aún vivía, lo atravesó con un crucifijo.

En septiembre de 1936, Pere Van Rooy, famoso escritor francés, informó de que Dimitrov había dicho: "Se nos reprocha la destrucción de las iglesias y conventos de España. ¿Qué importa la destrucción de unos cuantos conventos e iglesias? Queremos crear un mundo nuevo.[167]

Un Comité, que investigó oficialmente las atrocidades comunistas en España en 1939, acordó que una estimación conservadora situaba en 50.000 el número de ciudadanos liquidados en Barcelona como "reaccionarios", entre julio de 1936 y diciembre de 1937. En Valencia la cifra se fijó en 30.000. En Madrid estimaron que una décima parte de toda la población fue sistemáticamente asesinada para convertir a España en otro estado totalitario[168]

Para ilustrar lo que ocurrió cuando los rojos se hicieron con el control en España, citaré algunos otros testigos independientes. Marcel M. Dutrey, el famoso escritor francés, declaró:

"En Castre Urdiales, el comandante militar comunista era un ex policía municipal que había sido despedido por robo en. El nuevo jefe de policía se había ganado la vida anteriormente haciendo y vendiendo postales obscenas. El fiscal era hijo ilegítimo de una conocida prostituta. Le apodaban "el hijo de su madre". El Tribunal Rojo estaba presidido por un minero que contaba con la ayuda de dos "asesores"... Todos estos hombres eran sádicos. Se enorgullecían de ejecutar las penas que ellos mismos imponían a sus

---

[167] Véase *Catholic Herald*, 11 de febrero de 1938.

[168] En caso de que algunas personas piensen que los comunistas sólo odian a los católicos romanos, es bueno recordar que los Poderes Secretos detrás del Movimiento Revolucionario mundial están decididos a convertir finalmente este mundo en el despotismo de Satanás. Esa es la esencia del Iluminismo. Con el fin de adormecer a la gente, en los países aún no sovietizados, (sic) en un poco de falsa seguridad, tratarán de convencerlos de su tolerancia a las religiones distintas de la Católica Romana, pero la investigación muestra que están decididos, cuando tengan suficiente poder, a acabar con todas las religiones.

víctimas. Abrieron el estómago de Vincent Mura; martirizaron a Julie Yanko públicamente en la plaza del mercado; descuartizaron a Varez, el famoso automovilista español de carreras, por negarse a entregar a sus amigos en sus manos."

El Sr. Arthur Bryant, que escribió el prefacio del informe totalmente probado y autentificado sobre "Atrocidades comunistas en España" comentó en varias ocasiones

"Los agentes soviéticos obtuvieron tal control de los sistemas de comunicación que sólo las informaciones favorables a su causa llegaron a la mayoría de los periódicos del mundo, pero, por otra parte, las mentiras más escandalosas contra las fuerzas franquistas fueron conjuradas y dadas a la prensa del mundo sin permiso ni trabas."

Bryant estaba tan disgustado con lo que vio que escribió:

"Ningún conferenciante universitario, o comentarista anónimo del B.B.C. [169] ha contado al justo, y compasivo, pueblo británico la verdad sobre las mujeres de San Martín de Valdeiglesias. Sin mayor delito que el de poseer algún emblema religioso, las mujeres de San Martín de Valdeiglesias fueron condenadas a ser violadas, y a saciar toda vil pasión, por veinticinco milicianos rojos cada una.

El hecho de que los padres de algunas de las mujeres hubieran sido encarcelados, y estuvieran condenados a muerte, y que sus madres se vieran obligadas a estar presentes para presenciar la degradación de sus hijas, no fue suficiente para disuadir a los hombres de la Milicia Roja de ejecutar la sentencia. Los horrores de las horas sufridas por estas mujeres tuvieron terribles efectos en algunas de sus mentes. Las supervivientes relataron cómo, una y otra vez, imploraban a sus verdugos que las mataran antes que someterlas a tan espantosa deshonra. De la espantosa crueldad de tales atrocidades puede darse cuenta el hecho de que muchas de las condenadas estaban casadas, y cuando fueron conducidas entre milicianos, ante este despiadado tribunal, llevaban niños en brazos,

---

[169] NOTA-Agentes rojos se infiltraron en el Estado Mayor del B.B.C. británico en 1938 y durante casi dos años la política fue pro-lealista, es decir, comunista. La tendencia actual del C.B.C. es muy parecida. La mayoría de los programas se inclinan marcadamente hacia la "izquierda".

y estos niños fueron testigos de esta culminación del horror en la deshonra de sus madres.[170]

No es de extrañar que el poder secreto que dirigía la W.R.M. dijera:

"Los comunistas no debían ser obligados a llevar a cabo su plan de Terrorismo en las localidades en las que habían vivido con sus familias, sino que debían ser utilizados en otros lugares".

Todo comunista declarará que estas atrocidades fueron cometidas por "Incontrolables" que fueron castigados cuando fueron atrapados. Para que nadie se deje engañar por tales mentiras citaré de nuevo a Lenin, el primer santo canonizado del credo totalitario Illuminati. Lenin dijo en varias ocasiones

"En política no hay moral, sólo hay conveniencia. Un canalla puede sernos útil sólo porque es un canalla".

En otra ocasión dijo:

"Los jóvenes revolucionarios deben empezar a entrenarse para la guerra inmediatamente, mediante operaciones prácticas como liquidar a un traidor, matar a un espía, volar una comisaría o robar un banco para proporcionar fondos a la sublevación, etc.... No rehúyas estos ataques experimentales. Por supuesto, pueden degenerar en excesos, pero eso es una preocupación del futuro[171]

El comunista Krassikov era un libertino que despilfarraba los fondos del partido en una vida desenfrenada. Lenin, al ordenar su liquidación dijo:

---

[170] Los detalles figuran en la página seis del segundo informe "Atrocidades comunistas en España".

[171] Los agentes comunistas enseñan a los niños, en todas las Naciones Libres, la inversión de los Diez Mandamientos. Por lo tanto, el comunismo es responsable del aumento de la delincuencia juvenil más que cualquier otra causa. Mientras se profesan ateos sirven al propósito de los Illuminati y el Satanismo.

"No importa que el camarada Krassikov haya dilapidado fondos del partido en un burdel, pero es escandaloso que haya desorganizado el transporte de literatura ilegal[172]

La formación comunista está diseñada para exprimir hasta la última gota de bondad humana de los corazones de los hombres y mujeres que aspiran a convertirse en sumos sacerdotes de la religión. Anna Pauker ascendió vertiginosamente en la jerarquía soviética. Llegó a ser Ministra de Asuntos Exteriores de Rumanía. Demostró su lealtad a Stalin en cuando se quedó viuda al denunciar al padre de sus tres hijos por trotskista.

Los terroristas comunistas animan a simples muchachos a convertirse en verdugos de los enemigos del proletariado para endurecerlos y eliminar de sus corazones hasta el último vestigio de sentimiento y simpatía humanos. Uno de esos jóvenes contó que se había divertido mucho con un cura. Dijo:

"Noche tras noche lo sacábamos con los grupos que teníamos que matar, pero siempre lo poníamos el último de la fila. Lo hacíamos esperar mientras matábamos a todos los demás y luego lo llevábamos de nuevo al Bellas Artes. (El Bellas Artes era el Edificio de Bellas Artes que los comunistas utilizaban como prisión). Cada noche pensaba que iba a morir, pero una muerte rápida era demasiado buena para él. Ese 'Fraile' murió siete veces antes de que finalmente acabáramos con él".

El Sr. Knoblaugh, en la página 87 de su libro Corresponsal en España, relata un horrible incidente que confirma las afirmaciones de que los planificadores de la Revolución Mundial seleccionan a los líderes potenciales cuando son muy jóvenes y luego los entrenan hasta que carecen de todo rastro de sentimiento humano y piedad. Knoblaugh cuenta cómo dos jóvenes comunistas se jactaron ante un médico, en su presencia, de haber mutilado y asesinado a dos jóvenes sacerdotes. Penetraron el disfraz de estos dos religiosos que, para escapar a la detección y a la muerte, trabajaban como carboneros. Los dos jóvenes contaron cómo obligaron a los dos sacerdotes a cavar sus tumbas con

---

[172] La revista *Time* hizo referencia a estas opiniones expresadas por Lenin, el 17 de noviembre de 1948.

sus palas de carbón, luego, de acuerdo con el Reinado del Terror diseñado por los comunistas, castraron a sus dos víctimas y les forzaron los órganos en la boca. Se quedaron burlándose mientras los sacerdotes morían lentamente.

De Fonteriz, en *Terror Rojo en Madrid* páginas 19-20 cuenta como las Chekas, organizadas por Dimitrov y Rosenberg intentaron que cierta señora dijera donde se escondía su marido. La mujer probablemente no conocía su paradero, pero para asegurarse de que no lo sabía, los miembros de las chekas la obligaron a sentarse y mirar mientras se divertían perforando los pechos de ocho mujeres de su casa con largos alfileres de sombrero.

Para demostrar una afirmación anterior, que los que diseñan el modelo del Reinado del Terror utilizaron a criminales y locos para avivar la sed de sangre, relato lo sucedido en Alcalá el 20 de julio de 1936: Los rojos liberaron a todos los presos, hombres y mujeres, a condición de que empuñaran las armas por la causa comunista. Eran mil hombres y doscientas mujeres. Se formaron en el Batallón de Alcalá. Se destacaron en el victorioso ataque a Madrid. Como recompensa fueron enviados a Sigüenza. Tras apoderarse de la ciudad, asesinaron a doscientos ciudadanos para acabar con la resistencia de los demás. Este batallón de criminales ocupó Sigüenza durante dieciséis semanas. Cuando fueron expulsados por las fuerzas franquistas, se descubrió que todas las mujeres, de diez a cincuenta años, habían sido violadas. Muchas de ellas estaban embarazadas y muchas enfermas. Algunas tenían ambas cosas. Una chica, camarera en un hotel, contó lo afortunada que había sido. Contó cómo los criminales habían asesinado al obispo de Sigüenza de la manera más horrible, bárbara e impresentable. En un banquete celebrado en el hotel aquella noche, uno del batallón se encaprichó de ella y exigió que uno de sus camaradas se vistiera con las vestiduras del obispo asesinado y se casara con ellos. A los demás les pareció una gran broma y llevaron a cabo el simulacro de ceremonia. Después de la boda, los milicianos bailaron la "Danse on Ventre" utilizando las mesas del comedor como escenario. Al terminar la orgía, el hombre reclamó a la chica como propiedad personal. Al relatar este suceso, ella comentó

> "Tuve suerte. Mi hombre era un asesino, pero era mejor pertenecer a él que ser el juguete de todos. Al menos escapé de la enfermedad".

Marcel M. Dutrey publicó el hecho de que en Ciempozuelos más de cien hermanos religiosos fueron atados a lunáticos a los que se les proporcionaron cuchillos. Uno puede imaginarse el horror que siguió a.

El ejército de propagandistas entrenados por Moscú contó al mundo cómo las tropas de Franco habían asesinado a los alcaldes de muchos pueblos pequeños, pero no mencionaron el hecho de que habían sido juzgados por un tribunal militar debidamente constituido y se había demostrado que eran agentes comunistas de Largo Caballero que habían conspirado para convertir España en una dictadura.

Si se necesitan más pruebas para corroborar la afirmación de que los Poderes Secretos que están detrás del Movimiento Revolucionario Mundial utilizan a los comunistas de todo el mundo para promover sus planes totalitarios, las numerosas deserciones del partido comunista, en todo el mundo, deberían proporcionar esa prueba. Douglas Hyde, que durante los cinco años anteriores fue editor de noticias del Daily Worker, el principal periódico comunista británico, anunció en marzo de 1948 su dimisión del partido comunista. En un comunicado de prensa declaró:

> "Creo que la nueva 'línea' del partido comunista, introducida tras la formación del Cominform el año pasado (1947), si tiene éxito, no traerá más que miseria al pueblo llano".

El Sr. Hyde continuó explicando que desde el final de la Segunda Guerra Mundial había estado preocupado por la política exterior de Moscú. Dijo que finalmente se había convencido de que la línea del Partido, tal como la determinaba ahora la camarilla de Moscú, ya no estaba en consonancia con los ideales por los que él había trabajado tanto tiempo, y que el resultado final sería la destrucción de las mismas libertades y decencias por las que los comunistas habían estado luchando durante tanto tiempo. Concluyó con estas palabras:

> "Mi creciente desilusión me llevó a buscar otra respuesta al problema de nuestros días, y otra salida al caos mundial".

Justo después de la dimisión del Sr. Hyde en Londres, Inglaterra, se produjo la de la Sra. Justina Krusenstern-Peters, miembro del personal de las publicaciones soviéticas durante los doce años anteriores. Anunció su dimisión en Shanghai, China. Dijo:

> "La tensión de escribir siguiendo órdenes de Moscú llegó a ser más de lo que podía soportar... Sigo siendo ciudadano soviético. Estoy seguro de que mis sentimientos son compartidos por muchos de mis colegas en Rusia, la única diferencia es que ellos no pueden protestar contra su esclavitud."

La mayoría de los comunistas trabajan para crear una Internacional de Repúblicas Socialistas Soviéticas. En otras palabras, piensan que sólo utilizando métodos revolucionarios pueden destruir rápidamente el dominio del capitalismo egoísta y poner el poder político en manos de los trabajadores. Pocos miembros del partido se dan cuenta de que están trabajando en un estado de esclavitud del que no hay esperanza de escapar.[173]

---

[173] El Sr. Hyde, y otros, que se separaron del partido comunista no parecen darse cuenta todavía de que sólo eran herramientas utilizadas para promover los planes de los Illuminati.

Capítulo 16

Los acontecimientos previos a la Segunda Guerra Mundial

Se ha contado cómo los banqueros internacionales permitieron a Alemania rearmarse en secreto, con la ayuda de Stalin, a pesar de las restricciones impuestas por el Tratado de Versalles. Para comprender lo que ocurrió en Alemania para llevar a Hitler al poder, es necesario estar familiarizado con la intriga política que tuvo lugar entre 1924 y 1934. Los "poderes secretos" siempre han hecho que sus agentes dividan a la población de los países. Planean subyugar en muchos grupos religiosos, económicos, políticos, sociales y laborales. Sus agentes dividen entonces a los diversos grupos en tantas facciones como sea posible. Su lema es "Unidos resistiremos. Divididos caeremos".

La mayoría de los ciudadanos alemanes, exceptuando sólo a los comunistas, estaban de acuerdo en las siguientes cuestiones: Que Alemania había estado ganando la guerra cuando había sido traicionada primero y victimizada después. Que los prestamistas nacionales habían utilizado las llamadas democracias de Gran Bretaña, Francia y Estados Unidos para derrotar a las fuerzas armadas de Alemania. Que el Partido Comunista dirigido por los judíos ayudó a los banqueros internacionales provocando las caóticas condiciones que precedieron a la firma del Armisticio y a la revolución que le siguió. Están de acuerdo en que todos los alemanes y alemanas patriotas deben hacer todo lo posible para construir la Alemania de posguerra y romper el yugo económico y militar impuesto a su nación por el Tratado de Versalles.

La mayoría de los líderes políticos, excepto los comunistas, también estaban de acuerdo en que, para liberarse de las sanciones económicas impuestas a la nación, era necesario romper con su dependencia de los banqueros internacionales para obtener ayuda financiera en forma de préstamos con intereses. En otras palabras, la mayoría de los políticos alemanes, excepto los comunistas, estaban de acuerdo en que Alemania debía abandonar la práctica de financiar los negocios de la nación contrayendo deudas, una práctica que los banqueros internacionales habían impuesto a Inglaterra en 1694, a Francia en 1790 y a Estados Unidos en 1791. Se dieron cuenta de que este sistema había dado lugar a deudas nacionales astronómicas, cuyos pagos de capital e intereses estaban garantizados y asegurados por los impuestos directos del pueblo.

Los dirigentes fascistas de Alemania decidieron que iban a crear su propia moneda y utilizar como garantía sus activos nacionales, como el valor de sus bienes inmuebles, su potencial industrial, su producción agrícola, sus recursos naturales y la capacidad de producción de la nación.

El pueblo alemán descubrió que, en términos generales, sus opiniones sobre la futura política y la economía eran compartidas por los pueblos de Italia, España y Japón, y así surgieron LAS POTENCIAS DEL EJE y el Movimiento Fascista. Debido a sus dinámicas personalidades, Hitler, Mussolini y Franco se convirtieron en los líderes elegidos. La historia demuestra que estos tres hombres hicieron mucho para ayudar a sus países a recuperarse de los efectos de las revoluciones y guerras precedentes. Los desarrollos industrial y agrícola fueron poco menos que milagrosos. Su rearme militar fue posible gracias a la ayuda secreta de los agentes de los Illuminati, que planeaban llevar a los países fascistas y capitalistas a otra guerra mundial.

Cuando Hitler y Mussolini subieron al poder por primera vez, defendían la política fascista moderada que exigía rectificar los agravios cometidos en sus países, contener el comunismo y frenar los poderes de los Illuminati que controlaban las finanzas y la industria. Pero con el paso del tiempo, tanto Hitler como Mussolini cayeron bajo la influencia de los líderes del núcleo duro de los Señores de la Guerra nazis que afirmaban que la única forma de establecer una paz permanente en el mundo era mediante la conquista militar. Los líderes nazis vendieron sólidamente a los altos mandos militares de Italia y Japón las teorías y planes propugnados por Karl Ritter en 1849. En España, Franco se negó a seguir sus planes totalitarios. Sus creencias religiosas le convencieron de que una ideología que negaba la existencia de un Dios Todopoderoso estaba haciendo el trabajo del Diablo.

Los líderes de mentalidad totalitaria de Alemania, Italia y Japón estaban decididos a utilizar el fascismo para promover sus planes secretos a largo plazo exactamente de la misma manera que sus oponentes, los banqueros internacionales, utilizaban el comunismo. Los planes inmediatos de los Señores de la Guerra eran, en primer lugar, derrotar al Imperio controlado por Stalin; en segundo lugar, acabar con el comunismo en Europa; en tercer lugar, consolidar el control de las Potencias del Eje sobre Europa Continental; en cuarto lugar, invadir Gran Bretaña y Francia y subyugar al pueblo, y en quinto lugar, invadir y conquistar Estados Unidos utilizando dos vastos movimientos de pinza. Japón debía desembarcar fuerzas invasoras en la costa oeste de México en el sur y en los Territorios del Noroeste en el norte. Alemania debía invadir Canadá por aire en el norte y las fuerzas germano-italianas debían saltar el Atlántico desde África y atacar Estados Unidos desde Sudamérica y el Golfo de México.

Estaba previsto que las fuerzas invasoras del Norte se unieran en un punto cercano a Chicago y siguieran avanzando por el Mississippi, mientras que las fuerzas invasoras del Suroeste y del Sureste se reunirían en Nueva Orleans y avanzarían hacia el norte por el Mississippi, dividiendo así el país en dos mitades[174]

Con la conquista de Gran Bretaña y Estados Unidos los nazis planearon exterminar a los judíos que vivían en estos dos países como habían exterminado a los que localizaron en Europa. Los banqueros internacionales, y los grandes capitalistas controlados por ellos, fueron incluidos en la lista para su liquidación inmediata, junto con la confiscación de todos sus bienes y propiedades.

Mientras Hitler sufría encarcelamiento antes de 1934 por ser considerado enemigo personal de los Señores de la Guerra nazis y de los banqueros internacionales, escribió Mein Kampf. En la última página declaró:

---

[174] Este plan militar existía desde antes de 1914 y fue comunicado a los gobiernos aliados que luchaban en la Primera Guerra Mundial por los oficiales de inteligencia de las fuerzas armadas británicas y estadounidenses. El plan se explica en detalle en *Hell's Angels of the Deep* y *Check Mate in the North* de W.G. Carr.

"El partido (Nacional-Socialista) como tal defiende el cristianismo positivo, pero no se vincula en materia de credo a ninguna profesión. Combate el espíritu materialista judío dentro y fuera de nosotros".

En 1933 Hitler también anunció su política respecto a Gran Bretaña. Señaló que Marx, Lenin y Stalin habían reiterado repetidamente que antes de que el comunismo internacional pudiera alcanzar sus objetivos finales, Gran Bretaña y su Imperio tenían que ser destruidos. En estas circunstancias Hitler dijo:

"Estoy dispuesto a ayudar a defender el Imperio Británico por la fuerza si se me pide".

Hitler escribió sobre el Tratado de Versalles:

"No era un interés (intención) británico sino, en primer lugar, judío destruir Alemania".

También escribió:

"Incluso en Inglaterra hay una lucha continua entre los representantes de los intereses de los Estados británicos y la dictadura mundial judía. Mientras Inglaterra se agota en mantener su posición en el mundo, el judío es hoy un rebelde en Inglaterra y la lucha contra la amenaza mundial judía se iniciará también allí."

Hitler nunca se apartó de su opinión personal de que la supervivencia de Alemania como gran potencia dependía de una alianza con el Imperio Británico.

En 1936 inició los trámites para intentar conseguir esta alianza. Organizó conversaciones extraoficiales entre diplomáticos alemanes y británicos, y después de que las reuniones no produjeran la alianza que tanto deseaba, dijo:

"Ningún sacrificio habría sido demasiado grande para ganar la alianza de Inglaterra. Habría significado renunciar a nuestras colonias; y a nuestra importancia como potencia marítima; y abstenernos de interferir con la industria británica mediante la competencia[175]

Consideraba que todas estas concesiones alemanas habrían merecido la pena si hubiera sido capaz de lograr la alianza germano-británica. Su fracaso a la hora de lograr la alianza británica le hizo debilitarse en su oposición a la ideología totalitaria propugnada por los extremistas nazis. El fracaso de la conferencia convenció a Hitler de que ninguna política moderada rompería jamás el control que los banqueros internacionales ejercían sobre la política exterior británica. A regañadientes empezó a admitir que Karl Ritter había tenido razón cuando dijo:

> "El poder que los financieros judíos tienen sobre el comunismo debe ser destruido, así como de aquellos que son miembros del movimiento revolucionario mundial, antes de que la paz y la libertad económica puedan ser restauradas en el mundo."

El propósito de este libro es registrar los eventos en la historia que proporcionaron las "Causas" que produjeron los "Efectos" que experimentamos hoy. No nos preocupan los "Derechos" o "Errores" de las decisiones tomadas por los individuos, excepto para juzgar por nosotros mismos si las decisiones promovieron el Plan del Diablo o estaban de acuerdo con el Plan de Dios. El único valor de la investigación histórica es obtener conocimiento de cómo, y por qué, se cometieron errores en el pasado para que podamos tratar de evitar cometer errores similares en el futuro.

La trascendental reunión sobre la posibilidad de una alianza entre Gran Bretaña y Alemania tuvo lugar en enero de 1936. Lord Londonderry representaba al gobierno británico y Goering, Herr Ribbentrop y Hitler, a Alemania.

Una autoridad en esta fase de la historia me informó de que Herr Goering y Herr Von Ribbentrop expusieron la historia del Movimiento Revolucionario Mundial a Lord Londonderry, explicando el detallado

---

[175] Esta declaración y otras similares demuestran que Hitler nunca aceptó ni estuvo de acuerdo con el Plan a Largo Plazo de los Señores de la Guerra nazis para la dominación del mundo mediante la conquista militar.

trabajo de investigación realizado por el profesor Karl Ritter y otros. Razonaron que la única forma exitosa de luchar contra una conspiración de mentalidad totalitaria era utilizar la Guerra Total. Explicaron a Lord Londonderry que su plan consistía en atacar todos los países controlados por los comunistas, liberar a la población y ejecutar a todos los traidores comunistas. Afirmaron que la única manera de acabar con el comunismo era el exterminio de toda la raza judía.[176] Produjeron masas de pruebas documentadas que, según ellos, eran auténticas, para probar que el Comunismo estaba organizado, financiado y dirigido por judíos poderosos, ricos e influyentes, que también organizaban, financiaban y dirigían ambiciones secretas para traer la Era Mesiánica.[177]

Se dice que Hitler prometió que seguiría oponiéndose a los planes totalitarios extremos de los Señores de la Guerra nazis y limitaría sus actividades contra el comunismo a Europa, siempre que el gobierno británico estableciera una alianza con Alemania. Cuando Lord Londonderry dijo que dudaba que el gobierno británico tomara parte en un plan para abolir el comunismo, que exigía un "Genocidio", Hitler transigió. Dijo que Alemania emprendería la tarea en solitario siempre que Inglaterra firmara un acuerdo por el que los dos países no entrarían en guerra entre sí bajo ninguna circunstancia durante diez años. Hitler argumentó que la única manera de que Gran Bretaña, Francia y Rusia pudieran librarse de la insoportable y ruinosa carga de unas deudas nacionales cada vez mayores era repudiarlas y devolver la emisión de dinero al gobierno, al que original y legítimamente pertenecía.

Se dice que Hitler señaló que el propósito de su partido nacional-socialista... llámenlo fascismo... era acabar de una vez y para siempre con el poder y la influencia que los prestamistas internacionales ejercían sobre los asuntos nacionales e internacionales por el hecho de que obligaban a todas las naciones que aún pretendían ser independientes a endeudarse cada vez más con ellos. Se dice que citó lo que Benjamin

---

[176] Una vez más se manifiesta un rabioso antisemitismo y, sin embargo, la historia demuestra que los conspiradores internacionales han utilizado a todas las razas y credos al servicio de sus propias ambiciones secretas y egoístas.

[177] La mayor parte de estas pruebas se reproducen en *The Palestine Plot* de B. Jensen, impreso por John McKinley, 11-15 King Street, Perth, Escocia.

Disraeli hizo decir a uno de sus personajes en su famoso libro *Coningsby*,

> "Así que ya ves, querido Coningsby, el mundo está gobernado por personajes muy diferentes de lo que se imaginan los que no están entre bastidores.[178]

Se dice que Goering respaldó al Führer señalando que la historia había demostrado que los judíos ricos e influyentes habían obtenido el control económico y político de todos los países en los que se habían infiltrado utilizando métodos ilegales y prácticas corruptas.

Se dice que Herr Von Ribbentrop apoyó los argumentos de Goering recordando a Lord Londonderry que en fecha tan reciente como 1927-28, cuando se encontraba en Canadá, la Comisión Real Stevens sobre el Servicio de Aduanas canadiense demostró que el país estaba siendo robado anualmente en más de CIEN MILLONES DE DÓLARES por el contrabando y otros tipos de tráfico y comercio ilegales organizados y dirigidos desde un Cuartel General Internacional. Señaló que las pruebas presentadas ante el Comisionado Real habían demostrado que para salirse con la suya el gansterismo y el libertinaje para "Arreglar" miles de funcionarios públicos y cientos de funcionarios del gobierno, incluso tan alto como el nivel del gabinete. Señaló que lo que había quedado absolutamente demostrado que existía en Canadá era diez veces peor en los Estados Unidos de América. Ribbentrop razonó que la única manera de limpiar el desorden era "Atrapar" a los trescientos hombres en la cima que eran "El Poder Secreto" que dirigía las fuerzas negativas cuyas diversas influencias malignas, y actividades criminales, todas promovían el Plan de Largo Alcance de aquellos que dirigían el Movimiento Revolucionario Mundial.[179]

---

[178] El libro *Coningsby* se publicó en 1844, justo antes de que Karl Marx publicara "El Manifiesto Comunista". En aquella época se estaban planeando varias revoluciones, que tuvieron lugar inmediatamente después de que el libro de Karl Marx apareciera impreso.

[179] Ribbentrop estaba evidentemente citando un artículo Weiner Freie Presse publicado el 14 de diciembre de 1912 por el difunto Walter Rathenau en el que decía: "Trescientos hombres, cada uno de los cuales es conocido por todos los demás, gobiernan el destino

Se dice que Goering repasó una vez más el papel que los banqueros internacionales habían desempeñado en la provocación, dirección y financiación de la revolución rusa de 1917, que les había permitido crear las condiciones adversas que se vivían en todo el mundo en aquel momento.[180]

Hitler recordó a Lord Londonderry los millones de cristianos que habían sido despiadadamente masacrados en los países comunizados desde octubre de 1917, y argumentó que los hombres responsables no podían ser considerados más que gángsters internacionales.

El último punto de discusión fue la forma en que Stalin había recibido instrucciones para convertir España en una dictadura comunista. Toda la intriga internacional quedó al descubierto. La manera en que se había permitido a Alemania rearmarse en secreto: La forma en que la política francesa estaba controlada por la masonería del Gran Oriente.[181] La forma en que Gran Bretaña había sido persuadida de desarmarse, mientras que sus enemigos potenciales estaban siendo rearmados.

Según los alemanes, sería imposible que el mundo disfrutara de paz y prosperidad mientras los que dirigían el Movimiento Revolucionario Mundial insistieran en fomentar guerras para crear condiciones favorables a la acción revolucionaria. Sostenían que había que detener tanto al comunismo internacional como al sionismo político y acabar de una vez con esos movimientos, o de lo contrario sería inevitable otra guerra, porque las Potencias Secretas, que manejaban los hilos, estaban decididas a alcanzar sus objetivos finales.

Hitler era un gran orador, y mi informante afirmó que terminó las conversaciones con una petición para que Lord Londonderry regresara a Inglaterra y persuadiera al gobierno británico para que se uniera a la alianza propuesta con Alemania.

---

del Continente Europeo y eligen a sus sucesores de entre su propio séquito." Estos son los Illuminati.

[180] La mayoría de los países del mundo estaban sumidos en una profunda depresión económica.

[181] Hitler cerró todas las logias del Gran Oriente en Alemania.

"porque estoy convencido de que tanto el Imperio Británico como la Iglesia Católica Romana son instituciones universales, cuya permanencia es absolutamente esencial como baluartes para la preservación de la ley y el orden en todo el mundo en el futuro".

Lo que aquí se ha dicho de Hitler es tan absolutamente ajeno a la idea general que se citan los siguientes hechos y documentos históricos para apoyar lo dicho: Lord Londonderry regresó a Londres después de la conferencia e hizo su informe al gabinete británico. El 21 de febrero de 1936 escribió a Herr Von Ribbentrop. Se refirió a las conversaciones que había tenido. La carta dice en parte:

"Ellos (Hitler y Goering) olvidan que aquí (en Inglaterra) no hemos experimentado la devastación de una revolución desde hace varios siglos... En relación con los judíos... no nos gusta la persecución, pero además de esto, existe el sentimiento material de que están tomando una fuerza tremenda que es capaz de tener repercusiones en todo el mundo... es posible rastrear su participación en la mayoría de estos disturbios internacionales que han creado tantos estragos en diferentes países, pero por otro lado, uno puede encontrar muchos judíos fuertemente alineados en el otro lado que han hecho todo lo posible, con la riqueza a su disposición, y también por su influencia, para contrarrestar esas actividades malévolas y maliciosas de los compañeros judíos.[182]

Cuando Hitler se dio cuenta de que sus esperanzas de lograr una alianza entre Alemania y Gran Bretaña habían fracasado, se inclinó cada vez más hacia la "Derecha". Se convenció de que era imposible para un individuo, grupos de individuos o incluso una sola nación romper el poder y la influencia que los banqueros internacionales ejercían sobre las llamadas naciones democráticas debido a su control financiero y al gravamen de sus deudas nacionales.

En julio de 1936 estalló la Guerra Civil española y Hitler, Mussolini y Franco se acercaron. Fue el hecho de que Franco hubiera tenido que iniciar una Guerra Civil en España para evitar que España fuera comunitarizada sin lucha, lo que hizo que Hitler redondeara sus límites

---

[182] Citado en el *Evening Standard*, Londres, del 28 de abril de 1936. Para más detalles sobre las conversaciones de Lord Londonderry con Hitler, Goering y Von Ribbentrop, léase *Ourselves and Germany*, publicado por Lord Londonderry.

y concentrara el poder militar en sus fronteras. Estaba decidido a asegurarse de que Stalin, de quien sabía que no era más que el agente de los banqueros internacionales designado para gobernar Rusia, no extendiera su dictadura sobre otros países europeos. Cada paso que Hitler daba en esa dirección era calificado de "actos de agresión" por la prensa antifascista. Hitler explicó tales movimientos como guerras u ocupaciones "preventivas". Afirmó que lo que más le preocupaba era "impedir" que Stalin estableciera su esfera de influencia en o alrededor del paralelo 40 de latitud en Europa. Si se le permitía, Alemania, Gran Bretaña y otros países del norte de Europa quedarían atrapados como moscas en una tela de araña.

Hitler no sólo había fracasado en su intento de conseguir la alianza británica, sino que se había ganado la enemistad de los Señores de la Guerra nazis, que abogaban por métodos totalitarios para resolver el complicadísimo y peligroso problema. No querían una alianza con Inglaterra. No querían ver florecer el cristianismo. No estaban de acuerdo con las medidas "preventivas" de Hitler. No estaban de acuerdo con nada que Hitler hiciera para entorpecer sus planes de librar una "Guerra Total", primero contra Rusia y luego contra Gran Bretaña y Francia. El "núcleo duro" de los paganos Señores de la Guerra nazis exigió que Hitler emprendiera acciones ofensivas, como la mejor defensa contra la invasión gradual de la resistencia comunista y las fuerzas armadas de Stalin. Cuando Hitler se negó a ir hasta el final con ellos, decidieron deshacerse de él. El primer atentado fue contra su vida. A continuación, los señores de la guerra nazis intentaron debilitar el control que había conseguido sobre el pueblo alemán.

Lanzaron una campaña para vender su ideología pagana aria al pueblo alemán. Enseñaron la superioridad de la Raza Aria. Abogaron por la guerra para establecer la supremacía indiscutible del Estado Ario. Convirtieron en principio fundamental que todos los hombres y mujeres de sangre aria debían rendir obediencia ilimitada al Jefe del Estado Ario y no reconocer a ningún mortal por encima de él. Esta campaña fue atribuida a Hitler, y la prensa antifascista de todo el mundo puso el grito en el cielo diciendo que Hitler era un pagano, y un Señor de la Guerra nazi de mentalidad totalitaria y camisa negra. Así comenzaron los enfrentamientos entre el clero católico y protestante y el Estado. El clero condenó la ideología nazi alegando que quienes la predicaban estaban predicando la divinización de los hombres.

Los líderes nazis acusaron tanto al clero católico como al protestante de infringir las leyes y desafiar la autoridad del Estado. Los obispos católicos y protestantes replicaron afirmando que las doctrinas nazis extremistas eran antagónicas y contrarias al Plan Divino de la Creación. Los líderes nazis contraatacaron con el argumento de que la Iglesia no tenía derecho a interferir en asuntos de Estado.

Hitler intento pacificar al clero prohibiendo las Logias del Gran Oriente que eran conocidas por ser el cuartel general de los extremistas arios en toda Alemania. Los líderes nazis hicieron fracasar esta medida cambiándolas por las "Órdenes de Caballería Alemana".

Hitler, para mantener un frente unido contra el comunismo, intentó pacificar a los nazis publicando un edicto según el cual cualquier clérigo que predicara contra las leyes del Estado o cuestionara su supremacía sería sometido a todo el proceso de la ley y, si era declarado culpable, sufriría las penas previstas para tales "delitos". Esta situación es otro ejemplo de cómo las fuerzas del mal dividieron a dos poderosas fuerzas que luchaban contra un enemigo común.

La propaganda antifascista sacó el máximo partido del desacuerdo entre Hitler y el Papa. Es cierto que el Papa Pío XI denunció el nazismo en términos inequívocos en la encíclica del 14 de marzo de 1937 "sobre la condición de la Iglesia en Alemania". Dijo a los católicos romanos que él había sopesado cada palabra de la encíclica en la balanza de la verdad y la claridad.

En referencia a la concepción nazi de la superioridad de la raza aria y la supremacía del Estado dijo:

> "Si bien es cierto que la raza o el pueblo; el Estado o una forma de gobierno los representantes de un poder civil, u otros elementos fundamentales de la sociedad humana ocupan un lugar esencial y honorable en el orden natural, sin embargo, si alguien los desprende de esta escala de valores terrenales y los exalta como forma y norma suprema de todas las cosas, incluso de los valores religiosos, divinizándolos con un culto idolátrico, pervierte y falsea el orden de las cosas creadas y constituidas por Dios, y se aleja de la verdadera fe en Dios y de una concepción de la vida conforme a ella... Nuestro Dios es un Dios personal, trascendente, Todopoderoso, Infinito, Perfecto. Uno en la Trinidad de Personas y tres en la unidad de la Esencia Divina; creador del universo; Señor; Rey; y fin último de la historia del mundo; que no sufre ni puede sufrir ninguna otra

divinidad fuera de Él... Sólo las mentes superficiales pueden caer en el error de hablar de un Dios Nacional, de una Religión Nacional, de intentar estúpidamente restringir dentro de los estrechos confines de una sola raza a ese Dios, que es el Creador del mundo, el Rey y Legislador de todos los pueblos, ante Cuya grandeza las naciones son tan pequeñas como gotas de agua en un cubo" (Isaías XL-15).

En una carta pastoral fechada el 19 de agosto de 1938, los obispos de Alemania arremeten con valentía contra la ideología nazi. La carta dice que la actitud de los nazis hacia la religión cristiana en Alemania está en abierta contradicción con las afirmaciones del Führer...[183]

"Lo que se pretende no es simplemente la comprobación del crecimiento de la Iglesia católica, sino la aniquilación del cristianismo y la instauración en su lugar de una religión totalmente ajena a la creencia cristiana en un Dios Único y Verdadero."

La carta continúa señalando que el ataque nazi contra el Dr. Sproll, obispo protestante de Rottenburg, demostró claramente que la "persecución" se dirige no sólo contra la Iglesia católica, sino contra toda la idea cristiana como tal... "Se está intentando deshacerse del Dios cristiano para sustituirlo por un "Dios alemán". ¿Qué significa un Dios alemán? ¿Es diferente del Dios de otros pueblos? Si es así, entonces debe haber un Dios especial para cada uno.[184]

Lo que ocurrió en Alemania en 1936 ha ocurrido en otros países desde entonces. Los líderes del nazismo "negro" unieron fuerzas con los líderes del comunismo "rojo" en un ataque contra la religión cristiana y el Imperio Británico. Los Señores de la Guerra nazis de mentalidad totalitaria iniciaron a sus seguidores en las Logias del Gran Oriente alemán, utilizando los antiguos ritos y rituales paganos transmitidos desde la época en que las tribus bárbaras arias y los hunos arrasaron Europa. Los hombres de mentalidad totalitaria que dirigen el Comunismo internacional inician a sus líderes en las Logias del Gran Oriente de otros países utilizando los antiguos Ritos Cabalísticos del

---

[183] Para el texto completo de estas cartas, léase *The Rulers of Russia,* del Rev. P. Fahey, pp. 64-70. 345 nación y para cada pueblo... Esto es lo mismo que decir "No hay Dios".

[184] El párrafo inicial de esta carta confirmaba la opinión a la que había llegado el autor, es decir, que el plan nazi extremo estaba en desacuerdo con el plan de Hitler.

Iluminismo. Para comprender esta situación, es necesario recordar que los judíos nunca, bajo ninguna circunstancia, han sido admitidos en las Logias del Gran Oriente alemán desde 1785, cuando los papeles encontrados en el cuerpo del Correo de los Illuminati, muerto por un rayo en Ratisbona, fueron entregados por la policía a las autoridades bávaras, y probaron que las Logias del Gran Oriente de Francia estaban siendo utilizadas como cuartel general secreto del movimiento revolucionario de inspiración judía.

Cuando se producen situaciones complicadas como éstas, se entiende por qué la Iglesia Católica romana ha adoptado una postura tan definida contra el nazismo "negro", al tiempo que toleraba las formas menos extremas de fascismo, es decir, el anticomunismo practicado por Franco en España. También explica por qué el cardenal Mindszenty colaboró con dirigentes supuestamente fascistas que intentaron derrocar la dominación comunista en su país.

Franco se ha negado sistemáticamente a caer en el abismo. Se negó a apoyar al nazismo alemán en la Segunda Guerra Mundial simplemente porque los extremistas nazis Paganos Señores de la Guerra se habían hecho todopoderosos en Alemania. En Alemania, Italia, Francia, España y Japón, millones de ciudadanos, pacíficos por inclinación y caritativos de corazón, se encontraron en la posición de tener que decidir si se volvían activamente pro-fascistas o pro-comunistas. Se les planteó la disyuntiva de Hobson. Normalmente elegían el que consideraban el menor de los males. Inmediatamente eran etiquetados en consecuencia.

Mediante diabólicas intrigas, las naciones del mundo se preparaban para la Segunda Guerra Mundial. La dictadura rusa rearmaba en secreto a los ejércitos alemanes. La dictadura italiana, bajo Mussolini, estaba construyendo en secreto una enorme armada de submarinos según las especificaciones y el diseño alemanes. Estos submarinos fueron probados en condiciones de guerra real durante la Guerra Civil Española.

Estas pruebas demostraron que los submarinos diseñados por los alemanes eran, en 1936, prácticamente inmunes a las armas antisubmarinas británicas, incluido el Asdic. El gobierno británico fue informado al respecto. El capitán Max Morton, R.N., había hecho hincapié en las advertencias que se hacían evadiendo todos los dispositivos antisubmarinos utilizados para la protección de la flota británica del Mediterráneo mientras estaba fondeada. De hecho, se introdujo en el puerto vigilado y, en teoría, hundió media docena de buques capitales mientras levaban anclas. Este acto del capitán Max Morton le valió la condena de los Lores del Mar Civil británicos en lugar de elogios y reconocimiento. Su ascenso se vio frenado y fue silenciado. No se le permitió participar muy activamente en los asuntos navales británicos hasta 1940. Cuando los submarinos alemanes amenazaron con someter a Gran Bretaña, se le pidió que asumiera la dirección de la batalla antisubmarina del Atlántico.

Ya en 1930 se advirtió al gobierno británico de que los submarinos diseñados por los alemanes se habían sumergido a más de 500 pies de profundidad, lo que dejaba obsoletas todas las cargas de profundidad que se utilizaban entonces. También se les advirtió de que el equipo Asdic que se utilizaba entonces también estaba obsoleto. Pero se negaron a hacer caso de las advertencias. Las potencias secretas utilizaban a sus agentes dentro del gobierno británico para debilitar el potencial bélico británico, mientras que ellos reforzaban secretamente el de Alemania. Cuando estalló la guerra, Gran Bretaña no tenía ni un solo buque moderno de escolta oceánica antisubmarina en servicio. Como resultado, perdió el 75% de sus buques mercantes, y más de 40.000 marineros, antes de que la marea cambiara a su favor en abril de 1943.[185]

Hitler se enemistó con los banqueros internacionales cuando anunció su política financiera y su programa de reforma monetaria. Convenció a Italia, España y Japón para que le apoyaran en su determinación de desafiar el poder de los cárteles y monopolios financiados y controlados por los banqueros internacionales, en particular su "cerebro", el Banco de Pagos Internacionales. El Reich alemán derogó la cláusula constitucional que convertía al Dr. Hans Luther, presidente del Reichsbank, en un cargo permanente. Hasta que se hizo el cambio, el presidente del Reichsbank no podía ser destituido sin su propio consentimiento y el voto mayoritario del consejo del Banco de Pagos Internacionales.

---

[185] El autor informó personalmente al Jefe del Estado Mayor de la Armada canadiense, al Primer Lord del Almirantazgo y a otros funcionarios del gobierno sobre esta lamentable situación.

Desde la Gran Guerra, los banqueros internacionales habían creado veintiséis bancos centrales. Se inspiraron en los Bancos de la Reserva Federal de Estados Unidos, creados en 1913 según las teorías de Paul Warburg, el alemán que en 1907 viajó a Estados Unidos y se convirtió en socio de Kuhn-Loeb & Co. de Nueva York.

La creación del Sr. Paul Warburg de 1913 había estado intentando constantemente establecer una "Organización Bancaria Central" que no reconocería ninguna autoridad en este planeta como por encima de ella. Hitler sabía que si Warburg y sus asociados se salían con la suya, el Banco de Pagos Internacionales llegaría a ser tan autocrático como lo es el Banco de Inglaterra en lo que respecta a los Asuntos Nacionales Británicos y la Política Exterior. A los políticos y estadistas se les pedía que creyeran que el sueño de este banquero estabilizaría el sistema bancario del mundo. En esta afirmación estaban absolutamente en lo cierto. El negro en la pila de oro es el hecho de que, con la realización de este sueño, toda esperanza de libertad y abundancia para el individuo y la industria privada desaparecería automáticamente. Los ciudadanos del mundo tendrían la misma seguridad financiera que el criminal que disfruta de la seguridad social entre rejas. Contra este proceso de reducir a los pueblos del mundo a la esclavitud financiera Hitler decidió tomar una posición definitiva, y se negó a permitir que Alemania se fusionara en la liga de Estados Monopolistas, controlados secretamente por agentes de los Illuminati.

Después de que el Sistema de la Reserva Federal de Paul Warburg llevara funcionando tres años, de 1913 a 1916, el Presidente Woodrow Wilson resumió la situación económica de los Estados Unidos de América de la siguiente manera:

> "Una gran nación industrial está controlada por su sistema de créditos. Nuestro sistema de crédito está concentrado. El crecimiento de la nación, por lo tanto, y todas nuestras actividades están en manos de unos pocos hombres...

> Hemos llegado a ser uno de los peores gobernados; uno de los gobiernos más completamente controlados y dominados, en el mundo civilizado... ya no un gobierno por convicción y el voto libre de la mayoría, sino un gobierno por la opinión y la coacción de pequeños grupos de hombres dominantes."

Eso es lo que realmente significa la llamada democracia moderna. [186]

Cuando los países del mundo occidental se vieron sumidos en la depresión económica de los años treinta, de la que sólo otra guerra podría sacarlos, El Presidente Franklin D. Roosevelt dijo:

> "Sesenta familias en América controlan la riqueza de la nación... Un tercio de la población de la nación está mal alojada, mal alimentada y mal vestida..." "El veinte por ciento de los hombres que trabajan en proyectos de la W.P.A. están en un estado tan avanzado de desnutrición que no pueden hacer un día de trabajo.... Tengo la intención de expulsar a los cambistas del Templo".

Roosevelt sabía que, a menos que pudiera expulsar a los banqueros internacionales del moderno templo de las finanzas internacionales, sólo una Guerra Mundial a gran escala podría aliviar la condición crónica de estreñimiento financiero que habían provocado a escala internacional mediante la retirada de divisas, la restricción de créditos y otras manipulaciones financieras. Ellos se enriquecieron mientras todos los que estaban fuera de su selecto círculo se empobrecían sin cesar. Pero pronto Roosevelt se mostró dócil.

El presidente Roosevelt se encontró con que no podía romper, ni siquiera frenar, el poder de los Illuminati. Se vio obligado a llevar a su país a la guerra contra los únicos países que se mantenían firmes en la misma política que él había anunciado tan precipitadamente poco después de ser elegido para el cargo. Y, después de haber crecido demacrado y gris haciendo la voluntad de los hombres cuyo dinero e influencia lo habían colocado en el cargo de presidente de los Estados Unidos, supuestamente murió en la casa del hombre más rico y poderoso de los Estados Unidos... Bernard Baruch... Un hombre por encima de todos los demás que, durante los últimos cuarenta años por lo menos, se ha sentado en silencio en el fondo, pero fue reconocido como el "rey" sobre todos los banqueros estadounidenses y, sin duda, uno de los pocos elegidos que, en nuestro tiempo, ha sido "El Poder Secreto" detrás de las escenas de los asuntos internacionales. Si no fuera

---

[186] Para más información sobre las finanzas internacionales, véase *Wealth, Virtual Wealth and Debt*, del profesor Soddy, pp. 290 y ss. Publicado por Omnia Veritas Ltd, www.omnia-veritas.com.

así, ¿por qué Winston Churchill y su hijo le visitan tan a menudo? ¿Por qué Winston Churchill hizo sus trascendentales anuncios sobre su actitud hacia el sionismo político y la coexistencia pacífica inmediatamente después de su visita a Bernard Baruch en 1954?

Es lamentable, pero cierto, que hoy en día "democracia" sea una palabra muy engañosa. Se utiliza para describir a todos los países que son, de hecho, el paraíso de los prestamistas. Hoy en día los países que se denominan "democráticos" siguen un sistema monetario ideado por los banqueros internacionales, bajo el cual la moneda se origina en la deuda con grupos de individuos privados que manipulan los niveles de precios de los diferentes países y utilizan el dinero como un valor estable que facilita el intercambio de RIQUEZA REAL. Gran Bretaña, Francia y Estados Unidos se denominan países "democráticos" sólo porque están unidos por la deuda con los prestamistas internacionales. Los países comunistas de también se llaman a sí mismos repúblicas "democráticas" y tienen derecho a hacerlo mientras también estén controlados por los mismos grupos financieros internacionales.

Cuando las Potencias del Eje en Europa se negaron a ponerse en usura frente a los banqueros internacionales, se colocaron exactamente en la misma categoría que el pequeño tendero independiente en relación con las grandes cadenas de tiendas y los monopolios. Se les dio la opción de unirse a la gran "Familia Feliz"... o de lo contrario. En el caso de un tendero independiente, si se niega a "ver la luz", la presión sistemática de la competencia desleal lo deja fuera del negocio. En el caso de las naciones que se niegan a "jugar", están condenadas a sufrir guerras o revoluciones. No hay misericordia para las naciones cuyos líderes se niegan a inclinarse y adorar a los pies de Mammon. No hay consideración para las naciones que se niegan a ponerse en usura ante los Sumos Sacerdotes del Dios de Mammon.

Todos deben pagar el tributo que se les exige... o de lo contrario.

La Segunda Guerra Mundial se inició para que los Illuminati pudieran librarse por fin de las barreras de las castas, los credos y los prejuicios. Sus ideas con respecto a una nueva civilización tuvieron que ser construidas a través de *un* mundo en guerra. En la prueba de la declaración antedicha una porción de la transmisión Sir Anthony Eden dirigió a América el 11 de septiembre de 1939, se cita. El dijo: "¿Podemos finalmente librar a Europa de las barreras de la casta y el credo y el prejuicio?... Nuestra nueva civilización debe construirse a través de un mundo en guerra. Pero nuestra nueva civilización se construirá igual". Qué podredumbre más absoluta. Las guerras son destructivas, no constructivas.

Desde 1930, británicos informados e influyentes habían estado haciendo todo lo que estaba en su mano para intentar evitar que Inglaterra y sus aliados se vieran arrastrados a otra guerra con Alemania. Como era de esperar, todas estas personas fueron atacadas por las agencias antifascistas como nazis "negros" de mentalidad totalitaria.

Algunos de los británicos que se oponían al comunismo -y también a la continua sumisión del gobierno británico a los banqueros internacionales- se declararon abiertamente a favor de los principios fascistas expuestos por Franco y Hitler. Este grupo estaba liderado por Sir Oswald Mosley. Otros, en su mayoría estadistas, almirantes retirados y generales, trabajaron en silencio tratando de informar a los políticos y miembros del gobierno sobre el propósito que se escondía tras la intriga internacional.

El movimiento antisemita comenzó en Inglaterra a principios de 1921, después de que el Sr. Victor E. Marsden regresara de Rusia, donde había sido encarcelado por los bolcheviques. El Sr. Marsden había sido corresponsal en Rusia del London Morning Post desde antes de 1914. Cuando el Sr. Marsden regresó a Inglaterra estaba en posesión del documento que el profesor Sergei Nilus había publicado en ruso en 1905 con el título de *Jewish Peril* (El peligro judío). El profesor Nilus afirmaba que los documentos originales habían sido obtenidos de una mujer que se los había robado a un acaudalado judío internacional cuando éste regresó a sus apartamentos después de dirigirse a altos ejecutivos de las logias del Gran Oriente en París en 1901.

Mientras el Sr. Marsden traducía los documentos recibió la advertencia de que si persistía en publicar el libro moriría. El Sr. Marsden publicó su traducción de los documentos bajo el título Protocolos de los Sabios de Sión y murió en circunstancias sospechosas unos años después.

Tras la publicación del libro por la Britons Publishing Society, el Sr. Marsden fue denunciado internacionalmente como un mentiroso antisemita a cara descubierta. El libro provocó una de las mayores controversias que el mundo haya conocido. Mi propio trabajo de investigación me ha hecho creer que los documentos publicados por el profesor Nilus en Rusia en 1905 como Jewish Peril y por el Sr. Marsden en Inglaterra en 1921 como Protocols of the Learned Elders of Zion son los planes a largo plazo de los Illuminati que fueron explicados por Amschel Rothschild a sus asociados en Frankfort en 1773. Rothschild no se dirigía a rabinos y ancianos. Se dirigía a banqueros, industriales, científicos, economistas, etc. *Por lo tanto, acusar a esta diabólica conspiración como un crimen contra todo el pueblo judío y sus líderes religiosos es injusto.* Me apoya en esta opinión uno de los oficiales de inteligencia de más alto rango en el servicio británico. Estudió el asunto en Rusia, Alemania e Inglaterra.

Que el documento que cayó en las manos del Profesor Nilus había sido utilizado como material para conferencias para instruir a líderes del W.R.M. no puede ser dudado porque además del esquema original de la conspiración hay observaciones adicionales que explican cómo el complot había sido puesto en efecto; y cómo Darwinismo, Marxismo, y Nietzscheismo habían sido utilizados desde 1773. También se menciona cómo se pretendía utilizar el sionismo político para servir al propósito de la W.R.M. en el futuro... los Illuminati.

El término Agentur contenido en el documento parecería indicar un individuo; un grupo; una raza; una nación; un credo; o cualquier otra agencia que podría ser utilizada como una herramienta o un instrumento para promover el Plan de Largo Alcance de los Illuminati para la dominación mundial definitiva.

Independientemente de su origen, ninguna persona que lo haya leído puede negar que la tendencia de los acontecimientos mundiales ha seguido el programa sugerido en el documento desde 1773 hasta la fecha. Nadie puede dejar de asombrarse ante la exactitud mortal de la previsión hecha en el documento.

Para dar sólo un ejemplo evidente de muchos. El documento esboza cómo se ayudará al sionismo a alcanzar sus objetivos. Theodore Herzl fue el fundador del Movimiento Sionista. Se dice de él: "Desde el primer momento en que entré en el movimiento sionista mis ojos se dirigieron hacia Inglaterra, porque vi por las condiciones generales de allí el punto de Arquímedes donde se podía aplicar la palanca". Más adelante:

"Cuando nos hundimos (el nosotros se refiere a los sionistas) nos convertimos en un proletariado revolucionario; los oficiales subordinados del partido revolucionario; cuando nos elevamos, se eleva también nuestro terrible poder de la bolsa.[187]

Más asombroso aún, y remontándonos a la época en que el documento llegó a manos del profesor Nilus, se cita a Max Nordau, dirigiéndose al Congreso Sionista celebrado en Basilea, Suiza, en agosto de 1903:

"Permítanme que les diga las siguientes palabras como si les mostrara los peldaños de una escalera que sube y sube... El Congreso Sionista: La propuesta inglesa de Uganda: La futura Guerra Mundial: La Conferencia de Paz donde, con la ayuda de Inglaterra, se creará una Palestina libre y judía."

El hecho a recordar es éste: estos hombres que fueron destacados líderes del Movimiento Sionista probablemente hablaron con toda sinceridad. La historia demuestra, sin embargo, que el pequeño grupo selecto, que en el pasado, y todavía lo hacen, comprenden "El Poder Secreto" detrás del Movimiento Revolucionario Mundial, han utilizado tanto el comunismo y el sionismo para promover sus propias ambiciones totalitarias egoístas.

El contenido del documento traducido por el Sr. Marsden detalla la "Línea del Partido" seguida por los líderes revolucionarios bolcheviques bajo la dirección de Lenin y Stalin, al igual que detalla la política seguida por los líderes del movimiento sionista. Lord Sydenham leyó el documento y luego comentó:

"La característica más llamativa... es un conocimiento de un tipo poco común, que abarca el campo más amplio... conocimiento en el que se basan las profecías ahora cumplidas".

Henry Ford estudió este documento. Hizo que muchos hombres destacados y eruditos lo estudiaran también. Publicó un libro de sorprendentes revelaciones, todas las cuales se suman a la suma total de que el documento detalla el plan por el cual un pequeño grupo de financieros internacionales han utilizado, y todavía utilizan, el comunismo, el sionismo, y todos los demás organismos que pueden

---

[187] Theodore Herzl en *Un Estado judío* (Judenstaat) citado de la p. 45 de *The Palestine Plot* de B. Jensen.

controlar, independientemente de si son judíos o gentiles, para promover sus propias ambiciones totalitarias secretas.

El Sr. Henry Ford fue entrevistado a propósito del documento por un periodista del New York World. Sus comentarios se publicaron el 17 de febrero de 1921. Dijo:

> "La única afirmación que quiero hacer sobre los Protocolos es que encajan con lo que está ocurriendo. Tienen dieciséis años, y se han ajustado a la situación mundial hasta este momento. Se ajustan a ella ahora".

El Sr. Ford hizo su declaración hace treinta y cuatro años y lo que dijo entonces es igualmente aplicable hoy. Esto debería demostrar a cualquier persona imparcial que el documento es una copia auténtica del plan concebido originalmente que se ha puesto en práctica en. Prácticamente ha alcanzado el objetivo para el que fue concebido.

Cabe preguntarse: "¿Cuánto tiempo va a aguantar el pueblo semejante estado de cosas?". La revolución no es la respuesta. La revolución sólo hace el juego a los poderes del mal. Sólo la voz indignada de las masas de todas las naciones libres puede insistir en que sus representantes electos pongan fin a los planes totalitarios de los prestamistas antes de que alcancen su objetivo.

De 1921 a 1927 el Sr. Marsden permaneció al servicio del Morning Post. Tenía muchos amigos, pero se había granjeado poderosos enemigos. En 1927 fue elegido para acompañar al Príncipe de Gales en su "Gira por el Imperio". Es muy improbable que el Sr. Marsden no aprovechara esta oportunidad para informar a Su Alteza Real con respecto al documento y la manera en que los financieros internacionales estaban involucrados en la intriga internacional y los movimientos comunista y sionista. Cuando el Príncipe de Gales regresó de su gira por el Imperio era un hombre muy cambiado. Ya no era "un joven alegre". Estaba mucho más maduro y había asumido el serio papel de "Embajador de Buena Voluntad del Imperio Británico". Puede que sea pura coincidencia, pero el Sr. Marsden, cuya salud había mejorado mucho durante sus viajes al extranjero, enfermó repentinamente al día siguiente de llegar de vuelta a Inglaterra y murió pocos días después. Esto recuerda lo que escribió el Sr. E. Scudder sobre la muerte de Mirabeau en su libro *El collar de diamantes*. "El rey Luis de Francia no ignoraba que Mirabeau había sido envenenado". Mirabeau murió porque le había dicho a el rey de Francia quiénes eran los verdaderos instigadores de la Revolución Francesa.

Todos los que han tenido el privilegio de conocer al actual Duque de Windsor saben lo mucho que le afectaron sus experiencias en "El Frente" durante la guerra de 1914-1918. Insistió en pasar mucho tiempo en el frente animando y alentando a las tropas. Se ganó su admiración y lealtad, y a cambio amó y respetó a sus futuros súbditos, que lucharon tan bien y murieron tan valientemente.

Tras la gira por el Imperio, Su Alteza Real se interesó mucho por los problemas sociales y económicos. Visitó los distritos mineros del carbón y entró en las casas de los mineros. Charló con los mineros y sus familias sobre sus problemas. Quiso prescindir de muchos de los adornos que entorpecen las ceremonias reales. Tuvo la audacia de discrepar cuando estadistas y políticos le ofrecieron consejos que sabía que no eran acertados. Se atrevió a expresar sus opiniones sobre asuntos exteriores. Estaba alerta y se oponía a cualquier política gubernamental que pudiera favorecer a los "poderes secretos" y conducir al país a otra guerra.

Después de ser proclamado rey, el 20 de enero de 1936, se tomó sus responsabilidades aún más en serio. No pretendía ser "un rey más" en el tablero internacional, que se moviera aquí y allá a voluntad de las potencias de detrás del trono, hasta que se le llevara a una posición de tablas o jaque mate. Era evidente que tenía mente y voluntad propias. Un rey con sus conocimientos y características puede ser un serio obstáculo para los hombres que están decididos a que los asuntos de Estado se gestionen según sus planes. Había que deshacerse de él.

Desde que se asoció con el Sr. Marsden fue objeto de una versión moderna de "*L'Infamie*". Una campaña de difamación susurrada insinuaba que era "salvaje" y propenso a conductas licenciosas. Se le acusó de inclinarse hacia la "Derecha" y de estar asociado con el movimiento fascista de Sir Oswald Mosley. [188]

---

[188] En noviembre de 1954 se reavivó esta vieja calumnia sobre la relación del duque de Window con el fascismo. Se le acusó en la prensa de haber dado información secreta a

Cuando se descubrió su amistad con la Sra. Wally Simpson, se desató sobre ellos todo el poder de la prensa "izquierdista" y, sin tener en cuenta su posición, se hicieron las insinuaciones más viles, y se hizo la peor construcción posible de su relación. Este era exactamente el tipo de situación que sus enemigos podían utilizar para promover su propio plan sin escrúpulos, El Primer Ministro de Gran Bretaña recibió sus órdenes. En 1936 el Sr. Baldwin llevó a cabo su mandato con respecto a la abdicación del rey Eduardo VIII exactamente de la misma manera que los Sres. Lloyd George, Churchill y Balfour habían llevado a cabo su mandato con respecto al Mandato de Palestina en 1919.

El rey Eduardo fue llevado a una situación en la que, o bien tenía que convertir a la señora Simpson en su esposa "Morgana" y perder el amor y el afecto de sus súbditos, o bien tenía que abdicar y casarse con ella. Tomó el único camino que un caballero podía tomar dadas las circunstancias.

El lector se preguntará por qué el documento sobre el que existe tanta controversia surgió en 1901. La respuesta hay que buscarla en el hecho de que la depresión creada artificialmente en 1893 propició las condiciones favorables para la guerra. Los banqueros internacionales se reunieron en Londres para consolidar su posición y ultimar los detalles de la guerra de los Bóers. Consideraban que esta guerra era necesaria para obtener el control de los yacimientos de oro y las minas de diamantes africanas. La incursión de Jameson tuvo lugar el 1 de enero de 1896, como estaba previsto. Esto condujo a la guerra más injustificable que los británicos hayan librado jamás. Winston Churchill viajó a África como observador. Oficialmente era corresponsal de guerra. Queda mucho por escribir sobre este periodo de la historia.

Había que resolver los detalles que condujeron a la guerra hispano-estadounidense. Esta guerra dio a los banqueros estadounidenses el control sobre la producción de azúcar en Cuba. Más importante aún era el asunto de la guerra prevista entre Rusia y Japón en 1904. Este asunto era muy complicado. Había que arreglar las cosas de tal manera que mientras los Rothschild financiaban a los rusos, Kuhn-Loeb y Co. de Nueva York financiaban a los japoneses. Había que llegar a un

---

oficiales alemanes sobre las defensas y planes aliados en 1936. Él lo negó enérgicamente.

entendimiento por el cual ambos grupos ganaran dinero mientras el Imperio Ruso se debilitaba y se preparaba para la revolución menchevista programada para 1905.

Mientras los banqueros internacionales se reunían en el distrito financiero de Londres, los dirigentes del Movimiento Revolucionario Mundial se reunían en el barrio de chabolas de la misma ciudad. Lenin recibió sus órdenes. Se le dijo cómo debía dirigir a los diversos grupos revolucionarios para que la acción independiente de éstos no interfiriera gravemente en los planes generales de los que dirigían el W.R.M. Se ha demostrado que los directores del W.R.M. utilizaron a los jefes de las Logias del Gran Oriente en Francia, y en otros países, para llevar adelante sus planes revolucionarios, por lo tanto es razonable suponer que un agente fue enviado de Londres a París en 1900 o 1901 para instruir a los ejecutivos de alto nivel de las Logias del Gran Oriente con respecto al papel que debían desempeñar para llevar a cabo el programa de guerras y revoluciones acordado, exactamente de la misma manera que habían enviado al agente que fue asesinado en Ratisbona, de Frankfort a París en 1785. Es sólo otra ilustración de cómo y por qué la historia se repite.

Capítulo 17

Estalla la Segunda Guerra Mundial

Después de la abdicación *del rey Eduardo VIII*, muchos británicos bien educados, incluidos miembros del parlamento y oficiales navales y militares retirados de alto rango, llevaron a cabo una intensa campaña para tratar de convencer a los líderes del gobierno británico de la verdad sobre "La Conspiración de los Banqueros Internacionales". Entre ellos se encontraban el capitán A.H.M. Ramsay y el almirante Sir Barry Domvile, K.B.E., C.B., C.M.G. El capitán Ramsay se educó en el Eton College y en el Sandhurst Military College. Sirvió con la Guardia de Su Majestad en Francia de 1914 a 1916, cuando resultó gravemente herido. Tras recuperarse de sus heridas, fue nombrado Cuartel General del Regimiento. Más tarde fue trasladado a la Oficina de Guerra británica. Trabajó en la Misión de Guerra británica en París hasta el final de la guerra. En 1931 fue elegido diputado por Midlothian-Peeblesshire, cargo que ocupó hasta 1945.

El almirante Sir Barry Domvile tuvo una brillante carrera naval. Se ganó la reputación de ser uno de los mejores oficiales de artillería británicos.

Comenzó su servicio naval en 1894 como guardiamarina en buques de guerra de vela y vapor. Debido a su habilidad, recibió un ascenso acelerado y fue nombrado teniente en 1898. En 1906 le concedieron la medalla de oro de la Royal United Services Institution. En 1910 se le asignó el mando de destructores. Cuando la Primera Guerra Mundial parecía inevitable, fue nombrado secretario adjunto del Comité de Defensa Imperial. Una vez iniciadas las hostilidades, fue nombrado miembro de la Fuerza de Ataque de Harwich, compuesta por cruceros ligeros y destructores, bajo las órdenes del almirante Sir Reginald Tyrwhitt. Comandó siete destructores y cruceros ligeros, todos los cuales se ganaron una envidiable reputación como "buques de combate". Fue nombrado "Capitán de Bandera del Almirante Tyrwhitt en 1917 y desempeñó ese cargo hasta el final de la guerra.[189] En la posguerra fue Director de Inteligencia Naval, Presidente del Royal Naval College de Greenwich y Vicealmirante al mando de la Escuela Superior de Guerra. Se retiró en 1936 con el grado de Almirante.

Durante los años 1920-1923, debido a su especial capacidad y variada experiencia de guerra, fue primero, director adjunto, y posteriormente, director de la División de Planes (Política) del Estado Mayor Naval del Almirantazgo. Como tal, asistió a varias conferencias en París, Bruselas, Spa, San Remo y a la Conferencia Naval de Washington.

Ambos ex oficiales, uno del ejército y el otro de la marina, sospechaban que la revolución bolchevique en Rusia había sido tramada y planeada, financiada y dirigida por hombres que consideraban esencial la liquidación del Imperio Británico antes de lograr el control indiscutible de la riqueza, los recursos naturales y la mano de obra de todo el mundo.

Ambos caballeros han sido francos al admitir que hasta 1935 no habían logrado identificar a quienes constituían el "Poder Secreto" que estaba detrás del movimiento revolucionario mundial y de los asuntos internacionales.

En 1933, en razón de sus estudios e investigaciones, llegaron a la decisión de que los líderes de la Judería Mundial, encabezados por los banqueros judíos internacionales, eran el "Poder Secreto" detrás del Movimiento Revolucionario Mundial. Llegaron a la convicción de que estos hombres utilizaban la riqueza que poseían para adquirir el poder suficiente para influir en los asuntos internacionales de tal manera que las naciones entraran en conflicto entre sí. También llegaron a la conclusión de que el motivo detrás del Plan de Largo Alcance era establecer la Era Mesiánica, para que la Judería Internacional, con un gobierno central en Palestina, pudiera imponer su ideología totalitaria sobre los pueblos del mundo entero. Con esta última conclusión estoy de acuerdo. Como el lector sabe, admito haber pasado por el mismo periodo, es decir, 1907 a 1933 en la duda y la incertidumbre, pero en 1939 me convencí, después de la forma en que los judíos habían sido "purgados" por Stalin en Rusia, y utilizados para iniciar revoluciones

---

[189] El autor publicó la historia de la Harwich Striking Force en 1934, con el título Brass Hats and Bell-Bottomed Trousers.

abortivas en otros países, y luego abandonados a su suerte, que los hombres que constituyen el "Poder Secreto" detrás de los asuntos nacionales e internacionales eran los Illuminati que utilizaron el sionismo y el antisemitismo; El comunismo y el fascismo; el socialismo y el capitalismo egoísta para promover sus planes secretos para llevar a cabo un gobierno mundial que pretendían controlar exactamente de la misma manera que habían controlado Rusia, en la persona de Lenin, después de octubre de 1917. Una dictadura mundial es el único tipo de gobierno que podría, por medio de la policía, imponer sus edictos a la gente, y así asegurar la paz. Si sólo hay UN ESTADO gobernado por UN DICTADOR, no puede haber guerras. Esto es pura lógica, porque para que haya una disputa, una pelea, una revolución o una guerra, tiene que haber necesariamente individuos con ideas y opiniones opuestas que pretenden hacer aceptar a la otra parte por la fuerza de las armas si fracasan la discusión y la negociación. Además, mis estudios e investigaciones me convencieron de que desde los tiempos de Cristo hasta nuestros días, los hombres que han sido el "Poder Secreto" detrás de las intrigas nacionales e internacionales siempre han utilizado su riqueza ilegalmente para obtener el poder y la influencia para poner en práctica sus complots y planes secretos. Han utilizado la usura, el soborno, la corrupción, el chantaje, los métodos ilegales de tráfico y comercio, la esclavitud, los asesinatos, las guerras, las revoluciones, la prostitución, las drogas, el licor, y cualquier otra forma de libertinaje y vicio para sobornar, chantajear, o de otras maneras obligar a los seres humanos no dispuestos a hacer su voluntad. Estas "herramientas", sean judías o gentiles, masonas o de otro tipo, han sido, sin excepción, liquidadas por un método u otro si, después de servir a su propósito, se consideraba que sabían demasiado.

Considerando estos hechos, me convencí de que los principales conspiradores no pertenecían a ninguna raza o nación; eran "Agentes de Satanás", haciendo su voluntad, y sirviendo a su propósito, aquí en la tierra. El único propósito del Diablo es alejar las almas de los hombres de Dios Todopoderoso. Los hombres de que traman y planean guerras y revoluciones han hecho mucho para lograr un mundo sin Dios. Este razonamiento me permitió comprender el genio maligno de estos hombres. No podían acercarse a su objetivo materialista totalitario sin fomentar guerras y revoluciones. Debían destruir necesariamente la civilización fundada de acuerdo con el Plan Divino de la Creación antes de poder imponer su malvada ideología totalitaria a los pueblos del mundo.

Tanto el capitán Ramsay como el almirante Domvile intentaron entre 1936 y 1939 impedir que Gran Bretaña entrara en guerra con Alemania, porque consideraban que la "judería internacional" pretendía organizar una guerra en la que los imperios alemán y británico se destruyeran mutuamente. La gente que sobrevivió podría ser fácilmente subyugada por el comunismo después, exactamente de la misma manera que Rusia había sido comunizada.

Estoy de acuerdo en que la Segunda Guerra Mundial fue ideada por los Illuminati, que utilizaron el anticomunismo, el antifascismo, el antisemitismo y todo lo demás para promover sus malvados planes a largo plazo y sus ambiciones totalitarias secretas. Llegué a la conclusión de que era un error fatal ser anti todo menos anti-mal. Creo que la única manera de derrotar a la diabólica conspiración internacional es educar a tanta gente como sea posible con respecto a la verdad del azulejo y convencerlos de que han sido utilizados como "Peones en el Juego" por estos hombres malvados.

El capitán Ramsay se esforzó por convencer al Sr. Neville Chamberlain de que era contrario a los intereses del Imperio Británico permitir que los conspiradores internacionales involucraran a Gran Bretaña en la guerra con Alemania. Tenía razón. No convenció al Primer Ministro británico, pero al menos le impresionó lo suficiente como para que cuando fue a Munich se comprometiera con Hitler y regresara a Inglaterra agitando exuberantemente su famoso paraguas, y un papel que según él era un acuerdo "Garantizando la paz en nuestro tiempo".

Inmediatamente se hizo este anuncio, la Prensa, controlada por los banqueros internacionales, inició una campaña de odio antifascista. La Prensa controlada condenó a Chamberlain como "Una vieja dispuesta a comprar la Paz a cualquier precio". Le ridiculizaron con su paraguas. Le acusaron de ser pro-fascista. Sus agentes en Moscú quemaron a Chamberlain en efigie en las plazas públicas. Al público británico nunca se le permitió conocer la diferencia entre el nazismo ario pagano y el fascismo cristiano anticomunista. Según al prensa, el fascismo alemán e italiano son ambos ideologías ateo-paganas y totalitarias en su propósito. Poca gente entiende la diferencia entre Nazismo y Fascismo y Comunismo y Socialismo.

El espacio no permite registrar todos los detalles de la intriga puesta en marcha por el malvado grupo que estaba decidido a abrir camino entre Gran Bretaña y Alemania. En mi opinión, la política antisemita de

Hitler era errónea, pero lanzar a Gran Bretaña y Alemania al cuello del otro no iba a salvar a los judíos residentes en Alemania, Polonia y otros países de la persecución y la muerte. Forzar a los países a una guerra permitió que el odio antisemita de los nazis se descargara sobre los judíos mediante la acción directa a una escala tremenda, con una ferocidad espantosa sólo presenciada anteriormente durante un "Reinado del Terror" revolucionario. Si aquellos que afirman que la forma fue provocada por los judíos internacionales, y no por los Illuminati, (a quienes les importan un bledo los judíos o cualquier otra persona para el caso) se pararan a pensar, se darían cuenta de que al fomentar la Segunda Guerra Mundial los responsables condenaron a muerte a un gran número de judíos inocentes, mientras que la mayoría de los comunistas revolucionarios judíos escaparon de la muerte pasando a la "clandestinidad" y más tarde obtuvieron entrada ilegal en Palestina, EE.UU., Canadá y otros países. Si la paz hubiera continuado, los sentimientos antisemitas alemanes nunca habrían llegado a los extremos que alcanzaron durante la guerra. Se podría haber encontrado una solución pacífica al problema. Pero ¡NO! El Plan a Largo Plazo de los Illuminati Internacionales exigía la destrucción de los Imperios Británico y Alemán y de los *judíos que no fueran activamente comunistas y, por tanto, no fueran sus "Herramientas"*

El capitán Ramsay había prometido al Sr. Neville Chamberlain que presentaría pruebas documentales para demostrar que existía una conspiración para obligar a Gran Bretaña a declarar la guerra a Alemania. Estas pruebas consistían en cables secretos codificados que habían pasado entre el Sr. Winston Churchill y el Presidente Roosevelt, desconocidos para el Sr. Chamberlain, el entonces Primer Ministro. El capitán Ramsay se ofreció a obtener copias de estos documentos para demostrar que los Banqueros Internacionales estaban decididos a provocar la Segunda Guerra Mundial con el propósito de poner al resto de las naciones europeas bajo control comunista. Los Illuminati controlan ambas cosas.

Tyler Kent era el oficial de codificación que había codificado y descodificado estos documentos secretos en la embajada estadounidense en Londres. Anna Wolkoff era su ayudante. Al igual que Gouzenko, se sentían asqueados ante la idea de que el mundo se viera inmerso en otra Guerra Mundial para favorecer las ambiciones de unos pocos hombres de mentalidad totalitaria cuya riqueza obligaba incluso a presidentes y estadistas de alto nivel a hacer su voluntad. En

1938 se daban las mismas condiciones que en París en 1919, antes de la firma del Tratado de Versalles.

Tyler Kent, como mucha otra gente, sabía que el capitán Ramsay sospechaba de "Una conspiración judía internacional". Sabía que el capitán Ramsay intentaba impedir la guerra. Cuando el capitán Ramsay le dijo que el señor Chamberlain impediría que tal conspiración se llevara a cabo si se le entregaban pruebas documentales auténticas que demostraran que tal conspiración internacional existía realmente, Tyler Kent se ofreció a mostrarle al capitán Ramsay los documentos condenatorios en su piso del 47 de Gloucester Place, Londres.

Sin embargo, los conspiradores internacionales habían estado ocupados. En marzo de 1939 engañaron a Chamberlain para que firmara una garantía de protección de Polonia contra la agresión alemana, presentándole un falso informe según el cual Alemania había dado un ultimátum de 48 horas a los polacos. Los hechos son que el gobierno alemán no emitió ningún ultimátum de 48 horas a través de. La nota alemana presentaba sugerencias razonables para una solución "pacífica" de los problemas creados por el Tratado de Versalles en relación con el Corredor Polaco y Danzig.

La historia demostrará que la única razón por la que el gobierno polaco ignoró la nota alemana fue porque agentes de los conspiradores internacionales aconsejaron a sus principales estadistas que la garantía británica les aseguraba contra la agresión alemana.

Pasaban los meses y Polonia seguía ignorando por completo la nota alemana. Mientras tanto, la prensa antialemana aceleraba sus torrentes de insultos contra Hitler porque se había atrevido a desafiar el poder de los Barones del Dinero internacionales. Hitler se había ganado su odio por su política financiera independiente y sus reformas monetarias. Se hizo creer a la opinión pública, y en aquella época también se me hizo creer a mí, que no se podía confiar en la palabra de Hitler. Se le dijo al público después de su "Putsch" en Sudetenland, que Hitler había dicho que "no tenía intención de hacer más demandas". La prensa hizo creer que la nota alemana a Polonia sugiriendo una solución "pacífica" a los problemas creados por el Tratado de Versalles era "otra demanda", y por lo tanto, "una promesa rota".

La historia demuestra que no era tal cosa. Lo que Hitler había dicho era que no plantearía más exigencias DESPUÉS de haber rectificado las injusticias infligidas al pueblo alemán por quienes habían dictado los términos y condiciones incorporados al Tratado de Versalles. Este es un caballo de muy distinto color. Es un ejemplo típico de cómo una verdad a medias es mucho más peligrosa que una mentira directa.

La promesa de Hitler fue matizada. Prometió que no plantearía más exigencias una vez resueltos los problemas relativos a los Sudetes, parte de Checoslovaquia, el corredor polaco y Danzig.

Las quejas alemanas eran reales y estaban justificadas. En virtud del Tratado de Versalles, el Corredor Polaco había separado Prusia Oriental del resto de Alemania. Danzig, una ciudad puramente alemana, había quedado aislada; los alemanes que habían permanecido en el territorio que pasó a conocerse como Checoslovaquia, habían sido perseguidos; el deseo expreso del pueblo austriaco de unirse a Alemania, para su propia protección contra la agresión comunista, había sido denegado. En general, la opinión pública del mundo occidental se ha inclinado a culpar a Francia y a las naciones que formaban la "Pequeña Entente" por insistir en esta política hacia Alemania. No se puede negar que la política de posguerra de las Potencias Aliadas hacia Alemania estaba en contradicción directa con los principios de "Autodeterminación" que habían sido aceptados por los gobiernos implicados en nombre del pueblo que los había elegido para gestionar sus asuntos.

Cada uno de los sucesivos cancilleres democráticos alemanes había intentado obtener reparación mediante negociaciones diplomáticas y había fracasado. Fue su fracaso a la hora de obtener justicia por medios pacíficos lo que influyó en el pueblo alemán cuando llevó a Hitler al poder. Winston Churchill etiquetó a Hitler como "Ese monstruoso aborto de mentiras y engaños", pero no se puede negar que en 1939 Hitler estaba intentando una vez más arreglar una solución pacífica de los problemas creados por el Corredor Polaco y Danzig, cuando los agentes de los conspiradores internacionales engañaron al Primer Ministro Chamberlain haciéndole creer que Hitler había emitido un "Ultimátum" al gobierno polaco y que había movilizado sus ejércitos para respaldar sus demandas. Fue este acto de engaño lo que hizo que el Sr. Chamberlain aconsejara a regañadientes al gobierno de Su Majestad que declarara la guerra a Alemania.

Se trata de una acusación grave, pero su veracidad y justificación quedan demostradas por el hecho de que exactamente lo mismo volvió a ocurrir hacia el final e inmediatamente después del final de la Segunda Guerra Mundial.

Sería ridículo suponer que estadistas sinceros y cristianos pudieran repetir y agravar injusticias como las perpetradas por el Tratado de Versalles. Pero estas injusticias fueron repetidas por las potencias aliadas con la adopción de la política de rendición incondicional; con la adopción del Plan Económico Stalin-White-Morgenthau; con la partición de Alemania; con los malvados motivos del plan de rearme alemán; con la crisis de posguerra con Francia; y (como se explicará en otro capítulo) con el peligroso juego que han mantenido los intereses financieros internacionales y los dictadores soviéticos y chinos desde que terminó la guerra con Japón. Cualquier persona imparcial debe admitir que no es el pueblo llano de las democracias el que exige a sus gobiernos que lleven a cabo semejante política de odio e injusticia contra el pueblo alemán. No son los representantes electos del pueblo quienes conciben estos diabólicos programas de persecución e irritación. Son los poderes malignos entre bastidores del gobierno los responsables. Su malvada política se basa en una astucia diabólica. Saben que una casa dividida contra sí misma seguramente caerá. Que naciones divididas unas contra otras seguramente también serán subyugadas. Cuantos más seres humanos se ven obligados a luchar entre sí, más fuertes crecen los que se sientan y los empujan a las guerras. Al permitir que continúen estas intrigas secretas, conspiraciones y planes, estamos permitiendo que las fuerzas del mal nos hagan cometer un suicidio nacional y racial.

Cuando Hitler se cansó de esperar la respuesta de Polonia y de ser insultado por la prensa aliada, trasladó sus ejércitos a Polonia. Gran Bretaña declaró entonces la guerra de conformidad con su acuerdo. La naturaleza criminal de los consejos dados a Polonia puede comprenderse por el hecho de que, aunque Gran Bretaña declaró la guerra a Alemania, era impotente para dar a Polonia cualquier ayuda directa, ya fuera naval, militar o con potencia aérea.

Ninguna autoridad menor que Lord Lothian, que fue en los últimos años embajador británico en Estados Unidos, declaró en el último discurso que pronunció en Chatham House:

> "Si los principios de autodeterminación se hubieran aplicado a favor de Alemania, como se aplicaron en su contra, habría significado la devolución de los Sudetes, Checoslovaquia, partes de Polonia, el Corredor Polaco y Danzig al Reich".

Es seguro suponer que si se hubiera permitido al pueblo británico estar correctamente informado sobre estos asuntos, nunca habría permitido que se declarara la guerra. Pero fue la "Guerra", y no la Verdad o la Justicia, lo que determinó a los conspiradores internacionales.

Aunque Gran Bretaña había declarado la guerra, Hitler se negó a apartarse de la política que había expuesto en Mein Kampf respecto a Gran Bretaña y su Imperio. Ordenó a los generales, al mando de los famosos Cuerpos Panzer, que se detuvieran el 22 de mayo de 1940, cuando fácilmente podrían haber arrojado a los ejércitos británicos al mar o haberlos hecho rendirse. El capitán Liddell Hart, en su libro *The Other Side of the Hill*, cita el telegrama de Hitler al general Von Kleist:

> "Las divisiones blindadas deben permanecer a distancia de artillería media de Dunkerque. Sólo se concede permiso para reconocimiento y movimientos de protección".

El general Von Kleist era uno de los alemanes que no estaban de acuerdo con la política de Hitler hacia Gran Bretaña. Decidió ignorar la orden. El Capitán Hart cita a Von Kleist diciéndole después del evento.

> "Luego vino una orden más enfática. Me ordenaron retirarme detrás del canal. Mis tanques permanecieron detenidos allí durante tres días".[190]

El capitán Hart cita a continuación una conversación que tuvo lugar entre Hitler, el mariscal Von Runstedt y dos miembros de su personal. Según el mariscal Von Runstedt

> "Hitler nos asombró entonces hablando con admiración del Imperio Británico; de la necesidad de su existencia, y de la civilización que Gran Bretaña había traído al mundo... Comparó el Imperio Británico con la Iglesia Católica, diciendo que ambos eran elementos esenciales para la estabilidad del mundo. Dijo que todo lo que quería de Gran Bretaña era que reconociera la posición de Alemania en el continente; que la devolución de las colonias perdidas por Alemania sería deseable pero no esencial; y que incluso apoyaría a Gran Bretaña con tropas si se viera envuelta en dificultades en algún

---

[190] La reseña *de The Manstein Memoirs* en el *Globe* and *Mail* de Toronto en 1955 confirma esta afirmación.

lugar. Concluyó diciendo que su objetivo era hacer la paz con Gran Bretaña sobre una base que ella considerara compatible con su honor."

Así fue como Gran Bretaña tuvo tiempo de organizar sus fuerzas de evacuación y llevar a sus soldados de vuelta a casa desde Dunkerque.

Se recordará que durante los primeros meses de la Segunda Guerra Mundial Hitler no bombardeó Gran Bretaña. Mientras Neville Chamberlain siguió siendo Primer Ministro, Gran Bretaña no bombardeó a Alemania. La prensa controlada lo llamó "Una Guerra Falsa".

Es bastante obvio que dos grandes imperios no pueden destruirse mutuamente si no luchan. Chamberlain no quiso iniciar la ofensiva porque estaba casi convencido de que había sido víctima de una intriga internacional. Winston Churchill había recibido plenos poderes y responsabilidades en todas las operaciones navales, militares y aéreas. Decidió que tomaría la iniciativa.

Churchill concibió la idea de "La apuesta de Noruega". Esta "operación combinada", mal planificada y ejecutada, involucró al ejército, la marina y la aviación británicos. Estaba condenada al fracaso antes de que los implicados entraran en acción. Incluso una persona con conocimientos elementales de estrategia militar se habría dado cuenta de que una operación de este tipo no podía tener éxito a menos que las fuerzas invasoras controlaran el Kattegat y el Skagerrack. Churchill fue advertido de ello por autoridades navales competentes. Churchill no es tonto, pero siguió adelante con su proyecto en oposición a sus asesores navales y militares, exactamente como había hecho cuando envió las Divisiones Navales a salvar Amberes en 1914; y cuando insistió en la invasión de Galípoli en 1915. Los resultados de las tres "apuestas de Churchill" fueron los mismos. Ninguna victoria, graves reveses en, bajas excepcionalmente numerosas y pérdida de valiosos equipos y materiales. Sin embargo, Churchill no fue el culpable del fiasco de "La apuesta de Noruega". Sus amigos, "los barones internacionales del dinero", utilizaron su prensa controlada para liberar todo su poder de odio, crítica, invectiva, censura, sarcasmo y sátira contra el Primer Ministro, el Sr. Chamberlain. Querían a Chamberlain fuera del camino para poder poner a Winston Churchill en su lugar y convertir la "Guerra Falsa" en una "Guerra de Tiros".

Esta campaña de propaganda obligó a Chamberlain a dimitir, exactamente igual que el Sr. Asquith había sido obligado a dimitir en 1915. Así, una vez más, la historia se repite. En mayo de 1940, Churchill volvió a aliarse con los socialistas para formar un nuevo gobierno.

El Sr. J.M. Spaight, C.B., C.B.E., fue el principal secretario adjunto del Ministerio del Aire británico durante la Segunda Guerra Mundial. En su libro Bombing Vindicated, publicado en 1944, revela que el despiadado bombardeo de las ciudades alemanas comenzó el 11 de mayo de 1940, la tarde del día en que Winston Churchill se convirtió en Primer Ministro. Gran Bretaña inició los bombardeos y, como era de esperar, Alemania tomó represalias. De este modo, la guerra se situó sobre una base destructiva.

El Sr. Spaight también revela que el 2 de septiembre de 1939, cuando el Sr. Chamberlain todavía estaba en el cargo, se había hecho una declaración por parte de los gobiernos británico y francés de que "Sólo objetivos estrictamente militares, en el sentido más estricto de la palabra, serían bombardeados." La política de Churchill de bombardear pueblos y ciudades abiertas ha sido defendida pero nunca podrá ser justificada.

Hay otro punto, no generalmente conocido, que es necesario mencionar. Se sabe que muchos generales alemanes no estaban de acuerdo con la política de Hitler. Los Señores de la Guerra nazis sabían que tenían que quitarse a Hitler de en medio y someter a las dictaduras comunistas controladas por Stalin antes de poder llevar a cabo su plan a largo plazo de dominación mundial. La guerra total contra Gran Bretaña no se ajustaba a su programa. El comunismo ruso, y los judíos, tenían que ser subyugados y destruidos antes de que pudieran lanzar su ataque hacia el oeste y subyugar a Gran Bretaña y Estados Unidos. Este era el plan nazi, no la política fascista. El plan nazi era de alcance internacional. La causa fascista era nacional.

En mayo de 1941 se celebró una reunión secreta de los Señores de la Guerra nazis. Decidieron que utilizarían la política amistosa de Herr Hitler hacia Gran Bretaña para intentar que Gran Bretaña suspendiera la guerra contra Alemania. Rudolf Hess recibió instrucciones de volar a Escocia y ponerse en contacto con Lord Hamilton y Churchill, para intentar influir en el gobierno británico para que firmara un Tratado de Paz.

Hess recibió instrucciones de decir al gobierno británico que si firmaban un Tratado de Paz los generales alemanes se desharían de Hitler y luego concentrarían todo su poder militar en la destrucción del comunismo en Rusia y otros países europeos. *Hitler no sabía nada de este plan.*

Hess voló a Escocia, pero Churchill se negó a aceptar la oferta de Hess. Los generales alemanes persuadieron entonces a Hitler para que emprendiera una ofensiva total contra Rusia, señalando que hasta que Rusia no fuera derrotada no podrían extender sus operaciones militares fuera de Alemania sin correr el grave riesgo de ser apuñalados por la espalda por Stalin cuando éste considerara oportuno el momento.

El 22 de junio de 1941, las fuerzas alemanas invadieron Rusia. Inmediatamente tomaron medidas para aplastar la amenaza comunista Gran Bretaña y los Estados Unidos de América aunaron sus recursos para ayudar a Stalin a derrotar a las fuerzas armadas alemanas. Se organizaron convoyes de barcos para transportar municiones de guerra a Rusia a través de Murmansk y el Golfo Pérsico.[191]

Durante la Rebelión Irlandesa, se había aprobado por Orden del Consejo una norma de seguridad 18-B que permitía a la policía inglesa detener e interrogar a personas de las que "sospechara" que pudieran ser miembros del Ejército Republicano Irlandés con la intención de cometer actos de molestia o sabotaje. En 1940 la práctica se había interrumpido durante muchos años.

El 23 de mayo de 1940, durante las dos primeras semanas del mandato del Sr. Churchill, éste utilizó este reglamento obsoleto para arrestar a todas las personas prominentes que habían intentado evitar que Gran Bretaña se viera arrastrada a una guerra con Alemania, antes de septiembre de 1939, y a aquellos que se habían opuesto a su política de convertir la Guerra Falsa en una Guerra de Combate.

---

[191] Yo era uno de los oficiales de control naval de Canadá en ese momento. Sentí que era mi deber protestar contra la política que desviaba barcos, que eran muy necesarios para llevar suministros a Inglaterra, y los enviaba a Murmansk. Mi protesta fue ignorada. La batalla para salvar al Comunismo Internacional había comenzado.

Muchos centenares de súbditos británicos fueron detenidos sin que se formulara cargo alguno contra ellos. Fueron arrojados a prisión sin juicio previo en virtud del Reglamento 18-B, *que les privaba de los derechos y privilegios de la Ley de Habeas Corpus.* La Carta Magna fue ignorada y ridiculizada.

Estas detenciones al por mayor fueron hechas por la policía en la declaración sin fundamento del Sr. Herbert Morrison que él, como Secretario de Estado,

> "tenía motivos razonables para creer que dichas personas habían participado recientemente en actos perjudiciales para la seguridad pública, en defensa del reino, o en la preparación o instigación de tales actos, y que por ello era necesario ejercer un control sobre ellos".

El capitán Ramsay, el almirante Sir Barry Domvile, sus esposas y amigos, y cientos de otros ciudadanos fueron arrojados a la prisión de Brixton. Algunos de ellos estuvieron detenidos hasta septiembre de 1944.[192] Fueron tratados como criminales, y mucho peor que los presos preventivos.

Justo antes de esta indignante acción por parte de aquellos que cumplían las órdenes de los banqueros internacionales, la prensa controlada por los Barones del Dinero había llevado a cabo una histérica campaña de propaganda afirmando que Alemania tenía una fuerte y bien organizada 5ª Columna en Gran Bretaña lista para prestar ayuda a las tropas invasoras alemanas en el momento en que desembarcaran.

La investigación posterior demostró que el muy competente Servicio de Inteligencia Británico nunca presentó en aquel momento, ni desde

---

[192] El Sr. Herbert Morrison visitó Canadá en noviembre de 1954. Fue el orador principal en una reunión celebrada en Toronto para recaudar fondos en apoyo del "sionismo político". El autor ha sido informado de que el Gobierno de Estados Unidos aceptó que las autoridades británicas arrestaran y detuvieran a Tyler Kent. Esta acción iba en contra de todos los principios aceptados que rigen al personal adscrito a las embajadas en países extranjeros. Este asunto se planteó de nuevo en los EE.UU. en 1954, pero parece que no se ha llegado a nada.

entonces, ni siquiera la prueba más endeble de que alguno de los arrestados hubiera participado en conspiración alguna.

Hay muchas pruebas que demuestran que el recién formado gobierno británico, bajo Churchill, recibió la orden de tomar esta injusta medida contra todas las personas prominentes e influyentes de Gran Bretaña que habían expresado su opinión de que la "Judería Internacional" había promovido la guerra entre Gran Bretaña y Alemania.

Justo antes de que se produjeran las detenciones masivas, la Sra. Nicholson, esposa del almirante Nicholson, otro oficial naval británico muy distinguido, había sido detenida como resultado de una campaña de "difamación". Ella había declarado públicamente que pensaba que el complot para involucrar a Gran Bretaña en la guerra con Alemania era obra de los banqueros judíos internacionales. De hecho, se presentaron cuatro cargos contra la Sra. Nicholson. Fue juzgada por un juez y un jurado. Fue absuelta de todos los cargos. Esta acción por parte del juez y el jurado no convenía a los que estaban decididos a perseguir a las personas que se oponían a que los banqueros internacionales en Gran Bretaña, Francia y Estados Unidos manejaran los asuntos de la nación con el fin de arrastrarlos a otra Guerra Mundial. Así que se utilizó el anticuado Reglamento 18-B para quitarles de en medio. La Guerra Falsa se convirtió en una guerra de combate. Los Imperios Británico y Alemán se debilitaron, mientras que los que iniciaron las guerras fortalecieron sus posiciones. Los Illuminati se rieron bajo la manga.

A pesar de que la Sra. Nicholson había sido exonerada de toda culpa en relación con los cargos que se le imputaban, *fue una de las personas detenidas y encarceladas en virtud del Reglamento 18-B en mayo de 1940.*

El capitán Ramsay cuenta toda la historia de los acontecimientos que condujeron a su detención y encarcelamiento en su libro *The Nameless War*. El almirante Sir Barry Domvile cuenta sus experiencias en su libro *From Admiral to Cabin Boy*. Son libros que debería leer toda persona interesada en la continuidad de la libertad.[193]

---

[193] Mientras revisaba y editaba este M.S.S. de octubre de 1954, recibí una posterior del jefe de la editorial inglesa que se había atrevido a publicar el libro del almirante Domviles. La carta decía en parte: "Los 'Poderes del Mal', de los que usted está tan

El Sr. Neville Chamberlain murió en 1940. Estaba agotado en cuerpo y alma luchando contra "Los Poderes Secretos " que gobiernan entre bastidores. Así también había muerto el Sr. William Pitt. Pero aquellos que nadan con la marea del Iluminismo, y hacen lo que se les dice, normalmente viven hasta una "Madura Vejez". Son colmados de honores terrenales y riquezas mundanas. Una cosa es cierta: No pueden llevarse la riqueza y los honores consigo cuando mueren, y después de la muerte vendrá el juicio.

---

bien informado, pusieron las cosas tan difíciles que me vi 'obligado' a cerrar el negocio después de más de 50 años".

Capítulo 18

Los peligros actuales

El estudio de la historia permite predecir con cierta seguridad las tendencias futuras. La historia se repite porque los que dirigen la W.R.M. no CAMBIAN sus Planes a Largo Plazo, simplemente adaptan sus políticas a las condiciones modernas y ajustan sus planes para aprovechar al máximo los avances de la ciencia moderna.

Para comprender la situación internacional tal como es hoy, debemos recordar lo que ha sucedido desde que Lenin estableció la dictadura totalitaria en Rusia en 1918. Se ha demostrado que la dictadura se estableció para proporcionar a los internacionalistas occidentales la oportunidad de poner en práctica sus ideas y teorías totalitarias para una dictadura universal. Deseaban limar cualquier arruga mediante el proceso de ensayo y error.

A la muerte de Lenin, Stalin asumió el poder. Al principio fue despiadadamente obediente a los dictados de los banqueros internacionales. Nombró a Béla Kun para poner en práctica sus ideas de colectivización de las granjas en Ucrania. Cuando los campesinos se negaron a obedecer el edicto, cinco millones murieron sistemáticamente de hambre en cuando se les arrebató el grano por la fuerza. Este grano fue vertido en los mercados del mundo para agravar la depresión creada artificialmente. Otros cinco millones de agricultores y campesinos fueron enviados a trabajos forzados para enseñar al resto del pueblo sometido que el ESTADO era supremo y el Jefe del ESTADO su Dios, cuyos edictos debían ser obedecidos.

No fue hasta que Stalin empezó a purgar a un gran número de dirigentes comunistas judíos, que sin duda eran marxistas, que Trotsky y otros dirigentes revolucionarios supieron con certeza que había abandonado a los Illuminati y desarrollado ambiciones imperialistas.

La conducción de la revolución en España por parte de Stalin perturbó aún más a los internacionalistas occidentales, sobre todo cuando Serges y Maurin demostraron que Stalin estaba utilizando el comunismo internacional para promover sus propios planes secretos y ambiciones imperialistas.

Después de que Franco ganara la Guerra Civil, la conducta de Stalin era muy difícil de entender. Los líderes revolucionarios de Canadá y Estados Unidos simplemente no podían seguir los drásticos cambios en la Línea del Partido tal y como se les había enseñado durante su adoctrinamiento en las teorías marxianas. Cuando Stalin firmó el pacto de no agresión con Hitler, después de que *los* imperios británico y alemán se vieran inmersos en la Segunda Guerra Mundial, parecía como si Stalin quisiera hacer todo lo que estuviera en su mano para ayudar a Hitler a dominar Europa Occidental y destruir el poder de los banqueros internacionales.

La situación parecía tan grave desde el punto de vista de los banqueros internacionales que decidieron que tenían que intentar persuadir a Stalin de que abandonara sus ambiciones imperialistas y se uniera a ellos en un espíritu de coexistencia pacífica. Intentaron persuadir a Stalin de que era bastante factible que él gobernara el mundo oriental mediante el comunismo, mientras ellos gobernaban el mundo occidental bajo un supergobierno. Stalin les pidió pruebas de su sinceridad. Este fue el comienzo de la teoría de la coexistencia pacífica, de la que tanto se habla ahora. Pero la coexistencia pacífica entre dos grupos internacionalistas; o entre gente que cree en Dios y aquellos que creen en el diablo, es imposible.

Mediante comunicaciones secretas entre Churchill y Roosevelt, que Tyler Kent sacó a la luz, se acordó que Chamberlain debía ser destituido como Primer Ministro para que Churchill pudiera asumir el cargo y convertir la guerra "Falsa" en una guerra "Caliente" y a tiros. Consideraron que este acto convencería a Stalin de la sinceridad de sus intenciones.

La historia revela que el Sr. Chamberlain fue destituido como Primer Ministro en mayo de 1940 de forma muy parecida a como fue destituido Asquith en 1913. Churchill asumió como Primer Ministro el 11 de mayo de 1940. Ordenó a la R.A.F. que comenzara a bombardear ciudades y pueblos alemanes esa misma noche. El Sr. J.M. Spaight, C.B., C.B.E., era entonces subsecretario principal del Ministerio del

Aire. Despúes de la guerra escribió un libro Bombing Vindicated. En él justifica la política de Churchill de bombardear ciudades y pueblos alemanes alegando que se hizo para "salvar la civilización". El autor admite, sin embargo, que la orden de Churchill fue una violación del acuerdo suscrito por Gran Bretaña y Francia el 2 de septiembre de 1939. Ese día, el Primer Ministro de Gran Bretaña y el Presidente de la República Francesa acordaron que había que declarar la guerra a Alemania porque de la invasión de Polonia por Hitler; también acordaron que NO bombardearían ciudades y pueblos alemanes, ni harían sufrir al pueblo alemán por los pecados de un solo hombre. Los líderes de ambos gobiernos acordaron solemnemente que los bombardeos debían limitarse a objetivos estrictamente militares en el sentido más estricto de la palabra.

Desde la guerra se ha demostrado que la verdadera razón por la que Churchill bombardeó ciudades alemanas, en contra de lo acordado, fue porque los banqueros internacionales occidentales deseaban dar a Stalin una garantía definitiva de que eran sinceros en su deseo de llevar a cabo la política de coexistencia pacífica entre el comunismo oriental y el iluminismo occidental que habían sugerido.

El bombardeo de Alemania provocó represalias inmediatas y el pueblo británico se vio sometido a un calvario como nunca se había vivido desde los albores de la creación.

Es difícil para el ciudadano medio apreciar las profundidades a las que pueden llegar los implicados en intrigas internacionales. Se demostrará que los Illuminati no tenían ninguna intención de mantener la fe con Stalin. Se demostrará que Stalin no tenía ninguna intención de mantener la fe con ellos. También se demostrará que los Señores de la Guerra nazis, aunque secretamente decididos a aplastar tanto al comunismo internacional como al capitalismo internacional, en realidad trataron de engañar a Churchill haciéndole creer que no tenían planes secretos para dominar el mundo mediante la conquista militar.

En la primavera de 1941, los Señores de la Guerra nazis, desconocidos para Hitler, ordenaron a Hess que volara a Gran Bretaña y le dijera a Churchill que si aceptaba poner fin a la guerra contra Alemania ellos garantizarían deshacerse de Hitler y luego destruirían a Stalin y comunismo internacional. Tras consultar con Roosevelt, Churchill rechazó la oferta de Hess.

Los Señores de la Guerra nazis intentaron entonces convencer a los internacionalistas occidentales de la sinceridad de sus intenciones ordenando el asesinato de Hitler. El complot fracasó y Hitler escapó con vida. Cuando este acto no consiguió cargar las mentes de los que instruían en secreto a Churchill y Roosevelt, los Señores de la Guerra nazis decidieron que primero debían atacar Rusia y derrotar a Stalin, y luego volver sus fuerzas militares contra Gran Bretaña y América. Lanzaron su ataque contra Rusia el 22 de junio de 1941. Inmediatamente después, Churchill y Roosevelt anunciaron públicamente que sus respectivos gobiernos se comprometían a apoyar a Stalin hasta el límite de sus recursos. Churchill, siempre dramático, dijo que le daría la mano al mismísimo Diablo si le prometía ayudarle a destruir el fascismo alemán. Se refirió a Hitler como "Ese monstruoso aborto de mentiras y engaños", y sin embargo Churchill debía saber que Hitler, con todos sus defectos, no era un internacionalista.

Esta acción estaba calculada para eliminar de la mente de Stalin cualquier duda que aún pudiera tener sobre la honestidad de las intenciones de los internacionalistas occidentales de dividir el mundo en dos mitades y luego vivir en coexistencia pacífica. Roosevelt y Churchill procedieron entonces a proporcionar a Stalin una ayuda ilimitada. Pidieron prestadas sumas astronómicas a los banqueros internacionales y les pagaron intereses por los préstamos. Luego cargaron el principal y los intereses a las deudas nacionales de sus dos países, de modo que los contribuyentes pagaron y lucharon en la guerra fomentada por los Illuminati mientras los banqueros se sentaban y ganaban cientos de millones de dólares con el trato. Esta extraordinaria generosidad con la sangre y el dinero del pueblo allanó el camino para las reuniones que "LOS TRES GRANDES" celebraron posteriormente en Teherán, Yalta y Potsdam.

Stalin jugó un juego muy astuto en Teherán. Dejó claro que seguía sospechando que los internacionalistas occidentales podían ser más engañosos que sinceros. Jugó a ser difícil de persuadir y muy difícil de conseguir. Hizo demandas escandalosas. Exigió concesiones poco razonables. Dio a entender que al hacer estas demandas sólo estaba poniendo a prueba la sinceridad de los hombres que sabía demasiado bien, por su larga experiencia, que eran los directores de la conspiración internacional. Roosevelt había sido bien informado. Le dio a Stalin todo lo que pidió. Churchill tuvo que aceptar o perder el apoyo financiero de los prestamistas internacionales y el apoyo militar de Estados Unidos.

Luego vino Yalta. Stalin cambió de actitud. Fingió que le habían convencido. Se convirtió en el anfitrión perfecto. Churchill y Roosevelt fueron agasajados. Stalin disolvió la Comintern. La Comintern era el órgano ejecutivo que había tramado y planeado revoluciones en todos los países. Stalin, Roosevelt y Churchill brindaron por los alemanes. Roosevelt aseguró a Stalin que cuando acabaran con ellos no quedarían alemanes de los que preocuparse, se dice que abogó por fusilar a 50.000 oficiales alemanes sin juicio previo. La prensa controlada nunca ha dejado de insistir en la política nazi de genocidio contra los judíos, pero ha guardado un singular silencio respecto a la política de Roosevelt de genocidio contra los alemanes. A cambio de la disolución de la Comintern, Roosevelt hizo más concesiones a Stalin. Seiscientos millones de seres humanos al este de Berlín fueron entregados a la esclavitud comunista.

Churchill consentía todo lo que hacían Roosevelt y Stalin. La historia demostrará que en la reunión de Yalta Stalin y Roosevelt mantuvieron varias reuniones secretas en después de que Churchill hubiera cenado y bebido demasiado bien como para permitirle mantener la cordura. Roosevelt pretendía ser amistoso con Churchill pero, según la evidencia de su propio hijo, a menudo decía cosas y sugería políticas que demostraban que, en secreto, lo miraba con desprecio.

Sólo Churchill puede explicar POR QUÉ tuvo que sentarse a escuchar las sugerencias de Roosevelt de entregar Hong Kong a la China comunista para sobornar a Mao-Tse-Tung para que siguiera el juego a los internacionalistas occidentales. ¿Cómo podía Churchill profesar públicamente una amistad tan estrecha y sincera a Roosevelt cuando éste repetía constantemente que consideraba necesaria la disolución de la Commonwealth británica para el futuro bienestar de la raza humana? Hitler pensaba justo lo contrario.

Pero Stalin no era tonto. Llevaba tanto tiempo asociado con los agentes de los banqueros internacionales que podía leer sus pensamientos más secretos como un libro abierto. Sabía mejor que nadie que habían utilizado el comunismo para promover sus ideas totalitarias, así que les jugó su propio juego. Durante las fases finales de la guerra obligó a los ejércitos aliados a detenerse y esperar hasta que sus ejércitos ocuparan Berlín.

Las afirmaciones anteriores están probadas por la existencia de una orden secreta emitida por Stalin a los Oficiales Generales de los

Ejércitos Soviéticos para explicar su política. La orden está fechada el 16 de febrero de 1943. Dice así:

"Los gobiernos burgueses de las democracias occidentales, con los que hemos establecido una alianza, pueden creer que consideramos que nuestra única tarea es echar a los fascistas de nuestra tierra. Nosotros, los bolcheviques, y con nosotros los bolcheviques de todo el mundo, sabemos que nuestra verdadera tarea sólo comenzará cuando haya terminado la segunda fase de la guerra. Entonces comenzará para nosotros la tercera fase, que para nosotros es la última y la decisiva... la fase de la destrucción del capitalismo mundial. NUESTRO ÚNICO OBJETIVO ES, Y SIGUE SIENDO, LA REVOLUCIÓN MUNDIAL: LA DICTADURA DEL PROLETARIADO. Nos hemos comprometido en alianzas porque esto era necesario, para alcanzar la tercera fase, pero nuestros caminos se separan donde nuestros aliados actuales se interpondrán en nuestro camino en el logro de nuestro objetivo final."

Stalin no mostró su verdadera cara hasta que capturó Berlín y ocupó Alemania Oriental. Entonces rompió todas las promesas que había hecho. Este giro en los acontecimientos se mantuvo fuera de la prensa porque ni Roosevelt ni Churchill querían que el público de supiera cómo Stalin, el ladrón de bancos; el asesino; el falsificador internacional se lo había puesto encima como una manta.

Los internacionalistas occidentales sólo tenían que esperar su momento. Se dieron cuenta de que si Stalin y Mao-Tse-Tung unían sus fuerzas, las hordas comunistas podrían arrasar el mundo occidental como una plaga de langostas. Razonaron que Stalin se estaba haciendo viejo. Sabían que no le quedaba mucho tiempo de vida. Era mejor congraciarse con él en lugar de que revelara toda la diabólica conspiración.

Los capitalistas occidentales consideraban grave el abierto desafío de Stalin, pero tenían un as en la manga. Antes de jugar esta carta, dieron instrucciones a Roosevelt para que hiciera un esfuerzo más para que Stalin volviera a la línea. Roosevelt se ofreció a conceder todo lo que Stalin exigiera, en lo que se refería al Extremo Oriente, con tal de que siguiera el juego de los capitalistas occidentales. La prensa controlada ha informado insistentemente de que Roosevelt hizo a Stalin las concesiones que hizo en Extremo Oriente porque sus asesores militares le habían dicho que harían falta dos años enteros de duros combates, tras el colapso de Alemania, antes de que Japón pudiera arrodillarse.

Esta mentira es tan evidente que era realmente innecesario que el general MacArthur le dijera directamente la mentira a Roosevelt. Los generales estadounidenses sabían que Japón había estado intentando negociar la paz durante un tiempo considerable antes de que Roosevelt hiciera las concesiones que hizo a Stalin.

Una vez más, Stalin se apoderó de todo lo que pudo en Manchuria. Volvió a incumplir sus promesas y renovó su actitud desafiante. Esta vez los poderes detrás de la administración de la Casa Blanca estaban realmente enfadados. Debieron de hacer alguna sugerencia de naturaleza tan diabólica que incluso conmocionó a Roosevelt, pues enfermó y murió. Se ha dicho que murió en casa de Bernard Baruch. Los asesores del gobierno de Estados Unidos decidieron entonces jugar su baza... la bomba atómica. Las bombas atomicas fueron lanzadas sobre Hiroshima y Nagasaki para indicar a Stalin lo que le esperaba a Rusia a menos que siguiera la linea. El hecho de que Estados Unidos tenía bombas atómicas se había mantenido en secreto. Japón ya estaba derrotado cuando fueron lanzadas. Sólo faltaban unos días para la rendición. Más de cien mil seres humanos fueron sacrificados, y el doble resultó herido en Japón, para demostrar a Stalin que Estados Unidos tenía realmente bombas atómicas. Así se ve que Churchill ordenó el bombardeo sin restricciones de Alemania para tratar de engañar a Stalin haciéndole creer que los capitalistas internacionales querían ser amigos, y luego EE.UU. bombardeó Japón con bombas atómicas para advertirle que más le valía seguir el juego y hacer lo que le decían... o si no.

Molotov era el hombre más capacitado para juzgar lo que ocurría en el cerebro de Stalin. Durante la posguerra, Molotov fue ministro de Asuntos Exteriores de la Unión Soviética. Representó al Kremlin en las Naciones Unidas durante muchos años. Molotov se casó con la hija de Sam Karp de Bridgeport, Connecticut. Molotov se convirtió así en el nexo de unión entre el Kremlin y los financieros internacionales del mundo occidental. Se ha informado fehacientemente que inmediatamente después de que Stalin retirara a Molotov de las Naciones Unidas, envió a la esposa de Molotov al exilio en Siberia. Estos actos por sí solos indican claramente que Stalin había roto con los capitalistas occidentales que le habían ayudado a llegar al poder en Rusia.

El hecho de que Tito rompiera con Stalin al terminar la guerra es una prueba más de que Stalin había decidido seguir adelante con su programa imperialista. Tito siempre ha estado al servicio de los financieros occidentales que le suministraron todo el dinero que necesitaba para establecerse en su actual posición en Europa central. El hijo de Churchill arriesgó su vida en más de una ocasión durante la Segunda Guerra Mundial lanzándose en paracaídas sobre los territorios de Tito para conferenciar con él en nombre de las potencias occidentales.

Finalmente Stalin murió o se deshicieron de él. Dejó este mundo con los labios sellados como cualquier otro gángster. Los agentes de los internacionalistas occidentales, situados en Moscú, atacaron en cuanto murió Stalin. Acabaron con Beria y con otros lugartenientes de confianza de Stalin. El hijo de Stalin desapareció sin dejar rastro.

Para que lo que ocurría en Rusia no pareciera demasiado evidente, se dispuso que Malenkov asumiera temporalmente el poder tras la muerte de Stalin. Se le ordenó que desprestigiara al Gran Stalin y, durante un tiempo, lo desprestigió a los ojos del pueblo. Luego cambió de táctica. Reanudó las relaciones amistosas con el dictador chino; empezó a entablar amistad con el pueblo ruso; patrocinó el desarrollo de un espíritu de orgullo nacional. Con ello selló su propio destino.

Los internacionalistas occidentales contraatacaron exigiendo el rearme inmediato de Alemania Occidental. Francia fue el obstáculo. Mendes-France se mantuvo en el poder el tiempo suficiente para que Francia ratificara el acuerdo de rearme de Alemania. Una vez cumplida su misión, fue desechado como tantos otros.

La situación en Extremo Oriente ha sido deliberadamente confusa, pero no es difícil de explicar. Los internacionalistas occidentales tenían amigos en China, igual que los tenían en Rusia, pero Mao-Tse-Tung no puede ser considerado uno de ellos. Él y Stalin tenían ideas muy similares respecto a los internacionalistas occidentales. Pero tanto los grupos de mentalidad totalitaria orientales como los occidentales tenían una cosa en común... Deseaban deshacerse de Chiang-Kai-Shek.

Los capitalistas occidentales iniciaron una campaña de propaganda contra Chiang-Kai-Shek nada más terminar la guerra japonesa. Esta acción tenía un doble propósito. Querían demostrar a Mao-Tse-Tung que la coexistencia con ellos era factible y, al mismo tiempo, deseaban eliminar al líder nacionalista. La prensa acusaba al gobierno nacionalista de corrupto; a los generales nacionalistas de ser poco rigurosos y de no mantener la disciplina entre sus tropas; a las tropas nacionalistas de cometer saqueos y violaciones en público. Es justo admitir que muchas de las acusaciones vertidas contra los nacionalistas eran ciertas.

El hecho de que muchos funcionarios del gobierno nacionalista de China resultaran ser corruptos se utilizó para justificar la política de Gran Bretaña de reconocer al régimen comunista. También fue utilizado por ciertos asesores de Estados Unidos como fundamento para abogar por que Estados Unidos retirara su apoyo a Chiang-Kai-Shek. Lo que no se ha dicho al público en general es el hecho de que, después de que los comunistas tomaran el poder en China, se demostró que la mayoría de los altos funcionarios que habían desacreditado a Chiang-Kai-Shek y a su gobierno nacionalista eran células comunistas que se habían infiltrado en el gobierno nacionalista con el propósito de destruirlo desde dentro. Esta afirmación se ve corroborada por el hecho de que muchos de los funcionarios del gobierno nacionalista, que fueron criticados por prácticas corruptas, fueron absorbidos por el régimen comunista, y se les concedieron puestos de favor y ascensos acelerados. El reverendo Leslie Millin de Toronto, que fue misionero en China durante este período, dará fe de la veracidad de las afirmaciones anteriores.

La forma en que se desarrollaron los asuntos internacionales después de 1946 indicaría que Stalin no disponía de armas atómicas en el momento de su muerte. Si hubiera poseído armas atómicas podría haber hecho caer en picado las principales ciudades de Canadá y Estados Unidos.

Churchill ha servido a su propósito en lo que respecta a los banqueros internacionales. Se está haciendo viejo y un poco problemático. Tambien tiene que ser relegado al descarte. Pero Churchill ha sido construido por la propaganda de los capitalistas occidentales como un GRAN hombre. Es el héroe nacional del pueblo. No podía ser eliminado por una campaña de *L'Infamie*. No se podía ridiculizar su destitución. Con rara astucia, los internacionalistas occidentales disimularon sus intenciones ordenando a la prensa que organizara el mayor homenaje que jamás haya recibido un hombre. En el octogésimo cumpleaños de Churchill le colmaron de regalos y honores. Convencieron a la inmensa mayoría de la gente de que Churchill no tenía ningún enemigo en el mundo.

Los acontecimientos indican que tanto los dictadores comunistas como los internacionalistas occidentales estaban de acuerdo en que Churchill podía ser un obstáculo para el avance de sus planes. Los dictadores comunistas decidieron que utilizarían a Aneurin Bevan para engrasar los patines de Churchill. Así lo indicaron a los comunistas de todo el mundo cuando el dictador chino Mao-Tse-Tung agasajó a Attlee y Bevan en un banquete durante su visita a China en 1954. La prensa internacional publicó fotos tomadas en este banquete.

Es poco probable que una persona entre un millón, que no sea comunista, comprenda el significado de esa imagen. Attlee aparecía sentado en la mesa principal. Bevan aparecía en el fondo, cerca de la puerta. La impresión general era que Attlee era el invitado de honor; y que Bevan era considerado de muy poca importancia en lo que concernía al régimen comunista de China y a los soviéticos. Pero así es como se confunde y engaña al público. En China es costumbre sentar al invitado de honor más cerca de la puerta.

A la vista de los acontecimientos registrados, es razonablemente seguro predecir que en un futuro próximo se producirán los siguientes hechos.

Uno. Con o sin su conocimiento, los dictadores comunistas utilizarán a Aneurin Bevan para ayudar a derrocar a Churchill atacando su política exterior en la Cámara de los Comunes.

Dos. Que los internacionalistas occidentales utilizarán los ataques de Bevan a Churchill como palanca para sacar a Bevan del partido laborista británico y del parlamento. Al mismo tiempo, se desharán de Churchill sembrando dudas en la mente de la gente acerca de su capacidad para llevar a cabo negociaciones secretas de alto nivel ahora que ya ha pasado ochenta. Es posible que los internacionalistas occidentales levanten la pantalla de la diplomacia secreta lo suficiente para justificar a los elegidos para dirigir el ataque. Al hacerlo, la amenaza sería implícita de que si no dimite con elegancia darían a conocer todo lo que ocurrió entre bastidores en Teherán, Yalta, Potsdam, etc.

Tres. Es seguro predecir que Churchill dimitirá inmediatamente si se ejerce presión sobre él. Es igualmente seguro predecir que Bevan no dimitirá. Las probabilidades son de cien a una de que Attlee y Deakin abandonen, o sean destituidos, del partido laborista en Gran Bretaña y de que Bevan lidere el partido contra Sir Anthony

Eden cuando éste decida presentarse a unas elecciones generales tras tomar el relevo de Churchill. [194]

Cuatro. El hecho de que el hijo de Roosevelt haya dejado entrever que Churchill tuvo que seguirle el juego a su padre; y tuvo que hacer lo que le decían, e incluso tuvo que profesar públicamente su amistad por el presidente después de que éste le dijera tan groseramente que estaba a favor de la disolución de la Commonwealth británica de naciones, es un claro indicio de la línea de ataque que los internacionalistas occidentales adoptarán para deshacerse de lo que tanta gente considera "El Gran Viejo de la Política Británica".

Lo que hay que recordar es lo siguiente. Los internacionalistas nazis han sido, a todos los efectos, eliminados del juego. Quedan dos grupos de hombres de mentalidad totalitaria... los dictadores comunistas de Rusia y China; y los capitalistas o internacionalistas occidentales, como quiera llamárseles.

Mientras ambos grupos se conformen con vivir en coexistencia pacífica, con el mundo prácticamente dividido entre ellos, habrá una paz incómoda. Pero si los líderes de ambos bandos deciden que la coexistencia es una estructura demasiado frágil sobre la que construir sus respectivos Nuevos Órdenes, habrá guerra.

La Tercera Guerra Mundial, si la inician los dictadores comunistas del Este, comenzará sin previo aviso. Se convocará una huelga general internacional en todos los países capitalistas. Esta acción está calculada para producir la parálisis antes mencionada. Los aviones comunistas bombardearán todos los centros industriales para anular el potencial bélico de Estados Unidos y Canadá y matar al mayor número posible de la población con el fin de lograr una rápida rendición y subyugación. Es probable que Gran Bretaña reciba el mismo trato. Se podrá utilizar gas nervioso en las zonas industriales que el enemigo no desee destruir. Las fuerzas soviéticas ocuparán los distritos mineros de del norte de Canadá de costa a costa. Las zonas ocupadas se utilizarán como bases de operaciones contra los objetivos del sur. La huelga general internacional bloqueará la navegación en todos los puertos del mundo,

---

[194] Esto se escribió antes de marzo de 1955.

haciendo imposible que los suministros lleguen a la población de Gran Bretaña. Un bloqueo de las Islas Británicas por submarinos soviéticos detendrá cualquier filtración. Cuatro semanas después del inicio de las hostilidades, el pueblo británico se verá sometido al hambre. Los miembros de la resistencia comunista en todas las ciudades del mundo occidental evacuarán las zonas objetivo inmediatamente antes de los ataques. Los ejércitos clandestinos regresarán y se apoderarán de las zonas devastadas tan pronto como se haya dado el "visto bueno". La 5ª Columna comunista acorralará y liquidará a todas las personas cuyos nombres figuren en la lista negra. De este modo, los directores de los internacionalistas occidentales se librarán en mucho menos tiempo del que se libraron de sus oponentes nazis mediante los juicios de Nuremberg.

Por otra parte, si los internacionalistas occidentales se convencen de que van a ser atacados por los dictadores comunistas, forzarán a las democracias occidentales a entrar en otra guerra mundial para poder asestar el primer golpe. Como preludio a su ataque, se concienciará al público de los peligros del comunismo internacional. Se hará hincapié en el peligro para la democracia cristiana. Los ateo-materialistas, que tienen al mundo occidental en esclavitud económica, llamarán a una Cruzada Cristiana. Justificarán sus ataques atómicos contra Rusia y China como Churchill justificó su ataque contra Alemania. Dirán que era necesario para salvar nuestra civilización. Pero no nos engañemos. Independientemente de cómo se presente el caso al público, el hecho es que si se permite que tenga lugar la Tercera Guerra Mundial, se luchará para decidir si el comunismo oriental se apodera del mundo entero o si los capitalistas occidentales seguirán gobernando el gallinero internacional.

Si se permite que tenga lugar la Tercera Guerra Mundial, la devastación será tan extensa que los internacionalistas continuarán justificando sus argumentos de que SÓLO un gobierno mundial, respaldado por una fuerza policial internacional, puede resolver los diversos problemas nacionales e internacionales sin recurrir a más guerras. Este argumento parecerá muy lógico a muchas personas que pasan por alto el hecho de que tanto los líderes comunistas orientales, como los líderes capitalistas occidentales, pretenden en última instancia llevar a efecto, SUS ideas de una dictadura atea-totalitaria.

Las personas que desean seguir siendo LIBRES sólo pueden seguir un plan de acción. Deben apoyar el cristianismo contra TODAS las formas de ateísmo y secularismo. Deben apoyar a la empresa privada responsable contra los cárteles y las combinaciones. Deben apoyar a aquellos que abogan por "La Nueva Economía" contra aquellos que continuarían con la vieja.

Cuando una persona tiene dudas sobre el bien y el mal de algo, todo lo que necesita hacer para resolver su incertidumbre es recitar LENTAMENTE la primera mitad del Padre Nuestro y contemplar el significado de esas maravillosas palabras de sabiduría. "Padre nuestro... que estás en los cielos... santificado sea tu nombre... Venga a nosotros tu reino... Hágase Tu voluntad... así en la tierra como en el cielo". No se necesitan más que unos minutos para decidir si cualquier acto que se realice individual o colectivamente está de acuerdo con la Voluntad de Dios o favorece las maquinaciones del Diablo.

Si queremos salvar a las generaciones futuras del destino que les están preparando las fuerzas del mal, debemos ACTUAR INMEDIATAMENTE... NO HAY TIEMPO QUE PERDER. El lector se preguntará: "Pero, ¿qué acción debemos emprender?".

Es una muy buena pregunta. Si no se diera la respuesta no habría justificación para la publicación de este libro. Demasiados hombres pasan mucho tiempo condenando esto y aquello. Son anti esto y anti aquello. Pero muy pocos oradores o escritores que condenan una idea, una organización o un movimiento, ofrecen soluciones prácticas a los problemas o hacen sugerencias para poner fin a los males expuestos.

PRIMERO: Debemos, como individuos, reconocer las cuestiones espirituales implicadas. Una vez más las Escrituras nos aconsejan cómo lograr este propósito. Efesios 6º capítulo 10º a 17º versículos nos dice: "Hermanos fortaleceos en el Señor y en todo su poder. Vestíos de la armadura de Dios, para que podáis estar firmes contra las asechanzas del diablo. Porque no tenemos lucha contra sangre y carne, sino contra principados y potestades, contra los gobernadores de las tinieblas de este mundo, contra las fuerzas espirituales de maldad de lo alto. Por tanto, tomad la armadura de Dios, para que podáis resistir el día malo, y estar firmes en todo perfecto. Estad, pues, firmes, ceñidos vuestros lomos con la VERDAD, y vestidos con la coraza de la justicia, y calzados los pies con la prontitud del Evangelio de la paz, tomando en todo el escudo de la Fe, con el cual podáis apagar todos los dardos de fuego del inicuo. Y tomad para vosotros el yelmo de la salvación y la espada del espíritu, es decir, LA PALABRA DE DIOS".

SEGUNDO: Debemos tomar medidas prácticas y utilizar medios constitucionales para contrarrestar la amenaza tanto del comunismo internacional como del capitalismo internacional, y de cualquier otra ideología subversiva que pueda intentar destruir la VERDADERA democracia cristiana. Para llevar a cabo el mandato del Evangelio anterior debemos hacer lo siguiente:

A. *Exigir reformas monetarias*: Dado que el egoísmo y la avaricia, y el deseo de poder, son las raíces de las que crece todo mal, es lógico que se instituyan medios constitucionales para arrebatar la riqueza, y frenar los poderes, del líder, de todos los grupos ateo-materialistas que, en primer lugar, la usurparon de los gobiernos del pueblo. Siendo esta la VERDAD, los contribuyentes tienen el derecho legal de exigir que sus gobiernos electos reparen los agravios cometidos contra ellos; pongan fin a todas las formas de usura; y reembolsen a sus departamentos de tesorería el importe de los préstamos concedidos durante el siglo pasado para luchar en guerras fomentadas para favorecer los intereses de quienes prestaron el dinero y cobraron intereses sobre estos préstamos. Si se sigue este consejo, el proletariado habrá restaurado la verdadera democracia y los dictadores soviéticos y chinos no tendrán excusa para disfrazar sus ambiciones imperialistas bajo el manto del anticapitalismo.

B. *Controles monetarios*: Los electores deben insistir en que la emisión de dinero, y el control del mismo, vuelvan a estar en manos del gobierno, a quien pertenecen por derecho. Por gobierno se entiende el órgano ejecutivo de máximo nivel elegido entre los representantes electos por su cualificación para dirigir los asuntos de la nación de manera eficiente y empresarial, basando sus decisiones en la justicia democrática y la caridad cristiana.

C. *Acción punitiva*: El electorado puede exigir con razón que se impongan penas severas a todos los culpables de corrupción y chanchullo, porque estas dos malas prácticas son los principales medios utilizados por los agentes de todas las organizaciones revolucionarias para subvertir u obligar a otros a hacer su voluntad. Todas las organizaciones subversivas deben ser declaradas ilegales y todas las personas de las que se demuestre que son miembros deben ser castigadas por la ley. Quienes abogan por el derrocamiento violento del gobierno constitucional lo hacen para poder usurpar la riqueza y el poder sin tener que trabajar para ello. Por lo tanto, su castigo debería consistir en realizar trabajos manuales y/o servicios públicos. Su horario debería ampliarse un 25% por encima de los límites sindicales, y su salario debería ser un 25% inferior a las tarifas sindicales. La duración de su detención debería decidirse en función de la forma en que mejoren de su actitud negativa hacia la sociedad y la religión.

D. *Negociaciones diplomáticas*: Debido a que los agentes de la conspiración internacional siempre trabajan entre bastidores del gobierno, y siempre utilizan reuniones SECRETAS y la diplomacia para promover sus propios planes y ambiciones, la negociación secreta no debe permitirse bajo ninguna circunstancia. Si el gobierno debe ser "del pueblo, por el pueblo y para el pueblo", entonces el pueblo tiene todo el derecho a conocer cada detalle de lo que está sucediendo.

E. *Cruzada cristiana*: Los laicos de todas las confesiones cristianas deben unirse en el nombre de Dios para acabar con la intolerancia y la incomprensión que permiten a las ideologías anticristianas mantener a los cristianos divididos y enfrentados.

La casa dividida en sí misma debe caer. La Cruzada debe organizarse con el propósito de educar al público con respecto a los métodos que necesitan aquellos que dirigen las ideologías ateo-materialistas. Debe prestarse especial atención a interesar a la juventud de nuestras naciones en el movimiento para que puedan ser protegidos de las acciones subversivas de los agentes de los conspiradores. Los Cruzados deben ser entrenados para adoptar un enfoque POSITIVO al tratar con aquellos que se han unido a organizaciones subversivas, ya sea voluntariamente o por ignorancia. Abusar, golpear y condenar a las personas sólo aumenta su resistencia y las hace más antisociales.

Al ganarse primero su confianza, el Cruzado está en condiciones de demostrarles que los jefes de todas las ideologías materialistas ateas sólo utilizan a los demás como "Peones en el Juego" para llevar adelante sus planes y ambiciones secretas. Una vez que una persona esté convencida, será arrojada al descarte en cuanto los directores de su movimiento consideren que ha superado su utilidad, lo que herirá su orgullo y le hará reflexionar sobre la sensatez de su comportamiento. Una vez creada la duda en sus mentes, es posible convencerles proporcionándoles literatura adecuada sobre el tema. Para satisfacer esta necesidad se publicó Pawns In The Game. Es esencial un renacimiento religioso entre los miembros de todas las confesiones cristianas para cambiar la mentalidad de los hombres en lo que respecta a los valores y la importancia que conceden a las posesiones mundanas.

Los corazones de los hombres deben volverse hacia el amor a Dios Todopoderoso. Debemos aprender de nuevo a deleitarnos en servirle y en cumplir Su Santa Voluntad. La Federación Nacional de Laicos Cristianos se ha organizado para poner en práctica esta idea.

F. *Naciones Unidas*: Debido a que la constitución de las Naciones Unidas se somete a revisión este año, es posible que se recomienden posibles cambios. Es importante, por tanto, que todos los que se oponen al internacionalismo en cualquiera de sus formas organicen grupos de presión política en todos los partidos para instar a que los delegados de las naciones democratacristianas no se presten en modo alguno a sugerencias que favorezcan el ensayo de un Gobierno Mundial, independientemente de que se le llame gobierno supernacionalista o se disfrace de cualquier otra forma. La sugerencia de Churchill de crear unos Estados Unidos de Europa no era más que un paso en la dirección del internacionalismo. Sólo él puede decir si su intención era ayudar a los comunistas orientales o a los capitalistas occidentales.

G. *Tráfico y comercio ilegales*: Debido a que las quintas columnas subversivas y las organizaciones clandestinas están organizadas, ocultas y subsisten en los bajos fondos de las grandes ciudades, y debido a que ningún esfuerzo revolucionario puede esperar tener éxito sin la plena cooperación de una quinta columna u organización clandestina bien organizada, adecuadamente entrenada, totalmente equipada y bien disciplinada, es necesario que la opinión pública se organice para exigir que todos los que se dediquen al tráfico y comercio ilegales, o estén criminalmente relacionados con los bajos fondos, sean arrestados y llevados a juicio, independientemente de sus afiliaciones políticas o de la posición que ocupen en la sociedad. La opinión pública debe organizarse para dar apoyo a todos los policías y administradores de la ley honestos. La opinión pública expresada en las Cámaras del Parlamento debe insistir en que los bajos fondos sean LIMPIADOS, y no sólo asaltados y dispersados. La política de hacer redadas y dispersar a los personajes del hampa sólo ha conseguido que cree cien antros de iniquidad donde antes sólo existía uno. Los condenados deben ser tratados como se recomienda en la subsección "C".

H. *Publicidad*: Los laicos cristianos deben organizarse para contrarrestar la propaganda de quienes abogan por el internacionalismo y las ideologías materialistas ateas. Las ramas locales deben organizarse para insistir en que la propaganda subversiva sea eliminada de la prensa, del aire y de los programas de televisión. Deben exigir que se disponga de tiempo y espacio para poder presentar al pueblo el modo de vida democrático cristiano. Desgraciadamente, es cierto que hace varios siglos que la democracia cristiana no funciona correctamente.

J. *Derrotismo*: Hay que hacer todo lo posible para contrarrestar los esfuerzos de quienes predican el derrotismo. Suelen argumentar que no se puede hacer nada para corregir las condiciones existentes. Sugieren que, puesto que el destino pendiente es inevitable, no sirve de nada preocuparse. La actitud del derrotista es como la del violador profesional que aconseja a su pretendida víctima que, puesto que su destino es inevitable, lo mejor es que se relaje y disfrute de él. Quienes afirman que no hay nada que podamos hacer para escapar del totalitarismo ignoran el hecho de que Dios existe y está interesado en el destino del hombre. A las personas que se desaniman hay que recordarles que la única manera que tienen de salvar sus almas inmortales es seguir luchando contra las Fuerzas del Mal, prestando así un servicio a Dios. Hay que hacerles comprender que no serán juzgados según sus logros y victorias, sino únicamente por los méritos del esfuerzo que pongan en la Cruzada.

K. *Amor fraternal*: Puesto que Dios ha proporcionado a la humanidad todo lo que necesita para esta existencia terrenal, no hay ninguna razón lógica para que algunas de sus criaturas vivan en la opulencia mientras otras mueren de hambre. Las teorías de los nuevos economistas deben ser probadas para idear mejores métodos para una distribución más equitativa de las necesidades de la vida. Una vez que se hayan asegurado a todos los seres humanos, será relativamente sencillo persuadir a los que tienen demasiado de que lo compartan con los que tienen mucho menos y más necesidad. Compartir lo que tenemos con otros necesitados proporciona la mayor felicidad que es posible disfrutar en esta tierra. Viviendo de acuerdo con el plan de Dios, las condiciones económicas mejorarían hasta tal punto que el establecimiento de hogares, y la crianza de familias, podrían emprenderse con razonable seguridad. Las condiciones de "Miedo" e "Incertidumbre" serían abolidas.

L. *Preparación militar*: La preparación militar es absolutamente necesaria mientras se permita que continúen las condiciones expuestas en este libro. Todo aquel que acepte la hospitalidad de un país y disfrute de los privilegios de la ciudadanía debe estar preparado para defender a ese país de los agresores, ya sean enemigos externos o internos. La única justificación para librar una guerra es impedir el sometimiento por parte del enemigo con el argumento racional de que mientras nos quede alguna apariencia de libertad aún hay esperanza de que podamos vencer a las fuerzas del mal y restablecer la verdadera democracia cristiana.

M. *Seguridad Interna*: La mejor manera de fortalecer la seguridad interna de cualquier nación es crear una organización de Defensa Civil fuerte y eficiente. Para permitir un rápido desarrollo, la Defensa Civil debe formar parte integrante del sistema nacional de seguridad interior. Como tal, debería ser un proyecto y una responsabilidad federal. Esta sugerencia es particularmente aplicable a Canadá porque el Ministro de Justicia, apoyado por la Real Policía Montada de Canadá, es el responsable de la seguridad interna de la nación.

La Defensa Civil es la organización y formación de la población civil en unidades auxiliares para aumentar los departamentos regulares que prestan servicio público en condiciones normales. Los trabajadores de la Defensa Civil reciben formación sobre cómo protegerse a sí mismos y a las comunidades en las que viven en caso de ataque enemigo. Dado que nuestros únicos enemigos potenciales utilizan su 5ª Columna y sus organizaciones clandestinas para derrocar al gobierno constituido mediante acciones revolucionarias y someter a la población por medio del terrorismo, es de sentido común que la Defensa Civil se organice como una organización contrarrevolucionaria. La policía especial de Defensa Civil y las unidades de inteligencia, por lo tanto, deben ser entrenadas bajo la supervisión del R.C.M.P. para que puedan cooperar con ellos para garantizar nuestra seguridad interna durante cualquier emergencia.

N. *Acción*. No hay tiempo que perder: Al leer este libro te has enfrentado al desafío y tu respuesta a la acción esbozada, emprendida con una firme fe en Dios, determinará el futuro de la humanidad y provocará el derrocamiento de las fuerzas del mal que conspiran para destruir nuestro modo de vida democrático cristiano. La tarea no está fuera de nuestro alcance. Debemos recordar que el importante núcleo del mal del Diablo en este mundo en la actualidad se centra en no más de unas trescientas mentes maestras.

O. *Fe, Esperanza y Caridad*: Nunca debemos olvidar que la religión cristiana se basa en la Fe, la Esperanza y la Caridad, mientras que todas las ideologías ateas se basan en la duda, el odio y la desesperación. Dios Todopoderoso nos ha permitido resolver GRADUALMENTE muchos de los misterios de la NATURALEZA para que utilicemos y no abusemos de estos extraordinarios beneficios. Ahora podemos usar o abusar de la energía atómica. Si permitimos que se haga un mal uso de ella, los poderes del mal, sin duda, derribarán a la mitad de la raza humana e incapacitarán a la mayoría de los demás. Podemos estar seguros de que entre los que sobrevivan estarán los agentes de los poderes del mal.

Dios Todopoderoso ha proporcionado a la raza humana todo lo que necesitamos para vivir. Ha provisto para nuestra comodidad y placeres razonables. Es nuestro deber velar por que todos los miembros de la raza humana compartan por igual las bendiciones y bondades de Dios Todopoderoso. Nunca debe haber un momento en que los graneros del mundo occidental estén a punto de reventar, mientras que los pueblos del Lejano Oriente mueran por millones de hambre. Debemos compartir libre y generosamente con los demás lo que tenemos por encima de nuestras propias necesidades, porque es seguro que no podremos llevarnos nada con nosotros cuando muramos.

P. *La Cruzada Cristiana*: Se sugiere que "LA CRUZ Y LA BANDERA" sea el lema de la Cruzada Cristiana. También se sugiere que se utilice el siguiente himno para abrir o cerrar todas las reuniones públicas celebradas en relación con la cruzada.

"LA CRUZ Y LA BANDERA"

"La Cruz y La Bandera serán nuestros emblemas,
Nuestro propósito en la vida servirte sólo a Ti
Se hará Tu Voluntad...
Tu Reino vendrá
En la tierra como en el Cielo eternamente".

1. Los poderes de Satanás
Nuestro Dios puede negar
Y afirmar que no hay cielo
Para nosotros cuando muramos
Todos los tiranos y déspotas
Nuestra fe puede condenar
Sus tormentos y terrores
Siempre desafiaremos.

2. Marcharemos a la
Defendiendo Tu Nombre

Ningún encanto mundano
Nuestra 'Causa' difamará
Ninguna esclavitud maligna
Se desviarán de su objetivo
Tus legiones militantes
Hasta que lleguen a Tu Pliegue

3. De qué le sirve al hombre
Ganar el mundo entero
Sirviendo bajo estandartes
de los agentes del infierno?
Mantendremos tu promesa.
"El infierno no prevalecerá".
Oh Señor, danos sabiduría
Viles conspiraciones para frenar.

4. Los hombres buscan mayores riquezas
Usan la riqueza para ganar poder.
Pero Señor, todos te necesitamos.
La vida no dura más que una hora.
De la oscuridad a la luz del día
Sostennos con gracia.
Lucharemos hacia la gloria,
Correremos la buena carrera.[195]

"La Federación Nacional de Laicos Cristianos"

Se está organizando la Federación Nacional de Laicos Cristianos y se está solicitando su carta constitutiva. Nuestro propósito es intentar unir a todas las organizaciones de Laicos Cristianos existentes para combatir todas las formas de materialismo ateo e internacionalismo. La N.F.C.L. será estrictamente apartidista y aconfesional. No pretende interferir en la autonomía de ninguna organización cristiana existente. Nuestro propósito es educativo.

---

[195] Después de escribirlo, el Dr. Joseph Roff le puso música. Ha sido publicada en dos ediciones por The Neil A. Kjos Music Co. de Chicago, Illinois. Una edición es para cuatro voces, mientras que una "Edición Especial" es para coros y cantos comunitarios.

PAWNS IN THE GAME se publicó para averiguar cuántos ciudadanos están interesados en emprender acciones constitucionales para poner fin a la conspiración internacional tal como se expone en este libro, y emprender acciones legales para romper el dominio económico que unos pocos internacionalistas han obtenido sobre los gobiernos y los pueblos de las llamadas Naciones Libres mediante su práctica de la usura aplicada sistemáticamente. La respuesta ha sido notable y ha justificado la impresión de esta edición.

Se sugiere que las personas interesadas organicen ramas de la N.F.C.L. en sus ciudades y pueblos y comunidades agrícolas. Cada grupo debería dotarse de una biblioteca escogida de entre los libros enumerados en otra página. El material de los libros proporcionará materia para el pensamiento y temas para discusión en grupos de estudio. Cuando se hayan organizado las secciones locales, se enviarán oradores cualificados para explicar los diversos aspectos de los asuntos internacionales a las reuniones públicas patrocinadas por las secciones locales de la NFL.

NUESTRA POLÍTICA

1. Defendemos el cristianismo y nos oponemos al iluminismo y al ateísmo-materialismo. Tendemos la mano de la amistad a TODOS los que adoran a Dios y se oponen al satanismo.

2. Apoyamos el nacionalismo y nos oponemos al internacionalismo de cualquier tipo.

3. Abogamos por una industria privada responsable y nos oponemos a los cárteles y las combinaciones.

4. Abogamos por la Lealtad a la Constitución y nos oponemos a todo tipo de actividades subversivas.

5. Apoyamos a la autoridad legítima y nos oponemos al crimen organizado.

6. Abogamos por la práctica de la ética en el comercio y nos oponemos a todas las formas de tráfico y comercio ilegales.

7. Recomendamos el amor fraternal entre todas las personas temerosas de Dios y nos oponemos al fanatismo en cualquiera de sus formas.

8. Defendemos la libertad y nos oponemos al libertinaje.

9. Defendemos la libertad frente a las dictaduras y la tiranía.

10. Defendemos la justicia para todos y los favores para nadie.

11. Recomendamos que el castigo se adecue al delito.

12. Abogamos por la preparación nacional frente a los enemigos internos y externos.

13. Abogamos por el interés y la participación activa en asuntos políticos, económicos, sanitarios y educativos frente a la apatía, la indiferencia y la desesperación.

14. Trabajamos para que el plan de Dios Todopoderoso para la creación pueda ponerse en práctica en esta tierra.

Otros títulos

OMNIA**V**ERITAS

Omnia Veritas Ltd presenta:

HISTORIA PROSCRITA
I
LOS BANQUEROS Y LAS REVOLUCIONES

POR

VICTORIA FORNER

Los procesos revolucionarios necesitan agentes, organización y, sobre todo, financiación, dinero.

LAS COSAS NO SON A VECES LO QUE APARENTAN...

OMNIA**V**ERITAS

Omnia Veritas Ltd presenta:

HISTORIA PROSCRITA
II
LA HISTORIA SILENCIADA DE ENTREGUERRAS

POR

VICTORIA FORNER

"El verdadero crimen es acabar una guerra con el fin de hacer inevitable la próxima."

EL TRATADO DE VERSALLES FUE "UN DICTADO DE ODIO Y DE LATROCINIO"

OMNIA**V**ERITAS

Omnia Veritas Ltd presenta:

HISTORIA PROSCRITA
III
LA II GUERRA MUNDIAL Y LA POSGUERRA

POR

VICTORIA FORNER

Distintas fuerzas trabajaban para la guerra en los países europeos

MUCHOS AGENTES SERVÍAN INTERESES DE UN PARTIDO BELICISTA TRANSNACIONAL

OMNIA VERITAS LTD PRESENTA:

LA JERARQUÍA DE LOS CONSPIRADORES
HISTORIA DEL COMITÉ DE LOS 300

por John Coleman

Esta conspiración abierta contra Dios y el hombre incluye la esclavización de la mayoría de los humanos...

OMNIA VERITAS LTD PRESENTA:

LA DICTADURA del
ORDEN MUNDIAL
SOCIALISTA

Todos estos años, mientras nuestra atención se centraba en los males del comunismo en Moscú, los socialistas de Washington estaban ocupados robando a Estados Unidos...

POR JOHN COLEMAN

"Hay que temer más al enemigo de Washington que al de Moscú"

OMNIA VERITAS LTD PRESENTA:

La GUERRA
de las DROGAS
contra AMÉRICA

El narcotráfico no puede ser erradicado porque sus gestores no permitirán que se les arrebate el mercado más lucrativo del mundo...

POR JOHN COLEMAN

Los verdaderos promotores de este maldito comercio son las "élites" de este mundo

www.ingramcontent.com/pod-product-compliance
Lightning Source LLC
Chambersburg PA
CBHW071637270326
41928CB00010B/1953